AF547281

GRöLS
Verlage

„BÜCHER SIND WIE FALLSCHIRME. SIE NÜTZEN UNS NICHTS, WENN WIR SIE NICHT ÖFFNEN.“

Gröls Verlag

Redaktionelle Hinweise und Impressum

Das vorliegende Werk wurde zugunsten der Authentizität sehr zurückhaltend bearbeitet. So wurden etwa ursprüngliche Rechtschreibfehler *nicht* systematisch behoben, denn kleine Unvollkommenheiten machen das Buch – wie im Übrigen den Menschen – erst authentisch. Mitunter wurden jedoch zum Beispiel Absätze behutsam neu getrennt, um den Lesefluss zu erleichtern.

Um die Texte zu rekonstruieren, werden antiquarische Bücher von Lesegeräten gescannt und dann durch eine Software lesbar gemacht. Der so entstandene Text wird von Menschen gegengelesen und korrigiert – hierbei treten auch Fehler auf. Wenn Sie ebenfalls antiquarische Texte einreichen möchten, finden Sie weitere Informationen auf www.groels.de

Viel Freude bei der Lektüre wünscht Ihnen das Team des Gröls-Verlags.

Adressen

Verleger: Sophia Gröls, Im Borngrund 26, 61440 Oberursel

Externer Dienstleister für Distribution & Herstellung: BoD, In de Tarpen 42, 22848 Norderstedt

Unsere „Edition | Werke der Weltliteratur“ hat den Anspruch, eine der größten und vollständigsten Sammlungen klassischer Literatur in deutscher Sprache zu sein. Nach und nach versammeln wir hier nicht nur die „üblichen Verdächtigen“ von Goethe bis Schiller, sondern auch Kleinode der vergangenen Jahrhunderte, die – zu Unrecht – drohen, in Vergessenheit zu geraten. Wir kultivieren und kuratieren damit einen der wertvollsten Bereiche der abendländischen Kultur. Kleine Auswahl:

Francis Bacon • Neues Organon • **Balzac** • Glanz und Elend der Kurtisanen • **Joachim H. Campe** • Robinson der Jüngere • **Dante Alighieri** • Die Göttliche Komödie • **Daniel Defoe** • Robinson Crusoe • **Charles Dickens** • Oliver Twist • **Denis Diderot** • Jacques der Fatalist • **Fjodor Dostojewski** • Schuld und Sühne • **Arthur Conan Doyle** • Der Hund von Baskerville • **Marie von Ebner-Eschenbach** • Das Gemeindekind • **Elisabeth von Österreich** • Das Poetische Tagebuch • **Friedrich Engels** • Die Lage der arbeitenden Klasse • **Ludwig Feuerbach** • Das Wesen des Christentums • **Johann G. Fichte** • Reden an die deutsche Nation • **Fitzgerald** • Zärtlich ist die Nacht • **Flaubert** • Madame Bovary • **Gorch Fock** • Seefahrt ist not! • **Theodor Fontane** • Effi Briest • **Robert Musil** • Über die Dummheit • **Edgar Wallace** • Der Frosch mit der Maske • **Jakob Wassermann** • Der Fall Maurizius • **Oscar Wilde** • Das Bildnis des Dorian Grey • **Émile Zola** • Germinal • **Stefan Zweig** • Schachnovelle • **Hugo von Hofmannsthal** • Der Tor und der Tod • **Anton Tschechow** • Ein Heiratsantrag • **Arthur Schnitzler** • Reigen • **Friedrich Schiller** • Kabale und Liebe • **Nicolo Machiavelli** • Der Fürst • **Gotthold E. Lessing** • Nathan der Weise • **Augustinus** • Die Bekenntnisse des heiligen Augustinus • **Marcus Aurelius** • Selbstbetrachtungen • **Charles Baudelaire** • Die Blumen des Bösen • **Harriett Stowe** • Onkel Toms Hütte • **Walter Benjamin** • Deutsche Menschen • **Hugo Bettauer** • Die Stadt ohne Juden • **Lewis Caroll** • *und viele mehr….*

Pjotr Alexejewitsch Kropotkin

Die Große Französische Revolution 1789-1793 – Band II

Aus dem Französischen übersetzt von

Gustav Landauer

Inhalt

36. Der Konvent – Berg und Gironde

Am 21. September 1792 wurde endlich der Konvent eröffnet, diese Versammlung, die man so oft als den wahren Typus, als das Ideal einer revolutionären Versammlung hingestellt hat. Die Wahlen waren nach dem fast allgemeinen Stimmrecht durch alle Bürger, aktive und passive, vorgenommen worden, aber sie waren immer noch indirekt, das heißt alle Bürger hatten zuerst die Versammlungen der Wahlmänner gewählt, und diese hatten die Abgeordneten des Konvents ernannt. Dieses Wahlverfahren war offenbar den Reichen vorteilhaft, aber da die Wahlen im September, mitten in der allgemeinen Gärung, vor sich gingen, die der Triumph des Volkes am 10. August hervorgebracht hatte, und da viele Gegenrevolutionäre durch die Ereignisse des 2. September eingeschüchtert waren und sich bei den Wahlen lieber gar nicht zeigten, fielen sie weniger schlimm aus, als man hätte fürchten können. In Paris siegte die ganze Liste Marats, die alle bekannten Revolutionäre aus dem Klub der Cordeliers und der Jakobiner enthielt. Die fünfhundertfünfundzwanzig Wahlmänner von Paris, die sich am 2. September in dem Lokal des Jakobinerklubs versammelten, wählten Collot d'Herbois und Robespierre zum Präsidenten und Vizepräsidenten, schlossen alle aus, die die royalistischen Petitionen der 8000 und der 20 000 unterschrieben hatten und stimmten für die Liste Marats.

Indessen herrschte doch das „gemäßigte“ Element, und Marat schrieb gleich nach der ersten Sitzung, daß er, angesichts der Beschaffenheit der meisten Delegierten, am öffentlichen Wohl verzweifeln müßte. Er sah voraus, daß ihr Widerstand gegen den revolutionären Geist endlose Kämpfe über Frankreich bringen müßte. „Sie werden schließlich alles verderben“, sagte er, „wenn nicht die kleine Zahl der Verteidiger des Volkes, die berufen sind, sie zu bekämpfen, die Oberhand erlangen und es ihnen gelingt, sie zu vernichten.“ Wir werden bald sehen, wie recht er hatte.

Aber die Ereignisse selbst drängten Frankreich zur Republik, und die Leidenschaft des Volkes war derart, daß die Gemäßigten des Konvents sich der Strömung, die das Königtum wegschwemmte, nicht zu widersetzen wagten. Gleich in seiner ersten Sitzung erklärte der Konvent die Abschaffung des Königtums in Frankreich. Wir haben gesehen, daß Marseille und einige andere Provinzstädte schon vor dem 10. August die Republik verlangt hatten; Paris hatte es vom ersten Tag der Wahlen an mit größtem Nachdruck getan. Der Jakobinerklub hatte sich endlich auch entschlossen, sich für republikanisch zu erklären; er hatte es in seiner Sitzung vom 27. August, nach der Veröffentlichung der Papiere, die man in den Tuilerien in dem Geheimschrank gefunden hatte, getan. Der Konvent folgte Paris. Er schaffte in seiner ersten Sitzung, am 21. September 1792, das Königtum ab. Am Tage darauf bestimmte er in einem zweiten Dekret, daß von diesem Tage an alle öffentlichen Schriftstücke vom ersten Jahre der Republik an datiert werden sollten.

Drei verschiedene Parteien waren im Konvent vertreten: der Berg, die Gironde und die gemäßigte Partei, die man Plaine (Ebene) oder besser Marais (Sumpf) nannte. Die Girondisten, obwohl sie am wenigsten zahlreich waren, hatten die Führung. Sie hatten schon in der Gesetzgebenden Versammlung dem König das Ministerium Roland geliefert, und sie legten großen Wert darauf, als Staatsmänner zu gelten. Die Partei der Gironde war aus gebildeten, eleganten, klugen Politikern zusammengesetzt und vertrat die Interessen der bürgerlichen Industrie, des bürgerlichen Handels und Grundeigentums, die sich unter dem neuen Regime überaus schnell festgesetzt hatten. Mit Hilfe des Marais waren die Girondisten anfangs die stärksten, und aus ihnen wurde das neue republikanische Ministerium gebildet. Danton war der einzige gewesen, der in dem Ministerium, das am 10. August zur Macht gelangt war, die Volksrevolution vertreten hatte; er trat am 21. September zurück und wurde durch den unbedeutenden Garat ersetzt.

Der Berg, der aus Jakobinern, wie Robespierre, Saint-Just und Couthon, aus Cordeliers, wie Danton und Marat, zusammengesetzt und von den Volksrevolutionären der Kommune, wie Chaumette und Hébert, gestützt war, hatte sich noch nicht als politische Partei konstituiert: dies wurde erst später von den Ereignissen selbst zustande gebracht. Für den Augenblick vereinigte er die, die vorwärts marschierten und die Revolution zu greifbaren Resultaten führen wollten, das heißt zur Zerstörung des Königtums und des Royalismus, zur Vernichtung der Macht der Aristokratie und der Geistlichkeit, zur Abschaffung des Feudalwesens, zur Befestigung der Republik.

Die Ebene oder der Sumpf schließlich setzte sich aus den Unentschiedenen zusammen, die keine bestimmten Überzeugungen hatten, aber immer aus Instinkt für den Besitz eintraten und konservativ waren – solchen, die in allen Vertreterversammlungen die Mehrheit bilden. Sie besaßen im Konvent ungefähr fünfhundert Stimmen. Sie unterstützen zunächst die Girondisten, um sie im

Augenblick der Gefahr preiszugeben. Die Furcht wird sie dazu bringen, daß sie dann den roten Schrecken mit Saint-Just und Robespierre unterstützen, und später werden sie den weißen Schrecken machen, nachdem der Staatsstreich des Thermidor Robespierre und seine Partei aufs Schafott gebracht hat.

Man hätte glauben können, die Revolution würde sich jetzt ohne Hindernisse entwickeln und ihren natürlichen Gang gehen, wie ihn die Logik der Ereignisse bedingte. Der Prozeß und die Verurteilung des Königs, eine republikanische Verfassung an Stelle derer von 1791, Krieg auf Tod und Leben gegen die Invasion, und zugleich die endgültige Abschaffung dessen, was die Kraft des alten Regime gewesen war: der Feudalrechte, der Macht der Geistlichkeit, der royalistischen Organisation der Provinzverwaltung, die Abschaffung all dieser Überreste mußte sich notwendig aus der Situation ergeben.

Aber das Bürgertum, das zur Macht gelangt war und von den „Staatsmännern" der Gironde vertreten wurde, wollte nichts davon wissen.

Das Volk hatte Ludwig XVI. vom Thron gestürzt. Sich des Verräters, der die Deutschen bis vor die Tore von Paris geführt hatte, zu entledigen, Ludwig XVI. hinzurichten, dem widersetzte sich die Gironde aus allen Kräften. Lieber den Bürgerkrieg als diesen entscheidenden Schritt! Nicht aus Furcht vor der Rache des Auslands, denn es waren ja gerade die Girondisten selber gewesen, die den Krieg gegen Europa hatten entfesseln wollen, sondern aus Furcht vor der Revolution des französischen Volkes und insbesondere des revolutionären Paris, das in der Hinrichtung des Königs den Anfang der wahren Revolution sehen würde.

Indessen war es dem Volke von Paris in seinen Sektionen und seiner Kommune gelungen, neben der Nationalversammlung eine tatsächliche Gewalt festzusetzen, die die revolutionären Tendenzen der Pariser Bevölkerung verkörperte und sogar dazu gelangte, den Konvent zu beherrschen. Halten wir also einen Augenblick inne, bevor wir auf die Kämpfe eingehen, die die Vertretung der Nation auseinanderrissen, und blicken wir noch einmal auf die Art und Weise zurück, in der sich diese Gewalt, die Kommune von Paris festsetzte.

Wir haben in früheren Kapiteln (im 24. und 25.) gesehen, wie die Sektionen von Paris als Organe des Gemeindelebens Bedeutung erhielten, indem sie sich außer den Befugnissen der Polizei und der Wahl der Richter, die ihnen das Gesetz gab, verschiedene wirtschaftliche Aufgaben von größter Bedeutung beilegten (Verpflegung, öffentliche Unterstützung, den Verkauf der Nationalgüter usw.), und wie eben diese Aufgaben ihnen gestatteten, einen ernsthaften Einfluß in der Erledigung der großen politischen Fragen der Allgemeinheit auszuüben.

Die Sektionen, die so wichtige Organe des öffentlichen Lebens geworden waren, mußten mit Notwendigkeit dazu kommen, eine Verbindung untereinander zu schaffen, und zu verschiedenen Malen, 1790 und 1791, hatten sie schon Spezialkommissäre zu dem Zweck ernannt, sich mit anderen Sektionen für ein gemeinsames Vorgehen, unabhängig vom offiziellen Gemeinderat, zu verständigen. Indessen war noch nichts Dauerndes eingerichtet.

Als im April 1792 der Krieg erklärt wurde, waren die Arbeiten der Sektionen plötzlich durch eine Masse neuer Befugnisse vermehrt worden. Sie hatten sich mit den Rekrutierungen, mit der Auslese der Freiwilligen, mit den patriotischen Gaben, mit der Ausrüstung und Verpflegung der Bataillone zu beschäftigen, die an die Grenze gingen, ferner mit der administrativen und politischen Korrespondenz mit diesen Bataillonen, mit der Unterstützung der Familien der Freiwilligen usw., ohne von dem unaufhörlichen Kampf zu reden, den sie Tag für Tag gegen die royalistischen Verschwörungen zu führen hatten, die ihre Arbeiten hindern wollten. Infolge dieser neuen Tätigkeit machte sich die Notwendigkeit einer direkten Verbindung zwischen den Sektionen um so mehr fühlbar.

Wenn man heutzutage diese Korrespondenz der Sektionen und ihre weitverzweigte Buchführung durchgeht, muß man den spontanen Organisationsgeist des Volkes von Paris und die Aufopferung der Männer bewundern, die all diese Arbeit nach ihrem Tagewerk freiwillig vollbrachten. Da lernt man die Tiefe der mehr als religiösen Hingebung kennen, die von der Revolution im französischen Volke erzeugt wurde. Denn man darf nicht vergessen, daß zwar jede Sektion ihren militärischen und ihren bürgerlichen Ausschuß ernannt hatte, daß aber erst in den allgemeinen Versammlungen, die am Abend gehalten wurden, alle wichtigen Fragen diskutiert und erledigt wurden.

Man versteht auch, wie diese Männer, die nicht theoretisch, sondern leibhaft die Schrecken des Krieges sahen und unmittelbar mit den Leiden in Berührung waren, die die Invasion dem Volk auferlegte, die Helfershelfer der Invasion hassen mußten: den König, die Königin, den Hof, die Adligen und die Reichen, alle die Reichen, die mit dem Hof gemeinsame Sache machten. Die Hauptstadt vereinigte sich mit den Bauern des Grenzdepartements in ihrem Haß gegen die Stützen des Thrones, die den Fremden nach Frankreich gerufen hatten. Sowie daher die Idee der friedlichen Demonstration am 20. Juni aufgetaucht war, waren es die Sektionen, die sich daran machten, diese Demonstration zu organisieren, und sie waren es wiederum, die am 10. August den Angriff auf die Tuilerien vorbereiteten, und eben diese Vorbereitungen benutzten sie, um endlich die so lange gewünschte direkte Verbindung zwischen den Sektionen zum revolutionären Handeln herzustellen.

Als es sich herausgestellt hatte, daß die Demonstration des 20. Juni ohne Resultat geblieben war, daß der Hof nichts gelernt hatte und nichts lernen wollte, ergriffen die Sektionen die Initiative, von der Nationalversammlung die Absetzung Ludwigs XVI. zu verlangen. Am 23. Juli faßte die Sektion von Mauconseil einen Beschluß in diesem Sinne, den sie der Versammlung zustellte, und ging daran, eine Erhebung für den 5. August vorzubereiten. Andere Sektionen beeilten sich, den nämlichen Beschluß zu fassen, und als die Nationalversammlung in ihrer Sitzung vom 4. August den Beschluß der Bürger von Mauconseil als ungesetzlich brandmarkte, hatte er schon die Zustimmung von 14 Sektionen gefunden. Am nämlichen Tage erklärten Mitglieder der Sektion der Gravilliers der Nationalversammlung, sie wollten den Gesetzgebern noch „die Ehre, das Vaterland zu retten", überlassen. „Aber wenn ihr euch weigert", fügten sie hinzu, „wird es schon not tun, daß wir uns entschließen, uns selber zu retten." Die Sektion der Quinze-Vingts bestimmte ihrerseits „den Morgen des 10. August als letzten Termin der Geduld des Volkes"; und die von Mauconseil erklärte, sie „gedulde sich in Ruhe und Wachsamkeit bis zum folgenden Donnerstag (9. August), 11 Uhr nachts, um den Ausspruch der Nationalversammlung abzuwarten; aber wenn dem Volk von der Gesetzgebenden Körperschaft bis dahin nicht Recht verschafft worden wäre, würde eine Stunde später, um Mitternacht, der Generalmarsch geschlagen und alles in den Aufstand treten".

Am 7. August schließlich lud eben diese Sektion alle andern ein, aus jeder einzelnen „sechs Kommissäre zu ernennen, die *weniger Redner als treffliche Bürger* sein sollten und die durch ihre Vereinigung im Rathaus einen Sammelpunkt bilden sollten"; das geschah am 9. August. Als achtundzwanzig oder dreißig Sektionen von achtundvierzig sich der Bewegung angeschlossen hatten, traten ihre Kommissäre im Rathaus in einem Saal zusammen, der in der

Nähe des Sitzungssaals des offiziellen Gemeinderats lag – der übrigens in dem Augenblick wenig zahlreich war –, und sie gingen auf revolutionäre Weise, wie eine neue Kommune, vor. Sie suspendierten vorläufig den Generalrat, verboten dem Maire Pétion, seine Wohnung zu verlassen, kassierten den Generalstab der Bataillone der Nationalgarde und bemächtigten sich aller Gewalten der Kommune und ebenso der allgemeinen Leitung des Aufstandes.

So konstituierte sich die neue Gewalt im Rathaus und setzte sich fest.

Die Tuilerien waren erstürmt, der König entthront. Und sofort gab die neue Kommune zu verstehen, daß sie am 10. August nicht die Krönung der am 14. Juli 1789 begonnenen Revolution, sondern den Anfang einer neuen volkstümlichen und gleichheitlichen Revolution erblicke. Sie datierte von jetzt an ihre Akte vom „Jahr IV der Freiheit, dem Jahr I der Gleichheit". Eine Menge neue Pflichten fielen sofort der neuen Kommune zu.

Während der zwanzig letzten Augusttage, während die Gesetzgebende Versammlung zwischen den verschiedenen royalistischen, konstitutionellen und republikanischen Strömungen, die sie auseinanderrissen, hin und her schwankte und sich völlig unfähig zeigte, sich auf die Höhe der Ereignisse zu stellen, wurden die Sektionen von Paris und ihre Kommune das wahre Herz der französischen Nation, um das republikanische Frankreich wachzurufen, es den verbündeten Königen entgegenzuwerfen und im Verein mit anderen Kommunen die nötige Organisation für die große Erhebung der Freiwilligen von 1792 zu schaffen. Und als das Schwanken der Nationalversammlung, die royalistischen Velleitäten ihrer meisten Mitglieder und ihr Haß gegen die aufständische Kommune die Pariser Bevölkerung zu dem tollen Wüten der Septembertage gebracht hatten, da waren es wieder die Sektionen und die Kommune, die die Beruhigung schafften. Sowie sich die Gesetzgebende Versammlung entschlossen hatte, sich endlich, am 4. September, gegen das Königtum und die verschiedenen Kronprätendenten auszusprechen, und diese Entscheidung den Sektionen mitgeteilt hatte, taten sich diese, wie wir gesehen haben, sofort zusammen, um den Morden ein Ende zu machen, die sich von den Gefängnissen auf die Straße fortzupflanzen drohten, und um allen Einwohnern Sicherheit zu gewährleisten.

Und ebenso, als der Konvent zusammentrat und als er nach seinem Beschluß vom 21. September morgens, das Königtum in Frankreich abzuschaffen, „das entscheidende Wort nicht auszusprechen wagte", das Wort Republik, und „eine

Ermutigung von außen zu erwarten schien", da kam diese Ermutigung vom Volk von Paris. Es begrüßte das Dekret auf der Straße mit dem Rufe: Es lebe die Republik!, und die Bürger der Sektion Quatre-Nations übten auf den Konvent Zwang aus, indem sie hingingen und erklärten, sie seien glücklich, „die Republik" mit ihrem Blute zu bezahlen; in diesem Augenblick aber war die Republik noch gar nicht proklamiert und wurde erst am nächsten Tage vom Konvent offiziell anerkannt.

Die Kommune von Paris wurde so zu einer Macht, die für den Konvent ein Ansporn, wenn nicht eine Rivalin, und die Bundesgenossin der Bergpartei wurde. Außerdem hatte der Berg jene andere Macht für sich, die sich im Laufe der Revolution gebildet hatte, den Jakobinerklub von Paris, mit den zahlreichen Volksvereinen in der Provinz, die sich ihm angegliedert hatten. Es ist wahr, daß dieser Klub keineswegs die revolutionäre Macht und Initiative hatte, die ihm so viele politische Schriftsteller unserer Zeit beilegen. Der Jakobinerklub hat die Revolution nicht geleitet, ist ihr vielmehr nur gefolgt. Schon die Personen, aus denen sich die Muttergesellschaft in Paris zusammensetzte, hauptsächlich wohlhabende Bürgersleute, machten sie unfähig, der Revolution voranzugehen.

Zu jeder Zeit, sagt Michelet, hatten sich die Jakobiner geschmeichelt, die Politiker und die geistigen Führer der Revolution zu sein, das Gewicht, das den Ausschlag gab. Aber sie leiteten sie nicht, sie folgten ihr, der Geist des Klubs wechselte mit jeder neuen Krise. Aber der Klub machte sich immer unmittelbar zum Ausdruck der Tendenz, die in einem bestimmten Moment im gebildeten, gemäßigt demokratischen Bürgertum die Oberhand gewonnen hatte, er stützte sie, indem er die öffentliche Meinung in Paris und der Provinz in dem erwünschten Sinne bearbeitete, und er gab dem neuen Regime seine wichtigsten Beamten. Robespierre, der nach dem sehr richtigen Ausdruck Michelets die Mittelstraße des Berges repräsentierte, wollte, daß die Jakobiner „als Vermittler zwischen der Nationalversammlung und der Straße dienen und den Konvent bald erschrecken und bald beruhigen konnten". Aber er sah ein, daß die Initiative von der Straße, vom Volke ausgehen mußte.

Wir haben schon erwähnt, daß in den Ereignissen des 10. August der Einfluß der Jakobiner gleich Null war. So blieb es bis zum September 1792: der Klub war verlassen. Aber allmählich, im Laufe des Herbstes, wurde die Muttergesellschaft von Paris von Cordeliers verstärkt, und nun kam neues Leben in den Klub, und er wurde der Sammelpunkt für den ganzen gemäßigten Teil der demokratischen Republikaner. Marat wurde dort populär, aber nicht die „Enragés“, das heißt, um einen modernen Ausdruck anzuwenden, die Kommunisten. Ihnen trat der Klub entgegen und bekämpfte sie später.

Als im Frühling 1793 der Kampf, den die Girondisten gegen die Kommune von Paris führten, in seinem kritischen Moment angelangt war, unterstützten die Jakobiner die Kommune und die Bergpartei des Konvents; sie halfen ihnen, den Sieg über die Girondisten zu erringen und ihn zu befestigen; durch ihre Korrespondenz mit den verbündeten Gesellschaften in der Provinz unterstützten sie die vorgeschrittenen Revolutionäre und halfen ihnen, den Einfluß, nicht nur der Girondisten, sondern auch der Royalisten, die sich hinter ihnen versteckten, unschädlich zu machen, was sie nicht hinderte, sich später, 1794, gegen die Volksrevolutionäre der Kommune zu wenden und es so der bürgerlichen Reaktion zu ermöglichen, den Staatsstreich des 9. Thermidor zu machen.

37. Die Regierung – Kämpfe im Konvent – Der Krieg

Die erste Sorge des Konvents war nicht etwa, zu entscheiden, was mit dem abgesetzten König geschehen sollte, sondern festzusetzen, welche Partei den Nutzen von dem Siege haben sollte, den das Volk über die Tuilerien errungen hatte, wer die revolutionäre Regierung sein sollte. Und darüber entspannen sich Kämpfe, die acht Monate lang die rechte Entwicklung der Revolution hemmten, die großen Fragen des Grundbesitzes und andere bis zum Juni 1793 unentschieden ließen und das Volk dazu brachten, daß es seine Energie erschöpfte, daß es sich der Gleichgültigkeit und Lässigkeit ergab, die das Herz der Zeitgenossen bluten ließ und die Michelet so richtig gefühlt hat.

Die Gesetzgebende Versammlung hatte am 10. August, nachdem sie die Suspension des Königs ausgesprochen hatte, alle Funktionen der zentralen Exekutivgewalt einem Rat übertragen, der aus sechs Ministern, die nicht aus ihrer Mitte gewählt waren, bestand, meistens Girondisten – Roland, Servan, Clavière, Monge und Lebrun – und außerdem Danton, den die Revolution zum Posten des Justizministers erhoben hatte. Dieser Rat hatte keinen Präsidenten; jeder Minister präsidierte abwechselnd eine Woche lang.

Der Konvent bestätigte diese Einrichtung; aber Danton, der die Seele der nationalen Verteidigung und der Diplomatie geworden war und einen überwiegenden Einfluß im Rate ausübte, wurde bald durch die Angriffe der Gironde gezwungen zurückzutreten. Er verließ das Ministerium am 9. Oktober 1792 und wurde durch den unbedeutenden Garat ersetzt. Nunmehr wurde Roland, der Minister des Innern, der diesen Posten bis zum Januar 1793 behielt (er trat nach der Hinrichtung des Königs zurück), der einflußreichste Mann dieses Rates der Exekutive. Auf diesem Posten übte er seinen ganzen Einfluß aus und machte es den Girondisten, die sich um ihn und seine Frau gruppierten, möglich, ihre ganze Energie zu entfalten, um die Revolution daran zu hindern, sich auf den großen Linien weiterzuentwickeln, die ihr seit 1789 vorgeschrieben waren: die Errichtung der Demokratie des Volkes, die endgültige Abschaffung des Feudalwesens und die Vorbereitung der Ausgleichung der Vermögen. Indessen blieb Danton die Seele der Diplomatie, und als im April 1793 der Wohlfahrtsausschuß errichtet wurde, wurde er der wirkliche Minister des Auswärtigen dieses Ausschusses.

Die Gironde, die so zur Macht gelangt war und den Konvent beherrschte, wußte indessen nichts Positives zu tun. Wie Michelet sehr gut gesagt hat, hielt sie hochtrabende Reden, aber sie tat nichts. Sie hatte weder den Mut zu revolutionären Maßnahmen noch zu offener Reaktion. Infolgedessen blieben die wahre Gewalt, die Initiative und Aktion für den Krieg und die Diplomatie in den Händen Dantons, und für die revolutionären Maßnahmen im Innern in den Händen der Kommune von Paris, der Sektionen, der Volksvereine und zum Teil des Jakobinerklubs. Die Gironde, die zum Handeln unfähig war, richtete ihre wütenden Angriffe gegen die, die handelten, hauptsächlich gegen „das Triumvirat" von Danton, Marat und Robespierre, die sie heftig diktatorischer Bestrebungen beschuldigte. Es gab Tage, wo man sich fragte, ob diese Angriffe nicht zum Ziel führen würden, ob nicht Danton verbannt und Marat aufs Schafott geschickt würde.

Da indessen die Revolution ihre lebendigen Kräfte noch nicht erschöpft hatte, schlugen alle diese Angriffe fehl. Sie bewirkten nur, daß sich das Volk für Marat leidenschaftlich einsetzte (hauptsächlich in den Faubourgs Saint-Antoine und Saint-Marceau); sie vergrößerten den Einfluß Robespierres in den Augen der Jakobiner und des demokratischen Bürgertums; und sie hoben Danton in den Augen aller derer, die das republikanische Frankreich liebten, das im Kampf gegen die Könige stand, und in ihm den Mann des Handelns sahen, der imstande war, der Invasion die Spitze zu bieten, die royalistischen Komplotte im Innern zu vereiteln und die Republik zu befestigen, und der dabei seinen Kopf und seinen politischen Ruf aufs Spiel setzte.

Gleich in den ersten Sitzungen des Konvents erneuerte seine rechte Seite, die Girondisten, schon den gehässigen Kampf gegen die Kommune von Paris, den sie in der Gesetzgebenden Versammlung seit dem 11. August geführt hatte. Dem Aufstand, den die Kommune vorbereitet hatte, verdanken sie ihre Macht – und eben sie greifen sie jetzt mit einem Haß an, den sie gegen die Verschwörer des Hofes nie hatten aufbringen können.

Es wäre ermüdend, hier lang und breit diese Angriffe der Gironde gegen die Kommune zu erzählen. Es genügt, einige zu erwähnen.

Zunächst handelt es sich um das Verlangen nach Rechnungsablegung, das sowohl an die Kommune und ihr Überwachungskomitee wie an Danton gerichtet wurde. Es ist klar, daß in den bewegten Monaten August und September 1792, unter den außergewöhnlichen Umständen, die durch die Bewegung des 10. August und die Invasion des Auslands erzeugt worden war, das Geld von Danton, dem einzigen tatkräftigen Mann des Ministeriums, ohne viel Rechnungen ausgegeben werden mußte, zum Beispiel für die diplomatischen Verhandlungen, die zum Rückzug der Preußen führten, zur Aufdeckung der Fäden des Komplotts des Marquis de la Rouërie in der Bretagne und der Prinzen in England und anderswo. Es ist ferner durchaus einleuchtend, daß es dem Überwachungskomitee der Kommune, das die Freiwilligen ausrüstete und sie jeden Tag in aller Eile zur Grenze schickte, nicht leicht war, sehr genau Buch zu führen. Gerade gegen diesen schwachen Punkt nun führten die Girondisten ihre ersten Hiebe und ihre Verdächtigungen, indem sie (schon am 30. September) eine vollständige Rechnungslegung verlangten. Der Exekutive der Kommune (dem Überwachungskomitee) gelang es, glänzend Rechnung zu legen und ihre politischen Akte zu rechtfertigen. Aber was die Provinz anging, blieb ein Zweifel hinsichtlich der Ehrlichkeit an Danton und der Kommune hängen, und die Briefe der Girondisten an ihre Freunde und ihre Wähler machten sich diesen Zweifel in jeder nur möglichen Weise zunutze.

Zur selben Zeit versuchten die Girondisten eine gegenrevolutionäre Garde zu bilden. Sie wollten, daß das Direktorium jedes Departements (die Direktorien waren, wie man weiß, reaktionär) vier Mann Infanterie und zwei Berittene – im ganzen 4470 Mann – nach Paris schickte, um den Konvent gegen die möglichen

Angriffe des Volks von Paris und seiner Kommune zu schützen. Und es bedurfte einer lebhaften Agitation der Sektionen, die Spezialkommissäre ernannten, um gegen diesen Beschluß vorzugehen, und mit einem neuen Aufstand drohten, um die Bildung dieser gegenrevolutionären Garde in Paris zu verhindern.

Aber insbesondere die Septembermorde hörten die Girondisten nicht auf auszubeuten, um Danton anzugreifen, der in diesen Tagen Hand in Hand mit der Kommune und den Sektionen gegangen war. Nachdem sie diese Tage durch den Mund Rolands „mit dem Schleier bedeckt" und fast gerechtfertigt hatten (siehe 35. Kapitel), wie sie früher die Morde von la Glacière in Lyon durch den Mund Barbaroux' gerechtfertigt hatten, gingen sie jetzt im Konvent so geschickt vor, daß sie am 20. Januar 1793 eine Verfolgung gegen die Urheber der Septembermorde durchsetzten in der Hoffnung, darin den Ruf Dantons, Robespierres, Marats und der Kommune zu begraben.

Allmählich gelang es so den Girondisten, die sich die konstitutionelle und royalistische Strömung zunutze machten, welche sich im Bürgertum nach dem 10. August verstärkte, in der Provinz eine Stimmung zu erzeugen, die gegen Paris, seine Kommune und die ganze Bergpartei feindselig war.

Mehrere Departements schickten sogar Detachements von Föderierten, um den Konvent gegen „die Agitatoren, die nach dem Tribunat und der Diktatur lüstern sind", nämlich Danton, Marat und Robespierre und gegen die Pariser Bevölkerung zu schützen. Auf die Aufforderung von Barbaroux schickte Marseille – dieses Mal das kaufmännische Marseille – im Oktober 1792 ein Bataillon Föderierte nach Paris, das aus reichen jungen Leuten der Handelsstadt gebildet war, die durch die Straßen liefen und die Köpfe von Robespierre und Marat verlangten. Das waren die Vorläufer der Reaktion des Thermidor; aber das Volk von Paris vereitelte diesen Plan, indem es die Föderierten für die Sache der Revolution gewann.

Inzwischen verfehlten die Girondisten nicht, die föderative Vertretung der Sektionen von Paris direkt anzugreifen. Sie wollten um jeden Preis die aufständische Kommune vom 10. August vernichten und setzten Ende November Neuwahlen für den Generalrat der Pariser Gemeindeverwaltung durch. Pétion, der girondistische Bürgermeister, trat zu gleicher Zeit zurück. Jedoch vereitelten die Sektionen auch jetzt noch diese Manöver. Nicht nur hatten die Bergparteiler die Mehrheit der Stimmen bei den Wahlen, sondern ein so vorgeschrittener und volkstümlicher Revolutionär wie Chaumette wurde zum

Prokurator der Kommune ernannt, und der Redakteur des Père Duchesne, Hébert, wurde sein Substitut (2. Dezember 1792). Pétion, der der revolutionären Stimmung des Volkes von Paris nicht mehr entsprach, wurde nicht wiedergewählt, und Chambon, ein Gemäßigter, trat an seine Stelle; aber er blieb nur zwei Monate, und am 14. Februar 1793 wurde er durch Pache ersetzt.

So bildete sich die revolutionäre Kommune von 1793, die Kommune von Pache, Chaumette und Hébert, die die Rivalin des Konvents wurde und eine so mächtige Rolle spielte, daß sie am 31. Mai 1793 die Girondisten vertreiben konnte und die volkstümliche, gleichheitliche, antireligiöse und zum Teil kommunistische Revolution des Jahres II der Republik energisch vorwärtsbrachte.

Die große Frage des Augenblicks war der Krieg. Vom Erfolg der Armeen hing ohne Frage die weitere Entwicklung der Revolution ab.

Wir haben gesehen, daß die vorgeschrittenen Revolutionäre, wie Marat und Robespierre, den Krieg nicht gewollt hatten. Aber der Hof rief die deutsche Invasion herbei, um den königlichen Absolutismus zu retten; die Geistlichen und Adeligen drängten leidenschaftlich zum Krieg, um ihre alten Privilegien wiederzubekommen; und die Regierungen der Nachbarstaaten sahen in ihm das Mittel, den revolutionären Geist zu bekämpfen, der schon in ihren Gebieten erwachte, und zugleich die Gelegenheit, Frankreich Provinzen und Kolonien zu entreißen. Auf der anderen Seite wünschten die Girondisten den Krieg, weil sie in ihm das einzige Mittel sahen, die Gewalt des Königs zu beschränken, ohne an die Volkserhebung zu appellieren. „Weil ihr den Appell ans Volk nicht wollt, wollt ihr den Krieg“, sagte ihnen Marat und hatte recht.

Im Volke sahen die Bauern der Grenzdepartements, als sie gewahrten, wie die deutschen Armeen von den Emigranten herbeigeholt wurden und ihre Massen sich am Rhein und in den Niederlanden versammelten, wohl ein, daß es sich für sie darum handelte, mit bewaffneter Hand ihre Rechte an den Ländereien zu verteidigen, die sie den Adeligen und der Geistlichkeit wieder genommen hatten. Als daher am 20. April 1792 Österreich der Krieg erklärt wurde, ergriff ein furchtbarer Enthusiasmus die Bevölkerungen der Departements an der Ostgrenze. Die Aushebungen von Freiwilligen auf ein Jahr wurden mit großer Begeisterung unter dem Gesang des Ça ira durchgeführt, und die patriotischen Gaben flossen von allen Seiten zusammen. Aber in den Gegenden im Westen und Südwesten war es anders. Da wollte die Bevölkerung nichts von Krieg wissen.

Überdies war nichts für den Krieg vorbereitet. Die Streitkräfte Frankreichs, die nicht über 130 000 Mann stark waren und von der Nordsee bis zur Schweiz zerstreut, überdies schlecht ausgerüstet und von royalistischen Offizieren geführt waren, waren außerstande, der Invasion entgegenzutreten.

Dumouriez und Lafayette faßten zuerst den kühnen Plan, schnell nach Belgien vorzudringen, das schon 1790 versucht hatte, sich von Österreich loszureißen, aber mit Waffengewalt niedergehalten worden war. Die belgischen Liberalen riefen die Franzosen herbei. Aber das Unternehmen ging fehl, und von jetzt an hielten sich die französischen Befehlshaber in der Defensive, um so mehr, als sich Preußen Österreich und den deutschen Fürsten zum Angriff auf Frankreich angeschlossen hatte und als diese Koalition vom Hof von Turin stark unterstützt wurde und von den Höfen von St. Petersburg und London heimlichen Beistand erhielt.

Am 26. Juli 1792 setzte sich der Herzog von Braunschweig, der eine Invasionsarmee von 70 000 Preußen und 68 000 Österreichern, Hessen und Emigranten befehligte, von Koblenz aus in Bewegung und erließ ein Manifest, das die Entrüstung ganz Frankreichs erregte. Er stellte in Aussicht, die Städte, die es wagten, sich zu verteidigen, in Brand zu stecken und die Einwohner als Rebellen erschießen zu lassen. Wenn Paris es wagen sollte, das Schloß Ludwigs XVI. zu erstürmen, sollte es eine militärische Exekution erleben, die exemplarisch und für ewige Zeiten denkwürdig sein sollte.

Drei deutsche Armeen sollten Frankreich überziehen und auf Paris marschieren, und am 19. April überschritt die preußische Armee die Grenze und besetzte ohne Kampf Longwy und Verdun.

Wir haben gesehen, welche Begeisterung die Kommune in Paris beim Eintreffen dieser Nachrichten erregte und wie sie auf sie damit antwortete, daß sie die Bleisärge der Reichen einschmelzen ließ, um daraus Kugeln zu machen, und ebenso die Glocken und Bronzestücke der Kirchen, um Kanonen daraus zu machen, während die Tempel sich in große Werkstätten verwandelten, wo Tausende von Menschen unter dem Gesang des Ça ira und der mächtigen Hymne von Rouget de Lisle damit beschäftigt waren, die Uniformen der Freiwilligen zu nähen.

Die Emigranten hatten die koalierten Könige in den Glauben versetzt, sie würden Frankreich bereit finden, sie mit offenen Armen zu empfangen. Aber die unverhüllt feindselige Haltung der Bauern und die Septembertage in Paris machten die Eindringlinge nachdenklich. Die Bewohner der Städte und die Bauern der Departements des Ostens verkannten nicht, daß der Feind gekommen war, um ihnen alles, was sie erobert hatten, wieder zu nehmen, und hauptsächlich im Osten war es der Erhebung der Städte und der Dörfer geglückt, den Feudalismus niederzuschlagen.

Aber die Begeisterung genügte nicht zum Siege. Die preußische Armee rückte vor, und im Verein mit der österreichischen Armee betrat sie schon den Argonnerwald, der sich auf eine Länge von elf Meilen erstreckt und das Tal der Meuse von der lausigen Champagne trennt. Die Armee Dumouriez' versuchte vergeblich, durch Eilmärsche die Invasion am Vordringen zu hindern. Es gelang ihr nur, rechtzeitig eine vorteilhafte Stellung bei Valmy am Ausgang des großen Waldes einzunehmen, und hier erlitten die Preußen am 20. September ihre erste Niederlage, als sie versuchten, die Abhänge, die von den Soldaten Dumouriez' besetzt waren, zu erstürmen. Unter diesen Umständen war die Schlacht bei Valmy ein wichtiger Sieg – der erste Sieg der Völker über die Könige und wurde als solcher von Goethe begrüßt, der die Armee des Herzogs von Braunschweig begleitete.

In der preußischen Armee, die zuerst von strömendem Regen im Argonnerwald aufgehalten wurde und in den unfruchtbaren Ebenen, die sich vor ihr ausdehnen, an allem Not litt, war die Ruhr ausgebrochen, die furchtbare Verheerungen in ihr anrichtete. Die Wege waren aufgeweicht, die Bauern lauerten den Soldaten auf – alles deutete auf einen unglücklichen Feldzug hin.

Nunmehr verhandelte Danton mit dem Herzog von Braunschweig über den Rückzug der Preußen. Welches die Bedingungen waren, weiß man bis zum heutigen Tage nicht. Versprach Danton, wie man behauptet hat, alles aufzubieten, um das Leben Ludwigs XVI. zu retten? Es ist möglich. Aber wenn dieses Versprechen gegeben wurde, konnte es nur unter Bedingungen geschehen sein, und wir wissen nicht, was für Gegenleistungen die Feinde außer dem sofortigen Rückzug der Preußen versprochen hatten. Wurde ein gleichzeitiger Rückzug der Österreicher in Aussicht gestellt? Sprach man von einem formellen Verzicht Ludwigs XVI. auf den französischen Thron? Wir können darüber nur Vermutungen anstellen.

Fest steht nur, daß am 1. Oktober der Herzog von Braunschweig seinen Rückzug über Grand Pré und Verdun antrat. Gegen Ende des Monats zog er bei Koblenz wieder über den Rhein, und die Emigranten sandten ihm ihre Flüche nach.

Daraufhin kam Dumouriez, nachdem er Westermann den Befehl gegeben hatte, die Preußen „höflich zurückzuführen“ ohne sie allzusehr zu bedrängen, am 11. Oktober nach Paris, offenbar um das Terrain zu sondieren und festzustellen, wie er sich zu verhalten hatte. Er setzte es durch, daß er der Republik den Eid nicht leistete, was nicht hinderte, daß er von den Jakobinern sehr gut aufgenommen wurde, und seitdem ging er ohne Zweifel daran, die Thronkandidatur des Herzogs von Chartres eifrig zu betreiben.

Die Aufstandsbewegung, die in der Bretagne von dem Marquis de la Rouërie vorbereitet worden war und die zur selben Zeit ausbrechen sollte, wo die Deutschen auf Paris marschierten, wurde ebenfalls unterdrückt. Sie wurde Danton verraten, dem es gelang, alle ihre Fäden sowohl in der Bretagne wie in London aufzudecken. Aber London blieb der Mittelpunkt der Verschwörungen der Prinzen, und die Insel Jersey war das Zentrum der royalistischen Rüstungen zum Zweck einer Landung, die man an der Küste der Bretagne bewerkstelligen wollte, um sich Saint-Malos zu bemächtigen und den Engländern diesen für militärische und Handelszwecke so wichtigen Hafen auszuliefern.

Zur selben Zeit rückte die Südarmee unter dem Kommando von Montesquiou, am Tage der Eröffnung des Konvents, in Savoyen ein. Sie besetzte vier Tage darauf Chambéry und brachte in diese Provinz die Bauernrevolution mit.

Ebenfalls noch Ende September überschritt eine der Armeen der Republik unter dem Kommando von Lauzun und Custine den Rhein und nahm Speyer im Sturm (30. September). Worms ergab sich vier Tage später, und am 23. Oktober wurden Mainz und Frankfurt am Main von den Armeen der Sansculotten besetzt.

Im Norden gab es ebenfalls fortgesetzt Erfolge. Ende Oktober trat die Armee Dumouriez' in Belgien ein, und am 6. November errang sie bei Jemmapes in der Nähe von Mons einen großen Sieg über die Österreicher - einen Sieg, den Dumouriez in der Weise arrangiert hatte, daß er dabei den Sohn des Herzogs von Chartres in den Vordergrund rückte - und zwei Bataillone Pariser Freiwilliger opferte.

Dieser Sieg öffnete der französischen Invasion Belgien. Mons wurde am 8. November besetzt, und am 14. hielt Dumouriez seinen Einzug in Brüssel. Das Volk empfing die Soldaten der Republik mit offenen Armen. Es erwartete von ihnen die Initiative zu einer Reihe revolutionärer Maßnahmen, hauptsächlich in der Frage des Grundbesitzes. Das war auch die Meinung der Mitglieder der Bergpartei, wenigstens Cambons. Er hatte das schwierige und weitverzweigte Geschäft des Verkaufs der geistlichen Güter als Garantie der Assignaten besorgt, organisierte in diesem Augenblick den Verkauf der Güter der Emigranten und hatte den lebhaften Wunsch, dieses System auch in Belgien durchzuführen. Aber ob nun die von der Bergpartei nicht kühn genug waren, infolge der Angriffe, die die Girondisten wegen ihres mangelnden Respekts vor dem Eigentum auf sie machten, ob die Ideen der Revolution nicht die nötige Unterstützung in Belgien fanden, wo sie nur die Proletarier für sich hatten und das ganze wohlhabende Bürgertum und die furchtbare Macht der Priester sich gegen sie wandte – jedenfalls ist es Tatsache, daß die Revolution, die die Belgier und die Franzosen hätte zusammenschmelzen können, nicht zustande kam.

Alle diese Erfolge und Siege mußten den Freunden des Krieges zu Kopfe steigen, und die Girondisten triumphierten. Am 15. Dezember erließ der Konvent ein Dekret, in dem er alle Monarchien herausforderte und erklärte, es würde mit keiner der Mächte Friede geschlossen werden, solange nicht ihre Armeen vom Boden der Republik zurückgetrieben wären. In der Tat indessen sah es im Innern sehr düster aus, und draußen konnten auch die Siege der Republik nichts anderes bewirken, als die Verbindung zwischen den Monarchien befestigen.

Die Invasion Belgiens entschied über die Stellung Englands.

Das Erwachen von republikanischen und kommunistischen Ideen bei den Engländern, das sich in der Gründung von republikanischen Gesellschaften aussprach und 1793 seinen literarischen Ausdruck in dem bemerkenswerten freiheitlich-kommunistischen Werk von Godwin „Über die politische Gerechtigkeit“ fand, hatte die französischen Republikaner und insbesondere Danton in die Hoffnung versetzt, sie würden in einer englischen revolutionären Bewegung Unterstützung finden. Aber die Interessen der Industrie und des Handels trugen auf den britischen Inseln den Sieg davon. Und als das republikanische Frankreich in Belgien eindrang, sich im Tal der Schelde und des Rheins festsetzte und drohte, sich auch Hollands zu bemächtigen, war die Politik Englands entschieden.

Frankreich seine Kolonien wegnehmen, seine Seemacht zerstören und seine industrielle Entwicklung und seine Expansion in den Kolonien aufhalten, das war die Politik, die die große Menge in England gewann. Die Partei von Fox unterlag, die von Pitt errang die Oberhand. Von jetzt an wurde England, das durch seine Flotte und hauptsächlich durch das Geld, mit dem es die Kontinentalmächte, Rußland, Preußen und Österreich eingeschlossen, subventionierte, das Haupt der europäischen Koalition und blieb es ein Vierteljahrhundert lang. Das bedeutete den Krieg der beiden Rivalen, die die Meere unter sich teilten, Krieg bis zur völligen Erschöpfung. Und diese Kriege führten Frankreich mit Notwendigkeit zur Militärdiktatur.

Und wenn schließlich Paris, das von der Invasion bedroht war, von einer prachtvollen Begeisterung erfaßt wurde und sich freudig den Freiwilligen der ostfranzösischen Departements anschloß, so war es andrerseits ebenfalls der Krieg, der den ersten Anstoß zur Erhebung in der Vendée gab. Er lieferte den Priestern die Gelegenheit, den Widerstand dieser Bevölkerung auszubeuten, die ihre Wälder nicht verlassen wollte, um irgendwo an der Grenze zu kämpfen; er trug dazu bei, den Fanatismus der Einwohner der Vendée zu erwecken und in dem Augenblick, wo die Deutschen französischen Boden betraten, sie zum Aufruhr zu bringen. Und wir sehen später, wieviel Schlimmes dieser Aufstand für die Revolution bedeutete.

Aber wenn es nur die Vendée gewesen wäre! Überall in Frankreich erzeugte der Krieg eine so schreckliche Lage für die große Masse der Armen, daß man sich fragen muß, wie die Republik eine so schreckliche Krise überstehen konnte.

Die Ernte von 1792 war für das Getreide gut ausgefallen. Nur für Gerste und Hafer war sie infolge der Regenfälle mäßig gewesen. Der Getreideexport war verboten. Und trotzdem herrschte die Hungersnot. In den Städten hatte man sie seit langer Zeit nicht so furchtbar erlebt. In langen Reihen warteten Männer und Frauen vor den Bäcker- und Schlächterläden, sie verbrachten die ganze Nacht in Schnee und Regen, ohne doch sicher zu sein, ob sie am nächsten Tag einen Laib Brot zu furchtbar hohem Preis bekommen könnten. Und das in einem Augenblick, wo eine große Zahl Industrien fast völlig stillstanden und es keine Arbeit gab.

Man nimmt nicht ungestraft einer Nation von fünfundzwanzig Millionen Einwohnern fast eine Million Männer in der Blüte der Jahre und fast eine halbe Million Zugtiere für die Zwecke des Krieges; nicht, ohne daß die Landwirtschaft es spürt. Und ebensowenig überliefert man die Lebensmittel einer Nation der unvermeidlichen Verschleuderung infolge der Kriege, ohne daß das Elend der Armen noch schlimmer wird, besonders wenn eine Schar von Ausbeutern sich auf Kosten des Staatsschatzes bereichert.

Alle diese Fragen wirbelten in jedem Volksverein der Provinz, in jeder Sektion der Großstädte durcheinander, um von da zum Konvent aufzusteigen. Und vor ihnen allen erhob sich die Hauptfrage, an die sich so viele andere anschlossen: Was sollte mit dem König geschehen?

38. Der Prozeß des Königs

Die zwei Monate, die von der Eröffnung des Konvents bis zum Beginn des Gerichtsverfahrens gegen den König verstrichen, sind bis heute für die Geschichte ein Rätsel geblieben.

Die erste Frage, die sich sofort nach dem Zusammentritt für den Konvent erheben mußte, war sicher: Was sollte mit dem König und seiner Familie, die im Temple gefangen saßen, geschehen? Sie da auf unbestimmte Zeit lassen, bis die Invasion vertrieben und eine republikanische Verfassung angenommen und vom Volk akzeptiert war, das war unmöglich. Wie konnte die Republik errichtet werden, solange sie einen König und seinen legitimen Nachfolger in ihren Gefängnissen hatte, ohne zu wagen, hinsichtlich ihrer etwas zu unternehmen?

Überdies erschienen Ludwig XVI., Marie Antoinette und ihre Kinder, die einfache Privatleute geworden waren, die ihren Palast verlassen hatten und als Familie ein Gefängnis bewohnten, als interessante Märtyrer, für die die Royalisten sich begeisterten und mit denen die Bürger und selbst die Sansculotten, die im Temple die Wache bezogen, Mitleid hatten.

Eine solche Situation konnte nicht so weitergehen. Und trotzdem erhitzte man sich fast zwei Monate lang im Konvent über alle möglichen Dinge, ohne diese erste Konsequenz des 10. August, das Schicksal des Königs, zu berühren. Dieses Zögern muß nach unserer Meinung ein absichtliches gewesen sein, und wir können es uns nur erklären, wenn wir annehmen, daß man während dieser Zeit in geheimen Verhandlungen mit den europäischen Höfen stand, Verhandlungen, die noch nicht veröffentlicht worden sind, aber die sicher an die

Invasion anknüpften, und deren Ausgang von der Wendung abhing, die der Krieg nahm.

Man weiß bereits, daß Danton und Dumouriez Verhandlungen mit dem Führer der preußischen Armee gehabt hatten, um ihn zu bestimmen, sich von den Österreichern zu trennen und seinen Rückzug anzutreten. Und man weiß auch, daß eine der Bedingungen, die der Herzog von Braunschweig gestellt hat (und die wahrscheinlich nicht angenommen wurde), lautete: Ludwig XVI. dürfte nicht angetastet werden. Aber es muß noch mehr gewesen sein. Ähnliche Verhandlungen schwebten wahrscheinlich auch mit England. Und wie sollte man sich das Stillschweigen des Konvents und die Geduld der Sektionen erklären, wenn man nicht annimmt, daß es darüber zwischen dem Berg und der Gironde ein Einverständnis gegeben hat?

Indessen steht es uns heute fest, daß Verhandlungen dieser Art keinen Erfolg haben konnten, und zwar aus zwei Gründen. Das Schicksal Ludwigs XVI. und seiner Familie interessierte den König von Preußen und den König von England und sogar den Bruder Marie Antoinettes, den Kaiser von Österreich, nicht so stark, daß sie den persönlichen Interessen der Gefangenen des Temple die politischen Nationalinteressen zum Opfer gebracht hätten. Das ersieht man deutlich aus den Verhandlungen, die später über die Freilassung von Marie Antoinette und Madame Elisabeth geführt wurden. Und andererseits fanden die koalierten Könige in der gebildeten Klasse Frankreichs nicht die übereinstimmenden republikanischen Gefühle, die ihre unsinnige Hoffnung, das Königtum wiederherzustellen, hätten verlöschen können. Im Gegenteil fanden sie die Intellektuellen des Bürgertums sehr geneigt, entweder den Herzog von Orléans (den Großmeister des Freimaurerordens, dem alle bekannten Revolutionäre angehörten) oder seinen Sohn, den Herzog von Chartres, den künftigen Louis-Philippe, oder sogar den Dauphin als König zu akzeptieren.

Aber das Volk wurde ungeduldig. Die Volksvereine in ganz Frankreich verlangten, daß man den Prozeß des Königs nicht länger verschöbe, und am 19. Oktober erschien auch die Kommune vor den Schranken des Konvents und überbrachte ihm diesen Wunsch von Paris. Endlich geschah am 3. November ein erster Schritt. Es wurde ein Bericht zur Verlesung gebracht, in dem verlangt wurde, Ludwig XVI. in Anklagezustand zu versetzen, und am nächsten Tag wurden die Hauptpunkte der Anklage formuliert. Am 13. November wurde die Debatte eröffnet. Indessen hätte sich die Sache noch in die Länge gezogen, wenn nicht am 20. November der Schlosser Gamain, der früher Ludwig XVI. die

Schlosserei gelehrt hatte, bei Roland die Existenz eines Geheimschrankes in den Tuilerien angezeigt hätte, den der König mit Hilfe Gamains in einer der Wände untergebracht hatte, um dort Papiere zu verwahren.

Man kennt diese Geschichte. Eines Tages im August 1792 ließ Ludwig XVI. Gamain von Versailles kommen, damit er ihm helfe, in einer Mauer unter einer Holzverkleidung eine eiserne Tür anzubringen, die er selbst verfertigt hatte und die dazu dienen sollte, eine Art Geheimschrank zu verschließen. Nach geendigter Arbeit brach Gamain in der Nacht wieder nach Versailles auf, nachdem er ein Glas Wein getrunken und ein Biskuit gegessen hatte, das ihm die Königin gegeben hatte. Unterwegs wurde er von heftigen Kolikanfällen ergriffen und fiel um; seitdem war er krank. Da er glaubte, er sei vergiftet worden – vielleicht aber auch, weil er Angst hatte –, denunzierte er Roland die Existenz des Geheimschrankes. Dieser bemächtigte sich, ohne irgend jemandem ein Wort zu sagen, sofort der Papiere, die er enthielt, nahm sie mit sich nach Hause, sah sie mit seiner Frau durch und brachte sie, nachdem er jedes Stück mit seiner Unterschrift versehen hatte, in den Konvent.

Man begreift, welch tiefen Eindruck diese Entdeckung hervorbringen mußte, besonders als man aus diesen Papieren erfuhr, daß der König die Dienste Mirabeaus gekauft hatte, daß seine Agenten ihm vorgeschlagen hatten, elf einflußreiche Mitglieder der Gesetzgebenden Versammlung zu kaufen (man wußte schon, daß Barnave und Lameth für seine Sache gewonnen worden waren), und daß Ludwig XVI. die entlassenen Garden, die in den Dienst seiner Brüder in Koblenz getreten waren und die jetzt mit den Österreichern gegen Frankreich marschierten, bis zuletzt immer noch bezahlte.

Erst heute, wo man so viele Dokumente in den Händen hat, die den Verrat Ludwigs XVI. feststellen, und wo man die Mächte sieht, die sich trotzdem seiner Verurteilung entgegenstellten, versteht man, wie schwer es für die Revolution war, einen König zu verurteilen und hinzurichten. Alles, was es an Vorurteilen, an offener und versteckter Servilität in der Gesellschaft, an Furcht für die Vermögen der Reichen und an Mißtrauen gegen das Volk gab, vereinigte sich, um den Prozeß zu verschleppen. Die Gironde, der treue Spiegel dieser Befürchtungen, tat alles, um zu verhindern, zunächst, daß der Prozeß stattfand, dann, daß er zu einer Verurteilung führte und daß diese Verurteilung die Todesstrafe war, und schließlich, daß das Urteil vollstreckt wurde. Paris mußte dem Konvent mit dem Aufstand drohen, um ihn zu zwingen, in dem begonnenen Prozeß sein Urteil zu sprechen und die Vollstreckung nicht zu verzögern. Und wieviel pathetische Worte, wieviel Tränen bei den Historikern, wenn sie von diesem Prozeß sprechen! Um was handelte es sich denn aber in der Tat? Wenn irgendein General überführt worden wäre, das getan zu haben, was Ludwig XVI. getan hatte, um die Invasion des Auslandes herbeizurufen und sie zu unterstützen, welcher Historiker unserer Zeit – die alle Anhänger der Staatsräson sind – hätte einen einzigen Augenblick gezögert, für diesen General die Todesstrafe zu verlangen? Aber warum dann soviel Gejammer, wenn der Verräter der Befehlshaber aller Armeen war?

Nach allen Traditionen und allen Fiktionen, die unsre Historiker und unsre Juristen brauchen, um die Rechte des „Staatsoberhauptes" festzustellen, war der Konvent in diesem Augenblick der Souverän. Ihm, und lediglich ihm, stand das Recht zu, den Souverän zu richten, den das Volk vom Thron gestoßen hatte, wie ihm allein das Recht der Gesetzgebung zustand, das seinen Händen genommen war. Wenn Ludwig XVI. vom Konvent gerichtet wurde, waren seine Richter – um in ihrer Sprache zu sprechen – seine Pairs. Und diese hatten, nachdem sie die moralische Gewißheit von seinem Verrat erlangt hatten, keine Wahl. Sie mußten die Todesstrafe aussprechen. Selbst die Gnade konnte nicht in Frage kommen, wo das Blut an der Grenze in Strömen floß. Die verbündeten Könige wußten es selbst, sie begriffen es vortrefflich.

Gegen die Theorie, die Robespierre und Saint-Just entwickelten, wonach die Republik das Recht hätte, in Ludwig XVI. ihren Feind zu töten, protestierte Marat mit großem Recht. Das hätte während oder unmittelbar nach dem Kampf vom 10. August geschehen können, aber nicht drei Monate nach der Schlacht. Jetzt gab es keine Wahl mehr, als Ludwig XVI. mit aller möglichen Öffentlichkeit vor Gericht zu stellen, damit die Völker und die Nachwelt selbst seine Übeltaten und seinen Jesuitismus beurteilen konnten.

Über die Tatsache des Hochverrates, den Ludwig XVI. und seine Frau begangen haben, hat der Konvent, das müssen wir, die die Korrespondenz Marie Antoinettes mit Fersen und dessen Briefe an verschiedene Personen in Händen haben, anerkennen, richtig geurteilt, obwohl er nicht die erdrückenden Beweise hatte, die wir heute besitzen. Aber er hatte so viele Tatsachen, die sich im Laufe der letzten drei Jahre angesammelt hatten, so viele Geständnisse, die den Royalisten und der Königin entwischt waren, so viele Handlungen Ludwigs XVI. von seiner Flucht nach Varennes an, die zwar von der Verfassung von 1791 amnestiert worden waren, aber doch dazu dienten, seine späteren Handlungen zu erklären, daß alle die moralische Gewißheit seines Verrates hatten. Niemand, auch unter denen niemand, die Ludwig XVI. zu retten versuchten, bestritt die Tatsache des Verrats. Auch das Volk von Paris hatte keinen Zweifel darüber.

In der Tat begann der Verrat mit dem Brief, den Ludwig XVI. an demselben Tag, an dem er im September 1791 unter den begeisterten Zurufen des Pariser Bürgertums den Eid auf die Verfassung schwor, an den Kaiser von Österreich schrieb. Dann kommt die Korrespondenz Marie Antoinettes mit Fersen, die dem König völlig bekannt war. Nichts Abscheulicheres als diese Korrespondenz. Die beiden Verräter, der König und die Königin, sitzen in den Tuilerien, rufen die Invasion herbei, bereiten sie vor, zeigen ihr den Weg, unterrichten sie über die militärischen Streitkräfte und Pläne. Den triumphierenden Einzug der verbündeten Deutschen in Paris und den Massenmord der Revolutionäre bereitet Antoinette mit ihrer zarten und geschickten Hand vor. Das Volk beurteilte die, die es „die Medici" nannte und die die Historiker uns heute als armes, leichtsinniges Weib hinstellen wollen, ganz richtig.

Vom Standpunkt der Gesetzlichkeit aus kann also dem Konvent nichts vorgeworfen werden. Und hinsichtlich der Frage, ob die Hinrichtung des Königs nicht schlimmere Folgen hatte, als seine Anwesenheit inmitten der deutschen oder englischen Armeen hätte haben können, ist nur eine Bemerkung nötig. Solange die Gewalt des Königs von den Besitzenden und den Priestern als das beste Mittel betrachtet wurde, alle, die die Macht der Reichen und der Priester verringern wollten, im Zaume zu halten, wäre der König, tot oder lebendig, gefangen oder frei, enthauptet und heiliggesprochen oder als irrender Ritter bei anderen Königen, immer der Gegenstand einer rührenden Legende gewesen, die von der Geistlichkeit und allen Interessierten verbreitet wurde.

Damit jedoch, daß der Konvent Ludwig XVI. aufs Schafott schickte, tötete er vollends ein Prinzip, das die Bauern in Varennes zu töten begonnen hatten. Am 21. Januar 1793 verstand der revolutionäre Teil des französischen Volkes sehr gut, daß die Hauptstütze der ganzen Gewalt, die seit Jahrhunderten das französische Volk unterdrückt und ausgebeutet hatte, gebrochen war. Die Zertrümmerung der mächtigen Organisation, die das Volk knechtete, begann damit; ihr Hauptpfeiler war gebrochen, und die Volksrevolution nahm einen neuen Aufschwung.

Seitdem hat sich das Königtum von Gottes Gnaden in Frankreich nicht wiederherstellen können, selbst nicht mit dem Beistand des koalierten Europa, selbst nicht mit Hilfe des furchtbaren weißen Schreckens der Restauration. Und die Königtümer, die aus den Barrikaden oder einem Staatsstreich hervorgingen, haben sich, wie man 1848 und 1870 gesehen hat, auch nicht halten können. Das Prinzip des Königtums ist in Frankreich getötet.

Alles wurde indessen von den Girondisten getan, um die Verurteilung Ludwigs XVI. zu hindern. Sie nahmen alle möglichen juristischen Argumente zu Hilfe, sie benutzten alle möglichen parlamentarischen Ränke. Es gab sogar Augenblicke, wo es so aussah, als sollte sich der Prozeß des Königs in einen Prozeß gegen die Bergpartei verwandeln. Aber es half alles nichts. Die Logik der Situation siegte über die Listen der parlamentarischen Taktik.

Man schützte zunächst die Unverletzlichkeit des Königs vor, die in der Verfassung ausgesprochen sei; darauf wurde überzeugend geantwortet, daß diese Unverletzlichkeit nicht mehr existierte, seit der König die Verfassung und sein Vaterland verraten hatte.

Dann verlangte man ein Sondergericht, das aus Vertretern der dreiundachtzig Departements zusammengesetzt sein sollte; und als es sicher war, daß dieser Vorschlag abgelehnt würde, wollten die Girondisten, das Urteil sollte der Genehmigung der sechsunddreißigtausend Gemeinden und der Bürgerversammlungen durch namentlichen Aufruf jedes Bürgers unterbreitet werden. Das hieß, die Errungenschaften des 10. August und der Republik in Frage stellen.

Als die Unmöglichkeit, den Prozeß so auf die Schultern der Bürgerversammlungen abzuladen, erwiesen war, fingen die Girondisten, die selbst wütend zum Krieg gedrängt und denselben bis aufs Messer gegen ganz Europa verlangt hatten, an, von der Wirkung zu sprechen, die die Hinrichtung Ludwigs XVI. auf Europa machen müßte. Als ob England, Preußen, Österreich, Sardinien auf den Tod Ludwigs XVI. gewartet hätten, um ihre Koalition von 1792 zu schließen! Als ob die demokratische Republik ihnen nicht verhaßt genug gewesen wäre; als ob der Köder der großen Handelshäfen Frankreichs, seiner Kolonien und seiner östlichen Provinzen nicht genug gewesen wäre, um die Könige gegen Frankreich zu koalieren und sich den Augenblick zunutze zu machen, wo die Ausbildung einer neuen Gesellschaft seine Widerstandskraft nach außen schwächen konnte!

Als die Girondisten auch in diesem Punkt vom Berg geschlagen waren, machten sie eine Schwenkung und griffen den Berg selbst an, indem sie verlangten, man sollte „die Urheber der Septembertage", worunter sie Danton,

Marat und Robespierre, die „Diktatoren“, das „Triumvirat“ verstanden, in Anklagezustand versetzen.

Mitten in diesen Debatten hatte indessen der Konvent am 3. Dezember beschlossen, Ludwig XVI. selbst zu richten; aber kaum war das ausgesprochen, als von einem der Girondisten, Ducos, alles in Frage gestellt wurde und die Aufmerksamkeit des Konvents in eine andere Richtung gelenkt wurde. Er verlangte die Todesstrafe für „jeden, der vorschlägt, die Könige oder das Königtum, unter welchem Namen auch immer, in Frankreich wiederherzustellen“, und die Gironde warf damit auf die Mitglieder der Bergpartei einen Verdacht, der sagen sollte, diese wollten den Herzog von Orléans auf den Thron setzen. An die Stelle des Prozesses gegen Ludwig XVI. wollten sie so einen Prozeß gegen den Berg setzen.

Am 11. Dezember endlich erschien Ludwig XVI. vor dem Konvent. Man unterwarf ihn einem Verhör, und seine Antworten mußten auch noch die letzten Sympathien, die zu seinen Gunsten bestehen konnten, vernichten. Michelet fragt sich, wie es möglich war, daß ein Mensch so lügen konnte wie Ludwig. Und er kann sich diese Verlogenheit nur mit der Tatsache erklären, daß die ganze Tradition der französischen Könige und der Einfluß der Jesuiten, unter dem Ludwig XVI. gestanden hatte, ihn an den Glauben gewöhnt hatten, daß die Staatsräson einem König alles erlaubte.

Der Eindruck, den dieses Verhör machte, muß so schlecht gewesen sein, daß die Girondisten, die einsahen, daß es unmöglich war, Ludwig XVI. zu retten, eine neue Schwenkung machten und die Verbannung des Herzogs von Orléans verlangten. Der Konvent ließ sich sogar darauf ein und beschloß die Verbannung, aber er nahm seinen Beschluß am Tage darauf zurück, nachdem er im Jakobinerklub mißbilligt worden war.

Inzwischen ging der Prozeß seinen Gang weiter. Am 26. Dezember erschien Ludwig XVI. ein zweites Mal vor dem Konvent, begleitet von seinen Advokaten und Räten, Malesherbes, Tronchet und Desèze; man hörte seine Verteidigung, und es war kein Zweifel mehr, daß er verurteilt werden würde. Es war keine Möglichkeit mehr, seine Handlungen als eine irrige Auffassung oder einen leichtsinnigen Streich zu interpretieren. Es war bewußter und abscheulicher Verrat, wie Saint-Just am Tag darauf hervorhob.

Konnte sich indessen der Konvent und das Volk von Paris eine richtige Meinung über Ludwig XVI. bilden – über den Herrscher und den König –, so ist es begreiflich, daß das in den Städten und Dörfern der Provinz nicht so war. Und man kann sich denken, welche Leidenschaften entfesselt worden wären, wenn das Urteil den Bürgerversammlungen überlassen worden wäre. Die meisten Revolutionäre waren bei den Waffen, und so hätte man, wie Robespierre (am 28. Dezember) sagte, die Entscheidung „den Reichen, den geborenen Freunden der Monarchie, den Egoisten, den Feigen und Schwachen" überlassen, „allen hochmütigen und aristokratischen Bürgern, allen Menschen, die dazu geboren sind, unter einem König zu kriechen und zu bedrücken".

Man wird nie alle Intrigen entwirren, die in dem Augenblick in den Reihen der „Staatsmänner" in Paris gesponnen wurden. Es genügt, zu sagen, daß Dumouriez am 1. Januar 1793 nach Paris gekommen war und daß er dort bis zum 26. blieb; er war mit heimlichen Verhandlungen mit den verschiedenen Fraktionen beschäftigt, während Danton bis zum 14. Januar bei der Armee Dumouriez' blieb.

Endlich, am 14. Januar, beschloß der Konvent nach einer äußerst lärmenden Debatte, es sollte in namentlicher Abstimmung über die Fragen abgestimmt werden: ob Ludwig XVI. der „Verschwörung gegen die Freiheit der Nation und des Attentats gegen die allgemeine Staatssicherheit" schuldig wäre; ob das Urteil der Sanktion des Volkes vorgelegt werden sollte, und was die Strafe sein sollte.

Die namentliche Abstimmung begann am Tag darauf, dem 15. Januar. Von 749 Mitgliedern des Konvents erklärten 716 Ludwig XVI. für schuldig (12 Mitglieder waren wegen Krankheit oder einer auswärtigen Mission abwesend und 5 enthielten sich der Abstimmung). Keiner sagte nein. Die Befragung des Volkes wurde mit 423 von 709 Abstimmenden verworfen. Paris war in dieser Zeit, hauptsächlich in den Faubourgs, in größter Erregung.

Die namentliche Abstimmung über die dritte Frage – die Art der Strafe – dauerte fünfundzwanzig Stunden hintereinander. Auch hier versuchte ein Abgeordneter, Mailhe, anscheinend unter dem Einfluß des spanischen Botschafters und vielleicht mit Hilfe seiner Piaster, Verwirrung zu stiften, indem er für einen Aufschub der Hinrichtung stimmte, und seinem Beispiel folgten 26 Mitglieder. Für die bedingungslose Todesstrafe sprachen sich 387 von 721 Stimmen aus (bei 5 Enthaltungen und 12 Abwesenden). Die Todesstrafe wurde also nur mit einer Mehrheit von 53 Stimmen beschlossen – mit nur 26 Stimmen, wenn man die Stimmen, die sich für den Aufschub aussprachen, abzieht. Und das in einem Augenblick, wo kein Zweifel daran war, daß der König Verrat geübt hatte und daß ihn am Leben lassen bedeutete, die Hälfte

Frankreichs gegen die andere zu bewaffnen, einen großen Teil Frankreichs dem Ausland preiszugeben und schließlich die Revolution in dem Augenblick zum Stillstand zu bringen, wo sich nach drei Jahren der Qualen, in denen nichts Dauerndes geschehen war, die Gelegenheit bot, endlich an die großen Fragen zu gehen, die das Land leidenschaftlich bewegten.

Aber die Furcht des Bürgertums ging so weit, daß es für den Tag der Hinrichtung Ludwigs XVI. ein großes Blutbad erwartete.

Am 21. Januar 1793 starb Ludwig XVI. auf dem Schafott. Mit ihm starb das französische Königtum, und damit war eines der Haupthindernisse, das jeder sozialen Erneuerung der Republik im Wege stand, beseitigt. – Bis zum letzten Augenblick hatte, wie es scheint, Ludwig XVI. gehofft, durch einen Aufstand befreit zu werden, und ein Versuch, ihn auf dem Gang zum Schafott zu befreien, war in der Tat vorbereitet worden. Aber die Wachsamkeit der Kommune vereitelte ihn.

39. Der Berg und die Gironde

Seit dem 10. August datierte die Kommune von Paris ihre Schriftstücke vom „Jahr IV der Freiheit und Jahr I der Gleichheit". Der Konvent datierte seine vom „Jahr IV der Freiheit und Jahr I der Französischen Republik". Und in dieser kleinen Einzelheit hat man schon zwei verschiedene Welten vor sich.

Wird sich eine neue Revolution auf der vorhergehenden aufbauen? Oder beschränkt man sich darauf, die politischen Freiheiten, die seit 1789 erobert wurden, zu vollenden und gesetzlich zu machen? Wird man sich damit begnügen, die Regierung des Bürgertums zu befestigen, so wenig demokratisch wie sie war, ohne irgendwie die Masse des Volkes aufzufordern, an der ungeheueren Umwälzung in den Vermögensverhältnissen, die von der Revolution bewirkt wurde, teilzuhaben?

Das sind, wie man sieht, zwei völlig verschiedene Welten, und diese zwei Welten werden im Konvent vom Berg und von der Gironde repräsentiert.

Auf der einen Seite die, die einsehen, daß es zur Zerstörung des alten Feudalwesens nicht genügt, einen Anfang der Abschaffung in den Gesetzen niederzulegen; daß es, wenn man mit dem Absolutismus fertig werden will, ebensowenig genügt, daß man einen König entthront und die Abzeichen der

Republik an den Gebäuden und ihren Namen auf den Köpfen der offiziellen Schriftstücke anbringt, daß das nur ein Anfang zur Durchführung ist, lediglich die Herstellung der Bedingungen, die vielleicht einmal gestatten, die Einrichtungen umzugestalten. Und die, welche die Revolution so auffassen, werden von all denen unterstützt, die wollen, daß die große Masse der Bevölkerung endlich von dem furchtbaren Elend befreit wird, das sie verdummt und verroht, von dem Elend, in dem das alte Regime sie festgehalten hatte, und die in den Bahnen der Revolution die wirksamen Mittel zu entdecken suchen, um diese Masse körperlich und geistig zu heben. Eine große Zahl Armer, denen die Revolution das Denken beigebracht hatte, sind mit ihnen.

Und ihnen gegenüber stehen die Girondisten – eine Partei, die durch ihre Zahl eine furchtbare Macht hat. Denn die Girondisten sind nicht bloß die zweihundert Mitglieder, die sich um Vergniaud, Brissot und Roland gruppieren. Sie stellen einen außerordentlich großen Teil Frankreichs dar: fast das ganze wohlhabende Bürgertum, alle Konstitutionellen, die die Macht der Ereignisse zu Republikanern gemacht hat, die jedoch die Republik fürchten, weil sie die Herrschaft der Massen fürchten. Und hinter ihnen, bereit, sie zu unterstützen, bis sie den Augenblick gekommen sehen, wo sie sie für das Königtum vernichten können, alle die, die für ihre Vermögen wie für ihre Bildungsprivilegien zittern, und alle, die die Revolution getroffen hat und die sich nach dem alten Regime zurücksehnen.

Im Grunde sieht man heutzutage sehr gut, daß nicht nur die Partei der Ebene, sondern drei Viertel der Girondisten ebenso royalistisch waren wie die Feuillants. Denn wenn einige ihrer Führer von einer Art antiker Republik träumten, die keinen König, aber ein Volk haben sollte, das sich den Gesetzen fügte, die die Reichen und Gebildeten gemacht hätten, so verstand sich die große Masse sehr gut mit dem Königtum. Sie haben es bewiesen, als sie mit den Royalisten nach dem Staatsstreich des Thermidor sich so gut vertrugen.

Das ist übrigens sehr klar, da die Hauptsache für sie die Einrichtung der bürgerlichen Gesellschaft war, die sich jetzt eben in der Industrie und dem Handel auf den Trümmern des Feudalismus festsetzte, „die Aufrechterhaltung des Eigentums“, wie Brissot sich gern ausdrückte.

Daher auch kam ihr Haß gegen das Volk und die Liebe zur „Ordnung“.

Die Entfesselung des Volkes verhindern, eine starke Regierung gründen und Respekt vor dem Eigentum schaffen, das war in diesem Augenblick für die

Girondisten die Hauptsache; und nur weil die Historiker diesen Grundzug des Girondismus übersahen, haben sie so viele andere untergeordnete Umstände gesucht, um den Kampf, der zwischen dem Berg und der Gironde ausbrach, zu erklären.

Wenn wir sehen, wie die Girondisten „das Ackergesetz zurückweisen", „es ablehnen, die Gleichheit als Prinzip der republikanischen Gesetzgebung anzuerkennen", und „schwören, das Eigentum zu respektieren", können wir das alles ein wenig zu abstrakt finden. Aber Formeln, wie sie heute üblich sind, „die Abschaffung des Staates" oder „die Expropriation" werden in hundert Jahren ebenfalls zu abstrakt scheinen. Zur Zeit der Revolution jedoch hatten solche Formeln einen sehr bestimmten Sinn.

Das Ackergesetz zurückweisen bedeutete damals die Zurückweisung der Versuche, den Grund und Boden in die Hände derer zu geben, die ihn bestellten. Das war die Zurückweisung der unter den Revolutionären, die aus dem Volke hervorgingen, sehr populären Idee, daß keine Besitzung, kein Gut mehr als 120 Morgen (ungefähr 50 Hektar) umfassen sollte, daß jeder Bürger ein Recht auf den Boden haben sollte und daß man darum die Güter der Emigranten und der Geistlichkeit und ebenso die großen Besitzungen der Reichen beschlagnahmen und sie unter den armen Bauern, die nichts besaßen, teilen sollte. „Schwören, das Eigentum zu respektieren", das hieß die ländlichen Gemeinden daran hindern wollen, von den Ländereien wieder Besitz zu ergreifen, die ihnen im Laufe zweier Jahrhunderte auf Grund der königlichen Ordonnanz von 1669 weggenommen worden waren; das hieß weiterhin, zugunsten der Grundherren und der neuen bürgerlichen Aufkäufer, sich der Abschaffung der Feudalrechte ohne Ablösung widersetzen.

Endlich hieß es die Bekämpfung jedes Versuchs, den reichen Kaufleuten eine progressive Steuer aufzulegen; es hieß die schweren Lasten des Krieges und der Revolution von den Armen tragen lassen. Man sieht, die abstrakte Formel hatte einen sehr greifbaren Sinn.

Über all diese Fragen nun mußte der Berg einen heftigen Kampf gegen die Girondisten führen, einen so heftigen, daß er bald genötigt war, das Volk und die Volkserhebung zu Hilfe zu rufen und die Girondisten aus dem Konvent zu vertreiben, um die ersten Schritte auf diesem Wege machen zu können.

Im Augenblick zeigte sich dieser „Respekt vor dem Eigentum" bei den Girondisten selbst in den kleinsten Kleinigkeiten, sie ließen sogar auf den Sockel der Statuen, die man bei einem Fest herumtrug, die Worte „Freiheit, Gleichheit, Eigentum“ (Liberté, Egalité, Propriété) schreiben; sie umarmten Danton, als er in der ersten Sitzung des Konvents sagte: „Erklären wir, daß alles Eigentum, territoriales, individuelles und industrielles, auf ewige Zeit geschützt sein soll.“ Nach diesen Worten fiel ihm der Girondist Kersaint um den Hals und rief: „Ich bedaure, Sie heute morgen einen Aufrührer genannt zu haben.“ Das sollte heißen: „Da Sie versprechen, das bürgerliche Eigentum zu schützen, sei Ihnen Ihre Mitschuld an den Septembermorden verziehen!“

Während die Girondisten so nach dem Muster, das England nach seiner Revolution von 1648 gegeben hatte, die bürgerliche Republik ausbauen und die Grundlagen zum Reichtum des Bürgertums legen wollten, entwarfen die vom Berg, oder wenigstens die vorgeschrittene Gruppe der Bergpartei, die bald über die gemäßigte Fraktion, die von Robespierre repräsentiert wurde, die Oberhand erlangte, schon in großen Zügen die Grundlagen einer sozialistischen Gesellschaft – wenn die Zeitgenossen, die dafür sehr mit Unrecht die Priorität verlangen, nichts dagegen haben. Sie wollten zunächst das Feudalwesen bis zu den letzten Spuren abschaffen, dann das Eigentum ausgleichen, die großen Grundbesitze zerschlagen, das Land allen, selbst den kleinsten Landwirten, geben, die nationale Verteilung der notwendigen Lebensmittel zu gerechten Preisen organisieren und mit Hilfe der Steuer, die wie eine Kriegswaffe gehandhabt werden sollte, die Bourgeoisie, die Commerçantistes, bis aufs Messer bekämpfen – all diese reichen Börsenwucherer, Bankiers, Großhändler, Industrieunternehmer, die in den Städten schon immer mehr zunahmen.

Sie proklamierten zugleich, schon 1793, „das Recht auf den allgemeinen Wohlstand“ den Wohlstand für alle, woraus die Sozialisten später „das Recht auf Arbeit“ gemacht haben. Das war schon im Jahre 1789 (am 27. August) ausgesprochen worden, und man hatte es in die Verfassung von 1791 aufgenommen. Aber selbst die Vorgeschrittensten unter den Girondisten waren zu dicht von ihrer bürgerlichen Erziehung umsponnen, als daß sie dieses Recht auf den allgemeinen Wohlstand begreifen konnten, das das Recht aller an dem Boden und einen völligen Neuaufbau der Verteilung der notwendigen Lebensmittel unter Abschaffung jeder Form der Agiotage einschloß.

Im allgemeinen wurden die Girondisten von ihren Zeitgenossen als „eine Partei kluger, schlauer, intriganter und vor allem ehrgeiziger Menschen“ geschildert; sie waren gewandt, konnten gut sprechen und debattieren, konnten sich aber von den Advokatengewohnheiten nicht freimachen (Michelet). „Sie wollen die Republik", sagte Couthon, „aber sie wollen die Aristokratie." Sie zeigten viel Empfindsamkeit, aber eine solche, sagte Robespierre, „die fast ausschließlich die Feinde der Freiheit beklagte".

Das Volk war ihnen unangenehm; sie hatten Furcht vor ihm.

In dem Augenblick, wo der Konvent zusammentrat, war man sich über den Abgrund, der die Girondisten von der Bergpartei trennte, noch nicht klar. Man sah nur einen persönlichen Streit zwischen Brissot und Robespierre. Frau Jullien zum Beispiel, ihrem Gefühl nach eine wahre Montagnardin, appellierte in ihren Briefen an die beiden Nebenbuhler, sie sollten ihrem brudermörderischen Streit ein Ende machen. Aber es war schon ein Kampf zwischen zwei entgegengesetzten Prinzipien: der Partei der Ordnung und der Partei der Revolution.

Das Volk liebte es, in einer Zeit des Kampfes jeden Konflikt in zwei Rivalen zu personifizieren, und später machen es dann die Historiker ebenso. Das ist kürzer, bequemer für die Unterhaltung und auch romanhafter und dramatischer. Darum wurde der Kampf zwischen diesen beiden Parteien oft als Zusammenstoß der ehrgeizigen Bestrebung zweier Männer, Brissots und Robespierres, dargestellt. Wie immer sind die beiden Helden, in denen das Volk den Konflikt personifiziert hat, gut gewählt. Sie sind typisch. Aber in Wirklichkeit war Robespierre nicht ein so prinzipieller Kämpfer für die Gleichheit, wie es der Berg nach dem Sturz der Girondisten gewesen ist. Er gehörte zur gemäßigten Gruppe. Im März und im Mai 1793 sah er ohne Zweifel ein, daß er, wenn er die Revolution zum siegreichen Ende führen wollte, sich nicht von denen trennen durfte, die Expropriationsmaßnahmen verlangten, und das tat er – was nicht hinderte, daß er später den linken Flügel, die Hébertisten, aufs Schafott schickte und die Enragés vernichten half. Brissot andererseits war nicht immer ein Ordnungsmann. Aber trotz diesen Nuancen personifizierten die beiden Männer die beiden Parteien sehr gut.

Ein Kampf auf Tod und Leben mußte sich mit Notwendigkeit zwischen der Partei der bürgerlichen Ordnung und der der Volksrevolution entspinnen. Die girondistische Partei, die zur Macht gelangt war, wollte, daß alles zur Ordnung zurückkehrte, daß die Revolution, da sie das Heft in den Händen hatten, keine revolutionären Mittel mehr gebrauchte. Keinen Aufruhr mehr auf den Straßen; alles sollte sich in Zukunft auf Grund der Anordnungen der Minister machen, die ein gefügiges Parlament ernannt hätte. Die Mitglieder der Bergpartei dagegen wollten, daß die Revolution zu Veränderungen führte, die die Lage in Frankreich tatsächlich umgestaltet hätten; die Lage der Bauern (mehr als zwei Drittel der Bevölkerung) und der städtischen Armen; Umwandlungen, die die Rückkehr zur monarchischen und feudalen Vergangenheit unmöglich machten.

Eines Tages, binnen einem oder zwei Jahren, würde die Revolution zur Ruhe kommen, das Volk würde erschöpft in seine Hütten und Löcher zurückkehren, die Emigranten kämen wieder, die Priester, die Adligen bekämen die Oberhand. Da war es nun nötig, daß sie in diesem Augenblick in Frankreich alles verändert fänden: den Grund und Boden in anderen Händen und schon getränkt von dem Schweiß des neuen Besitzers; und dieser Besitzer dürfte sich nicht als ein Eindringling vorkommen, sondern als einer, der das Recht hat, den Pflug über das Land gehen zu lassen und die Ernte heimzubringen. Ganz Frankreich in seinen Sitten und Gewohnheiten, in seiner Sprache sogar verändert, ein Land, wo sich jeder jedem ebenbürtig fühlte, wenn er nur den Pflug führte oder mit dem Grabscheit oder irgendeinem Handwerkzeug arbeitete. Um deswillen war es nötig, daß die Revolution fortging, selbst wenn sie über die Leichen derer, die das Volk zu seinen Vertretern erwählt und in den Konvent geschickt hatte, hinwegging. Das mußte mit Notwendigkeit ein Kampf auf Leben und Tod werden. Denn man darf nicht vergessen: so sehr auch die Girondisten Ordnungs- und Regierungsmenschen waren, hielten sie doch das Revolutionstribunal und die Guillotine für die wirksamsten Werkzeuge des Regierens.

Schon am 24. Oktober 1792, als Brissot sein erstes Pamphlet herausgab, in dem er einen Staatsstreich gegen „die Störenfriede“, „die Anarchisten“ und für Robespierre den „tarpejischen Felsen“ verlangte; schon an dem Tage (dem 29. Oktober), an dem Louvet seine Anklagerede hielt, in der er den Kopf Robespierres verlangte, hatten die Girondisten das Messer der Guillotine über den Köpfen „der Gleichmacher, der Urheber der Unordnung, der Anarchisten“ aufgehängt, die die Kühnheit hatten, sich auf die Seite des Volks von Paris und seiner revolutionären Kommune zu stellen.

Und seit diesem Tage hören die Girondisten nicht auf, den Versuch zu machen, die Mitglieder der Bergpartei unter die Guillotine zu bringen. Als man am 21. März 1793 die Niederlage Dumouriez' bei Neerwinden erfuhr und Marat den General des Verrats bezichtigte, hätten sie ihn im Konvent beinahe totgeschlagen; er wurde nur durch seine tapfere Kaltblütigkeit gerettet. Drei Wochen später (am 12. April) kommen sie auf den Vorwurf zurück und setzen es im Konvent durch, daß man Marat vor das Revolutionstribunal stellt. Und sechs

Wochen später ist die Reihe an Hébert, dem Substituten der Kommune, an Varlet, dem sozialistischen Arbeiterführer, und anderen „Anarchisten", die sie verhaften lassen, in der Hoffnung, sie aufs Schafott zu bringen. Kurz, es ist ein regelrechter Feldzug, um die vom Berg aus dem Konvent zu entfernen, sie vom „tarpejischen Felsen zu stürzen".

Überall organisieren die Girondisten gegenrevolutionäre Ausschüsse; sie sorgen dafür, daß der Konvent unausgesetzt mit Petitionen überschwemmt wurde, deren Unterzeichner sich „Freunde der Gesetze und der Freiheit" nannten – man weiß heutzutage, was das heißt! Sie schrieben Briefe voller Gift und Galle gegen den Berg und hauptsächlich gegen die revolutionäre Bevölkerung von Paris in die Provinz. Und während die vom Konvent Beauftragten all ihre Kraft anwenden, um die Invasion zu vertreiben und das Volk durch Anwendung gleichheitlicher Maßnahmen zur Erhebung zu bringen, widersetzen sich die Girondisten diesen Bemühungen überall durch ihre Sendschreiben. Sie gehen sogar so weit, daß sie die Einholung der erforderlichen Mitteilungen über die Güter der Emigranten verhindern.

Schon vor der Verhaftung Héberts führt Brissot in seinem Patriote français einen leidenschaftlichen Feldzug gegen die Revolutionäre. Die Girondisten bestehen darauf, die revolutionäre Kommune von Paris solle aufgelöst werden; sie gehen sogar so weit, die Auflösung des Konvents und die Wahl einer neuen Versammlung zu verlangen, der niemand von den bisherigen Mitgliedern angehören dürfe; und sie ernennen schließlich den Zwölferausschuß, der auf den Augenblick für einen Staatsstreich lauert, mit Hilfe dessen man die Bergpartei aufs Schafott bringen wollte.

40. Bemühungen der Girondisten, die Revolution zum Stillstand zu bringen

Solange es sich darum handelte, den absoluten Monarchismus zu beseitigen, standen die Girondisten in der ersten Reihe. Feurig, unerschrocken, poetisch, voller Bewunderung für die Republiken des Altertums, zugleich machtgierig, wie sie waren, wie hätten sie sich mit dem alten Regime zufriedengeben können.

Während daher die Bauern die Schlösser und die Verzeichnisse der Feudalabgaben verbrannten, während das Volk die Überreste der Leibeigenschaft vernichtete, war es ihre Hauptbeschäftigung, die neuen politischen Regierungsformen herzustellen. Sie sahen sich schon im Besitze der Macht, sahen sich als Herren über die Geschicke Frankreichs, träumten von Armeen, mit denen sie die Freiheit über die ganze Welt tragen wollten.

Dachten sie auch nur daran, daß das Volk Brot brauchte? Sicher ist, daß sie die Widerstandskraft des alten Regimes unterschätzten und daß der Gedanke, das Volk aufzurufen, um es zu besiegen, ihnen durchaus fremd war. Das Volk sollte Steuern zahlen, wählen und dem Staat Soldaten liefern; aber die politischen Formen der Regierung aufzubauen und zu zerstören, mußte das Werk der Denker, der Regierenden, der Staatsmänner sein.

Als daher der König die Deutschen zu Hilfe gerufen hatte und als diese sich Paris näherten, lehnten es die Girondisten, die den Krieg gewollt hatten, um sich des Hofs zu entledigen, ab, an das aufständische Volk zu appellieren, um die Invasion zu vertreiben und die Verräter aus den Tuilerien zu verjagen. Selbst nach dem 10. August war ihnen der Gedanke, die Fremden mit der Revolution zurückzutreiben, so verhaßt, daß Roland die hervorragendsten Revolutionäre – Danton usw. – berief, um ihnen seinen Plan vorzutragen, der darin bestand, die Versammlung und der gefangene König sollten zuerst nach Blois und dann in den Süden übersiedeln, den Norden also der Invasion preisgeben und irgendwo in der Gironde eine kleine Republik gründen.

Das Volk, die revolutionäre Kühnheit des Volkes, die Frankreich rettete, existiert nicht für sie. Sie waren und blieben Bureaukraten.

Im großen und ganzen waren die Girondisten die getreuen Vertreter des Bürgertums.

Je kühner das Volk wurde, je mehr es die Besteuerung der Reichen und den Ausgleich der Vermögen, die Gleichheit als notwendige Bedingung der Freiheit verlangte, um so mehr kam das Bürgertum zu der Überzeugung, es wäre an der Zeit, die Trennung vom Volk vorzunehmen und es zur Ordnung zurückzuführen.

Die Girondisten folgten dieser Strömung.

Nachdem diese bürgerlichen Revolutionäre, die sich bis dahin der Revolution gewidmet hatten, zur Macht gelangt waren, trennten sie sich vom Volk. Die Bemühungen des Volkes, seine politischen Organe in den Sektionen von Paris und den Volksvereinen in ganz Frankreich festzusetzen, sein Verlangen, weiter der Gleichheit zuzumarschieren, das war in ihren Augen eine Gefahr für die ganze besitzende Klasse und ein Verbrechen.

Und von da an entschlossen sich die Girondisten, die Revolution zum Stillstand zu bringen: eine starke Regierung einzusetzen und im Volk Ruhe zu schaffen – mit der Guillotine, wenn es not tat.

Um das große Drama der Revolution, das zum Aufstand von Paris am 31. Mai und zur „Säuberung" des Konvents führte, zu verstehen, muß man die Girondisten selbst lesen; und in dieser Hinsicht sind die Flugschriften von Brissot: J. P. Brissot à ses commettants (J. P. Brissot an seine Wähler, 23. Mai 1793) und A tous les républicains de France (An alle Republikaner Frankreichs, 24. Oktober 1792) besonders lehrreich.

„Ich glaubte", sagte Brissot, „als ich in den Konvent eintrat, die Patrioten müßten, da das Königtum vernichtet war, da alle Gewalten in den Händen des Volks oder seiner Vertreter waren, ihre Haltung entsprechend der veränderten Lage ändern.

Ich glaubte, die Aufstandsbewegung müßte aufhören, weil Gewalt und Aufstand nicht mehr nötig ist, wo es keine Tyrannen mehr zu bekämpfen gibt." (J. P. Brissot à ses commettants, S. 7.)

„Ich glaubte", sagte Brissot im weiteren, „daß die Ordnung allein diese Ruhe herstellen kann, daß die Ordnung in einer frommen Achtung gegen die Gesetze, die Behörden, die Sicherheit der Personen besteht. Ich glaubte infolgedessen auch, die Ordnung sei ein wahrhaft revolutionäres Verfahren. Ich glaubte also, daß die wahrhaften Feinde des Volkes und der Republik die Anarchisten sind, die Verkünder des Ackergesetzes, die Prediger des Aufruhrs." (S. 8 und 9 der nämlichen Flugschrift.) „Zwanzig Anarchisten", sagte Brissot, „haben sich im Konvent einen Einfluß angemaßt, den nur die Vernunft hätte haben dürfen." „Wenn man die Debatten verfolgt, sieht man auf der einen Seite Männer, die fortwährend besorgt sind, den Respekt vor den Gesetzen, vor den öffentlichen Gewalten, die eingesetzt sind, und vor dem Eigentum herzustellen, und auf der anderen Seite Männer, die fortwährend damit beschäftigt sind, das Volk in Erregung zu halten, die öffentlichen Gewalten, die eingesetzt sind, mit ihren Verleumdungen in Mißkredit zu bringen, straflos Verbrechen begehen zu lassen und alle Bande der Gesellschaft zu lockern" (S. 13).

Allerdings waren die, die Brissot „Anarchisten“ nannte, aus sehr verschiedenen Elementen zusammengesetzt. Aber sie hatten alle das eine gemeinsam, daß für sie die Revolution noch nicht zu Ende war und daß sie entsprechend handelten.

Sie wußten, daß der Konvent nichts tun würde, wozu er nicht vom Volke gezwungen wurde. Und aus diesem Grunde organisierten sie die Volksbewegung. In Paris proklamierten sie die souveräne Kommune, und sie suchten die Einheit der Nation nicht vermittelst einer Zentralregierung, sondern durch unmittelbare Verbindung zwischen der Gemeindeverwaltung und den Sektionen von Paris und den sechsunddreißigtausend Kommunen Frankreichs herzustellen.

Und gerade das wollten die Girondisten nicht zulassen.

„Ich habe“, sagte Brissot, „schon im Anfang des Konvents darauf hingewiesen, daß es in Frankreich eine Partei der Störenfriede gibt, die die Republik schon in ihrer Wiege zur Auflösung bringen will. – Ich will heute beweisen: erstens, daß diese Anarchistenpartei von herrschendem Einfluß auf fast alle Beratungen des Konvents und auf das Vorgehen des Rats der Exekutive gewesen ist und noch ist; zweitens, daß diese Partei die einzige Ursache aller inneren und auswärtigen Übel, die Frankreich betroffen haben, gewesen ist und noch ist; drittens, daß man die Republik nur retten kann, wenn man mit Strenge vorgeht, um die Volksvertreter dem Despotismus dieser Partei zu entreißen.“

Für jeden, der den Charakter dieser Zeit kennt, ist diese Sprache deutlich genug. Brissot verlangte ganz einfach die Guillotine für alle, die er die Anarchisten nannte, die die Revolution fortführen und die Abschaffung des Feudalwesens vollenden wollten und die Bourgeois und hauptsächlich die Girondisten hinderten, im Konvent in Ruhe ihren bürgerlichen Brei zu kochen.

„Es ist also nötig, diese Anarchie zu definieren“, sagt der girondistische Abgeordnete, und man höre seine Definition:

„Gesetze, die nicht ausgeführt werden, öffentliche Gewalten, die ohne Macht und gedemütigt sind, Verbrechen, die straflos gelassen werden, Angriffe aufs Eigentum, die Sicherheit der Person wird verletzt, die Moral des Volkes verdorben; keine Verfassung, keine Regierung, keine Justiz; das sind die Kennzeichen der Anarchie!“

Aber haben sich nicht auf diese Weise alle Revolutionen durchgesetzt? Als ob das Brissot nicht selbst wüßte, als ob er es nicht praktiziert hätte, bevor er zur

Macht gelangte! Drei Jahre lang, vom Mai 1789 bis zum 10. August 1792, mußte man doch wohl die Autorität und die öffentliche Gewalt des Königs demütigen und eine „öffentliche Gewalt ohne Macht" daraus machen, um sie am 10. August stürzen zu können.

Was Brissot wollte, war nur, die Revolution sollte, nachdem sie soweit gekommen war, am nämlichen Tage aufhören.

Sowie das Königtum gestürzt und der Konvent die oberste Gewalt geworden war, „mußte", sagt er uns, „jede Aufstandsbewegung aufhören".

Was den Girondisten besonders widerstrebte, war die Tendenz der Revolution zur Gleichheit – eben die Tendenz, die in dieser Zeit, wie Faguet sehr richtig bemerkt hat, die Haupttendenz der Revolution war. Daher kann Brissot dem Jakobinerklub nicht verzeihen, daß er nicht den Namen Freunde der Republik, sondern „Freunde der Freiheit und Gleichheit, der Gleichheit vor allem" angenommen hat. Und er kann „den Anarchisten" nicht verzeihen, daß sie die Petitionen „jener Arbeiter von Paris hervorgerufen haben, die sich die Nation nennen und die ihre Entschädigung nach der der Abgeordneten bewerten wollten" (S. 29).

„Die Störenfriede", sagt er an anderer Stelle, „sind die, die alles, das Eigentum, den Wohlstand, den Preis der Lebensmittel, *der verschiedenen Dienste, die der Gesellschaft geleistet werden* usw., gleichmachen wollen; die wollen, daß der Arbeiter dieselbe Entschädigung erhält wie der Gesetzgeber; die selbst die Talente, die Kenntnisse, die Tugenden gleichmachen wollen, weil sie von alledem nichts haben." (Flugschrift vom 24. Oktober 1792.)

41. Die „Anarchisten"

Aber wer sind eigentlich die Anarchisten, von denen Brissot so viel spricht und deren Vertilgung er so hitzig fordert?

Zunächst ist zu sagen, daß die Anarchisten keine Partei sind. Im Konvent gibt es den Berg; die Girondisten; die Ebene oder vielmehr den Sumpf – den Bauch, wie man damals sagte; aber es gibt keine „Anarchisten". Danton, Marat und selbst Robespierre oder sonst ein Jakobiner können manchmal mit den Anarchisten gehen; aber diese stehen außerhalb des Konvents. Sie stehen – muß es erst gesagt werden? – darüber, sie beherrschen ihn.

Es sind Revolutionäre, die in ganz Frankreich verstreut sind. Sie sind der Revolution mit Leib und Seele ergeben, sie verstehen ihre Notwendigkeit, sie lieben sie und arbeiten für sie.

Eine große Zahl von ihnen schart sich um die Kommune von Paris, weil sie noch revolutionär ist; eine gewisse Zahl gehört dem Klub der Cordeliers an; einige gehen in den Jakobinerklub. Aber ihr wahres Gebiet ist die Sektion und vor allem die Straße. Im Konvent sieht man sie auf den Tribünen, von wo sie die Debatten lenken. Ihr Aktionsmittel ist die Meinung des Volks – nicht „die öffentliche Meinung" des Bürgertums. Ihre Waffe ist der Aufstand. Mit dieser Waffe üben sie ihren Einfluß auf die Abgeordneten und die Exekutivgewalt.

Und wenn es sich darum handelt, dem Volk einen großen Ruck zu geben, es zu entflammen und mit ihm gegen die Tuilerien zu marschieren, dann sind sie es, die den Angriff vorbereiten und in Reih und Glied kämpfen.

Sowie der revolutionäre Aufschwung des Volks wieder erschöpft ist, treten sie ins Dunkel zurück. Und nur die Flugschriften ihrer Gegner, die voller Gift und Galle sind, lassen uns die ungeheure revolutionäre Arbeit, die sie vollbracht haben, erkennen.

Ihre Ideen sind klar und bündig.

Die Republik? Gewiß! Die Gleichheit vor dem Gesetz? Gut! Aber das genügt nicht. Noch lange nicht.

Die politische Freiheit benutzen, um die wirtschaftliche Freiheit zu erlangen, wie die Leute des Bürgertums raten? Sie wissen, daß das nicht möglich ist.

Sie wollen die Sache selbst. Das Land für alle – was man damals das „Ackergesetz" nannte. Die wirtschaftliche Gleichheit oder, um die Sprache der Zeit zu sprechen, die „Gleichmachung der Vermögen".

Aber hören wir Brissot.

„Sie sind es", sagt er, „die . . . die Gesellschaft in zwei Klassen geteilt haben, in eine, die hat, und in eine, die nicht hat, die der Sansculotten und die der Besitzenden, sie sind es, die die eine gegen die andere aufgereizt haben."

„Sie sind es", fährt Brissot fort, „die unter dem Namen Sektionen nicht aufgehört haben, den Konvent mit Petitionen zu ermüden, in denen verlangt wurde, es sollte ein Maximalpreis fürs Getreide fixiert werden."

Sie sind es, die „Emissäre aussenden, die überall den Krieg der Sansculotten gegen die Besitzenden predigen“; sie sind es, die „die Notwendigkeit, die Vermögen gleichzumachen“, predigen.

Sie sind es ferner, die „die Petition jener Zehntausend veranlaßt haben, die erklärten, sie würden in den Aufstand treten, wenn man nicht den Getreidepreis festsetzte“, und die überall in Frankreich die Aufstände hervorriefen.

Das also sind ihre Verbrechen. Die Nation in zwei Klassen zu teilen, in die, die hat, und in die, die nichts hat. Die eine gegen die andere aufzureizen. Für die Menschen, die arbeiten, Brot zu verlangen, Brot vor allem.

Das waren gewiß große Verbrecher. Nur muß gefragt werden, wer von den sozialistischen Gelehrten des neunzehnten Jahrhunderts etwas Besseres erfinden konnte als die Forderung unserer Ahnen von 1793: „Brot für alle!“

Hören wir nun etwas über die Art, wie sie ihre Ideen ins Werk zu setzen versuchten:

„Die Vermehrung der Verbrechen“, sagt uns Brissot, „ist die Folge der Straflosigkeit; die Straflosigkeit kommt daher, daß die Gerichte gelähmt sind; und die Anarchisten schützen diese Straflosigkeit, versetzen alle Gerichte in den Zustand der Lähmung, entweder durch den Schrecken oder durch Denunziationen und die Anklage, Aristokraten zu sein.“

„Für die überall wiederholten Angriffe gegen das Eigentum und die persönliche Sicherheit geben die Anarchisten von Paris jeden Tag das Beispiel, und ihre besonderen Emissäre und die Emissäre von ihnen, die den Titel Konventskommissäre führen, predigen überall diese Verletzung der Menschenrechte.“

Dann erwähnt Brissot „die ewigen Deklamationen der Anarchisten gegen die Besitzenden oder Kaufleute, die sie als Wucherer bezeichnen“; er spricht von „Besitzenden, die fortwährend als Räuber gebrandmarkt werden“, von dem Haß, den die Anarchisten gegen jeden Staatsbeamten hegen. „Von dem Augenblick an“, sagt er, „wo jemand einen Posten hat, wird er dem Anarchisten verhaßt und scheint sich schuldig zu machen.“

Aber köstlich ist es, wenn Brissot die Wohltaten der „Ordnung“ aufzählt. Man muß diese Stelle lesen, um zu verstehen, was das girondistische Bürgertum dem französischen Volk gegeben hätte, wenn die „Anarchisten“ die Revolution nicht weitergedrängt hätten.

„Man betrachte“, sagt Brissot, „die Departements, die die Wut dieser Menschen zügeln konnten; man betrachte zum Beispiel das Departement der Gironde. Dort hat dauernd die Ordnung geherrscht; das Volk hat sich dem Gesetz gefügt, *obwohl es für das Pfund Brot bis zu vierzig Pfennig bezahlt hat*. Das kommt daher, daß man in diesem Departement die Ackergesetzagitatoren verbannt hat; das kommt daher, daß die Bürger jenen Klub, in dem man ... lehrt“ usw. (den Jakobinerklub) „geschlossen haben.“

Und dies wurde zwei Monate nach dem 10. August geschrieben, wo der Blindeste doch begreifen mußte, daß es, wenn sich das Volk in ganz Frankreich dem Gesetz gefügt hätte, „obwohl es bis zu vierzig Pfennig für das Pfund Brot bezahlte“, überhaupt keine Revolution gegeben hätte und das Königtum, das zu bekämpfen sich Brissot den Anschein gibt, und ebenso das Feudalwesen vielleicht noch hundert Jahre geherrscht hätten, wie in Rußland.

Man muß Brissot lesen, um zu verstehen, was alles das Bürgertum von damals für Frankreich in Bereitschaft hatte.

„Die Aufruhrbewegungen in den Departements Eure, Orne usw.“, sagt Brissot, „sind von den Agitationen gegen die Reichen, gegen die „Wucherer“ hervorgerufen worden, von den aufreizenden Reden über die Notwendigkeit, mit Waffen in der Hand den Preis für das Getreide und alle Bodenerzeugnisse festzusetzen.“

Und von Orléans erzählt Brissot: „Diese Stadt erfreute sich seit dem Anfang der Revolution einer Ruhe, die nicht einmal die Krawalle stören konnten, die an anderen Orten durch den Getreidemangel hervorgerufen wurden, obwohl sie ein Getreidestapelplatz ist. Diese Harmonie zwischen den Armen und den Reichen entsprach nicht den Prinzipien der Anarchie; und einer dieser Menschen, deren Ordnung die Verzweiflung, deren einziges Ziel der Aufruhr ist, gibt sich Mühe, diese glückliche Eintracht zu zerstören, indem er die Sansculotten gegen die Besitzenden aufhetzt.“

„Und wiederum ist es die Anarchie“, ruft Brissot, „die die revolutionäre Macht in der Armee geschaffen hat.“ „Wer kann heutzutage“, sagt er, „das schreckliche Übel verkennen, das in unsern Armeen jene anarchistische Doktrin erzeugt hat, die an Stelle der Gleichheit der Rechte eine allgemeine und tatsächliche Gleichheit herstellen will, die die Geißel der Gesellschaft ist, wie jene andere Gleichheit ihr Halt ist? Jene anarchische Doktrin, die die Begabung und die

Unwissenheit, die Tugenden und das Laster, die Ämter, die Gehälter, die Dienstleistungen gleichmachen will."

Das also konnten die Brissotisten diesen Anarchisten niemals verzeihen. Die Gleichheit der Rechte, das geht noch, wenn sie nur nie eine tatsächliche Gleichheit wird. Wie wütete daher Brissot gegen die Erdarbeiter von Paris, die eines Tags verlangten, das Gehalt der Abgeordneten und das ihre sollte gleichgemacht werden. Man denke nur, Brissot und ein Erdarbeiter auf eine Stufe gestellt! Nicht vor dem Gesetz, sondern in der Tat! Diese Elenden!

Wie waren aber die Anarchisten dazu gelangt, daß sie eine so große Macht ausübten, mit der sie sogar den schrecklichen Konvent beherrschten und ihm ihre Entscheidungen diktierten?

Brissot erzählt es uns in seinen Flugschriften. Die Tribünen, sagt er, das Volk von Paris und die Kommune von Paris beherrschen die Situation und zwingen den Konvent jedesmal, wenn es gilt, eine revolutionäre Maßnahme zu treffen.

In seinen Anfängen – sagt uns Brissot – war es sehr gut um den Konvent bestellt. „Die Mehrheit des Konvents", sagt er, „ist rein und gesunddenkend, liebt die Prinzipien und läßt das Auge nicht vom Gesetz." Man nahm „fast einstimmig" alle Anträge an, die den Zweck hatten, „die Unruhestifter" zu unterdrücken und zu vernichten.

Man ersieht daraus, welche revolutionären Ergebnisse man von diesen Vertretern erwarten mußte, die den Blick nicht von dem Gesetz – des Monarchismus und Feudalismus wegwendeten; aber die Anarchisten ließen es nicht dabei. Sie sahen nur ein, daß ihr Platz nicht im Konvent unter den Vertretern war, sondern auf der Straße; daß es, wenn sie ja den Konvent beträten, nicht zu dem Zweck sei, mit den Leuten von der Rechten und den „Kröten aus dem Sumpf" zu parlamentieren, sondern um etwas zu verlangen, entweder von den Tribünen herunter, oder indem sie mit dem Volk den Konvent stürmten.

Auf diese Weise haben allmählich „die Räuber" (Brissot meint die „Anarchisten" damit) „kühn das Haupt erhoben. Aus Angeklagten haben sie sich in Ankläger verwandelt; aus schweigsamen Zuhörern unserer Debatten sind sie zu Schiedsrichtern geworden." „Wir sind in der Revolution", das war ihre Antwort.

Aber die Männer, die Brissot die Anarchisten nannte, sahen weiter und legten eine größere politische Einsicht an den Tag als die, die den Anspruch machten, Frankreich zu regieren. Wenn die Revolution mit dem Triumph der Brissotisten beendigt gewesen wäre, ohne das Feudalwesen abgeschafft und ohne das Land den Gemeinden zurückgegeben zu haben, wo stünden wir heute?

Aber vielleicht formuliert Brissot irgendwo ein Programm und setzt auseinander, wodurch nach dem Vorschlag der Girondisten dem Feudalwesen und den Kämpfen, die es hervorruft, ein Ende gemacht werden soll? In diesem letzten Augenblick, wo das Volk von Paris verlangt, man solle die Girondisten aus dem Konvent jagen, sagt er vielleicht, was die Girondisten vorschlagen, um wenigstens einen Teil der dringendsten Bedürfnisse des Volks zu befriedigen?

Nichts davon. Absolut nichts!

Die girondistische Partei erledigt die ganze Frage mit den Worten: Ans Eigentum rühren, gleichviel ob es sich um feudales oder bürgerliches Eigentum handelt, ist das Werk der „Gleichmacher", der „Unruhestifter", der „Anarchisten". Menschen dieses Schlages müssen einfach vernichtet werden.

„Die Ruhestörer", schreibt Brissot, „waren vor dem 10. August wahre Revolutionäre, denn man mußte die Ruhe stören, um republikanisch zu sein. Die Ruhestörer von heutzutage sind wahre Gegenrevolutionäre, sind Feinde des Volkes; denn das Volk ist heutzutage Herr ... Was bleibt ihm noch zu wünschen? Die Ruhe im Innern, weil nur diese Ruhe dem Besitzenden seinen Besitz, dem Arbeiter seine Arbeit, dem Armen sein tägliches Brot und allen den Genuß der Freiheit garantiert." (Flugschrift vom 24. Oktober 1792.)

Brissot begreift nicht einmal, daß das Volk in dieser Zeit der Hungersnot, wo der Preis des Brotes bis zu sechs und sieben Sous für das Pfund gestiegen war, eine Taxe zur Festsetzung des Brotpreises verlangen konnte. Nur Anarchisten können das tun (S. 19).

Für ihn und für die ganze Gironde ist die Revolution zu Ende, nachdem der 10. August ihre Partei ans Ruder gebracht hat. Es bleibt nur noch übrig, die Situation zu akzeptieren und den politischen Gesetzen, die der Konvent machen wird, zu gehorchen. Er versteht nicht einmal den Mann des Volkes, der sagt, solange die Feudalrechte bestehen, solange die Ländereien den Gemeinden nicht zurückgegeben sind, solange in allen Fragen des Grundeigentums die Unentschiedenheit herrscht, solange der Arme die ganze Last des Krieges trägt, sei die Revolution nicht zu Ende, und nur die revolutionäre Aktion könne sie angesichts des gewaltigen Widerstandes, den das alte Regime in allen Stücken entscheidenden Maßnahmen entgegensetzt, zu Ende führen.

Der Girondist versteht ihn nicht einmal. Er kennt nur eine Kategorie von Unzufriedenen: die Bürger, die „für ihr Vermögen oder für ihre Genüsse oder für ihr Leben fürchten“ (S. 127). Alle anderen Kategorien von Unzufriedenen haben keine Existenzberechtigung. Und wenn man weiß, in welcher Unsicherheit die Gesetzgebende Versammlung alle Bodenfragen gelassen hatte, fragt man sich, wie eine solche Geistesverfassung möglich sein konnte? In welcher fiktiven Welt politischer Intrigen lebten diese Leute? Man könnte sie in der Tat nicht einmal verstehen, wenn man nicht ihresgleichen unter unsern Zeitgenossen sehr gut kennte.

Brissot zog in Übereinstimmung mit allen Girondisten den folgenden Schluß: Es bedarf eines Staatsstreichs, einer dritten Revolution, die „die Anarchie niederschlagen“ muß. Die Kommune von Paris und ihre Sektionen müssen aufgelöst, müssen vernichtet werden. Die Klubs, die die Unordnung und die Gleichheit predigen, müssen aufgelöst werden. Der Jakobinerklub muß geschlossen, seine Papiere müssen versiegelt werden.

Der „tarpejische Fels“, das heißt die Guillotine für das „Triumvirat“ (Robespierre, Danton und Marat) und für alle Gleichmacher, alle Anarchisten.

Es muß ein neuer Konvent gewählt werden, in dem keines der bisherigen Mitglieder mehr sitzen darf – das hätte den Triumph der Gegenrevolution bedeutet.

Eine starke Regierung – die Herstellung der Ordnung.

Das ist das Programm der Girondisten, seitdem der Sturz des Königs ihnen die Macht gegeben und „die Ruhestörer unnötig gemacht“ hat.

Was blieb also den Revolutionären anderes übrig, als den Kampf bis zum äußersten aufzunehmen?

Entweder mußte die Revolution völlig, so wie sie war, unvollendet zum Stillstand kommen, und dann hätte die Gegenrevolution des Thermidor fünfzehn Monate früher, schon im Frühling 1793 eingesetzt, vor der Abschaffung der Feudalrechte.

Oder man mußte die Girondisten, trotz der Dienste, die sie der Revolution geleistet hatten, solange es galt, das Königtum zu bekämpfen, aus dem Konvent verbannen. Diese Dienste konnten unmöglich verkannt werden. „Ah! Ohne

Zweifel", rief Robespierre in der berühmten Sitzung vom 10. April, „sie haben gegen den Hof, gegen die Emigranten, gegen die Priester mit gewaltiger Hand gekämpft; aber wann war das? *Als es für sie galt, die Macht zu erobern* ... Nachdem sie die Macht erlangt hatten, hat sich ihre Glut schnell abgekühlt. Wie eilig sie es hatten, ihrem Haß ein neues Ziel zu geben!"

Die Revolution konnte nicht unvollendet innehalten. Sie mußte weitergehen, über sie weg. Daher herrschte in Paris und in den revolutionären Departements seit dem Februar 1793 eine Bewegung, die zum 31. Mai führt.

42. Die Ursachen der Bewegung vom 31. Mai

Mit jedem Tag wurde während der ersten Monate des Jahres 1792 der Kampf zwischen dem Berg und der Gironde schärfer, je mehr drei große Fragen sich vor Frankreich aufstellten:

1. Sollten die Feudallasten ohne Ablösung abgeschafft werden? Oder sollte dieses Überbleibsel des Feudalismus auch weiter noch den Bauern aushungern und die Landwirtschaft lähmen? Diese überaus wichtige Frage erregte fast zwanzig Millionen landwirtschaftlicher Bevölkerung, darunter auch die, welche die Masse der Nationalgüter, die der Geistlichkeit und den Emigranten beschlagnahmt worden waren, gekauft hatten.

2. Würde man die Dorfgemeinden im Besitz der Gemeindeländereien lassen, die sie den Herren wiedergenommen hatten? Würde man den Gemeinden, die es noch nicht getan hatten, das Recht zuerkennen, sie wiederzunehmen? Würde man das Recht auf die Erde für jeden Bürger anerkennen?

3. Würde man schließlich das Maximum einführen, das heißt festgelegte Preise für das Brot und die anderen notwendigsten Lebensmittel?

Das waren drei große Fragen, die Frankreich erregten und es in zwei feindliche Lager teilten: die Besitzenden einerseits und die, die nichts besaßen, andererseits; die „Reichen" und die Armen; die, die sich trotz des Elends, der Hungersnot und des Krieges bereicherten, und die, die die ganze Last des Krieges trugen und viele Stunden und manchmal ganze Nächte vor der Tür des Bäckers stehen mußten, ohne Brot nach Hause bringen zu können.

Und die Monate – fünf Monate, acht Monate – verstrichen, ohne daß der Konvent etwas tat, um der Situation ein Ende zu machen, um die großen sozialen Fragen zu lösen, die die Entwicklung der Revolution gestellt hatte. Es gab endlose Diskussionen im Konvent; der Haß zwischen den beiden Parteien, von denen die eine die Reichen vertrat und die andere für die Sache der Armen eintrat, verschärfte sich täglich, und man sah keinen Ausweg, keine Möglichkeit einer Verständigung zwischen denen, die „das Eigentum" verteidigten, und denen, die es angreifen wollten.

Es ist richtig, daß die Leute vom Berg selbst keine entschiedenen Ansichten über die wirtschaftlichen Fragen hatten und sich in zwei Gruppen teilten, von denen die eine, die der Enragés, viel vorgeschrittener war als die andere. Die, zu der Robespierre gehörte, war über die drei genannten Fragen zu Auffassungen geneigt, die fast ebenso besitzfreundlich waren wie die der Girondisten. Aber man muß, so wenig sympathisch uns Robespierre sein mag, anerkennen, daß er sich mit der Revolution entwickelte, und die Leiden des Volkes sind ihm immer zu Herzen gegangen. Schon 1791 hatte er in der Konstituierenden Versammlung zugunsten der Rückgabe der Gemeindeländereien an die Dorfgemeinden gesprochen. Als er jetzt mehr und mehr den Besitz- und Handelsegoismus des Bürgertums sah, stellte er sich auf die Seite des Volkes, der revolutionären Kommune von Paris, derer, die man damals „die Anarchisten" nannte.

„Die Lebensmittel, die das Volk braucht", sagte er auf der Tribüne, „sind ebenso heilig wie das Leben. Alles, was notwendig ist, um das Leben zu erhalten, ist gemeinsames Eigentum der ganzen Gesellschaft. Nur was darüber hinausgeht, kann individuelles Eigentum werden und kann dem Betrieb der Handeltreibenden überlassen werden."

Wie schade, daß dieser kommunistische Gedanke bei den Sozialisten des neunzehnten Jahrhunderts nicht an Stelle des Staats-"Kollektivismus" von Pecqueur und Vidal zur Geltung kam, der 1848 auftauchte und heute unter dem Namen des wissenschaftlichen Sozialismus wieder aufgewärmt worden ist. Wie verheißungsvoll wäre die kommunalistische Bewegung von 1871 gewesen, wenn sie das Prinzip anerkannt hätte: „Alles, was für das Leben notwendig ist, ist ebenso heilig wie das Leben selbst und stellt ein Gemeineigentum der ganzen Nation vor." Wenn ihre Parole gewesen wäre: Die Kommune organisiert den Konsum, den Wohlstand für alle!

Überall und immer ist die Revolution von Minoritäten gemacht worden. Selbst unter denen, die ganz an der Revolution interessiert sind, war es immer nur eine Minderheit, die sich ihr ganz weihte. So war es auch in Frankreich im Jahre 1793.

Sowie das Königtum zertrümmert war, zeigte sich überall in der Provinz eine starke Bewegung *gegen* die Revolutionäre, die gewagt hatten, der Reaktion in ganz Europa den Kopf des Königs wie zu einer Herausforderung hinzuwerfen.

„Ah, die Schurken!“ sagte man in den Schlössern, den Salons, den Beichtstühlen. „Sie haben gewagt, das zu tun! Dann werden sie vor nichts zurückschrecken: sie werden uns unser Vermögen nehmen oder uns guillotinieren!“

Und überall lebten die gegenrevolutionären Verschwörungen mit neuer Kraft wieder auf.

Die Kirche, alle Höfe Europas, das englische Bürgertum, alle gingen ans Werk der Intrige, der Propaganda, der Bestechung, um die Gegenrevolution zu organisieren.

Hauptsächlich die Seestädte, wie Nantes, Bordeaux und Marseille, wo es viele reiche Kaufleute gab; die Stadt der Luxusindustrien, Lyon; die Industrie- und Handelsstädte, wie Rouen, wurden mächtige Herde der Reaktion. Ganze Landschaften wurden von den Priestern, den unter falschem Namen zurückgekehrten Emigranten bearbeitet und ebenso auch durch das englische und orléanistische Gold, wie durch Emissäre von Italien, Spanien und Rußland.

Die Girondisten dienten dieser ganzen reaktionären Masse als Sammelpunkt. Die Royalisten sahen sehr gut ein, daß die Girondisten trotz ihrem oberflächlichen Republikanismus ihre wahren Bundesgenossen waren, daß sie dahin durch die Logik der Partei gedrängt wurden, die immer viel mächtiger ist als die Etikette der Partei. Und das Volk seinerseits sah das völlig vor Augen. Es begriff, daß, solange die Girondisten im Konvent blieben, keine wahrhaft revolutionäre Maßregel möglich war und daß der Krieg, der von diesen Sybariten der Revolution lässig geführt wurde, kein Ende nehmen und Frankreich erschöpfen mußte.

Und je mehr die Notwendigkeit, den „Konvent zu säubern“ und also die Girondisten aus ihm zu vertreiben, sich in Deutlichkeit herausstellte, um so mehr suchte sich das Volk für den Kampf an Ort und Stelle in den Städten und der Provinz zu organisieren.

Wir haben schon gelegentlich bemerkt, daß die Departementsdirektorien in der Mehrzahl gegenrevolutionär waren. Die Distriktsdirektorien waren es ebenfalls. Aber die Gemeindeverwaltungen, die durch das Gesetz vom

September 1789 geschaffen worden waren, waren viel demokratischer. Allerdings hatten sie im Sommer 1789, als sie von dem bewaffneten Bürgertum eingesetzt worden waren, die rebellischen Bauern ohne Gnade niedergeschlagen. Aber je weiter die Revolution voranging, um so revolutionärer wurden die Gemeindeverwaltungen, die von dem Volk, oft genug in Aufstandsbewegungen, ernannt und von den Volksvereinen überwacht wurden.

In Paris war der Gemeinderat vor dem 10. August bürgerlich demokratisch. Aber in der Nacht zum 10. August war von den 48 Sektionen eine neue revolutionäre Kommune gewählt worden. Der Konvent hatte zwar dem Drängen der Girondisten nachgegeben und diese Kommune abgesetzt, aber die neue Kommune, die am 2. Dezember 1792 gewählt worden war, war mit ihrem Prokurator Chaumette, ihrem Substituten Hébert und ihrem Maire Pache (der etwas später gewählt wurde) rückhaltlos revolutionär.

Eine erwählte Körperschaft von Beamten, die mit so weitgehenden und verschiedenartigen Befugnissen betraut waren, wie sie dem Gemeinderat von Paris oblagen, hatte allmählich mit Notwendigkeit eine gemäßigte Richtung einschlagen müssen. Aber die revolutionäre Aktion des Volks von Paris hatte ihre Sammelpunkte in den Sektionen. Allerdings wurden diese Sektionen selbst, je mehr sie verschiedene Polizeibefugnisse übernahmen (das Recht, die Bürgerkarten auszustellen, um zu attestieren, daß der und der kein royalistischer Verschwörer sei; die Ernennung der Freiwilligen für die Kämpfe in der Vendée usw.), diese Sektionen, die der Wohlfahrtsausschuß und der Sicherheitsausschuß zu ihren Polizeiorganen machen wollten, mußten sich bald selbst in der Richtung der Bureaukratie und der Mäßigung entwickeln. Im Jahre 1795 wurden sie in der Tat die Sammelpunkte des reaktionären Bürgertums.

Darum bildete sich neben der Kommune und ihren Sektionen ein ganzes Netz von Volksvereinen oder Bruderschaften und ebenso von Revolutionsausschüssen, die bald (im Jahre II der Republik, nach der Vertreibung der Girondisten) eine starke Aktionsmacht werden. Alle diese Gruppen verbündeten sich miteinander, entweder für augenblickliche Zwecke oder für ein dauerndes Vorgehen, und sie setzten sich mit den sechsunddreißigtausend Gemeinden Frankreichs in Verbindung. Man organisierte sogar zu diesem Zweck ein besonderes Korrespondenzbureau. Eine neue spontane Organisation war so entstanden. Und wenn man diese Gruppen, diese „freien Vereinbarungen“ würden wir heute sagen, erforscht, dann sieht man vor sich erstehen, was die anarchistischen Gruppen unserer Zeit in

Frankreich verkündet haben, ohne zu ahnen, daß ihre Großväter es in einem so tragischen Augenblick der Revolution bestätigt haben, wie die ersten Monate des Jahres 1793 gewesen sind.

Die meisten Historiker, die der Revolution sympathisch gegenüberstehen, versteifen sich, will mir scheinen, wenn sie zu dem tragischen Kampf kommen, der sich 1793 zwischen dem Berg und der Gironde entspann, zu sehr auf eine der sekundären Erscheinungsformen dieses Kampfes. Sie legen, ich wage es zu sagen, dem sogenannten Föderalismus der Girondisten zuviel Wert bei.

Allerdings wurde nach dem 31. Mai, als die girondistischen und royalistischen Aufstände in mehreren Departements ausbrachen, das Wort „Föderalismus" in den Dokumenten der Zeit zum Hauptanklagepunkt des Bergs gegen die Girondisten. Aber dieses Wort, das ein Schlagwort, eine Art Parole und Signal geworden war, war im Grunde nur ein Kriegsruf, der dazu diente, die Partei, die man bekämpfte, anzuklagen. Als solcher machte er Glück. In Wirklichkeit jedoch bestand der „Föderalismus" der Girondisten, wie schon Louis Blanc bemerkt hat, hauptsächlich in ihrem Haß gegen Paris, in ihrem Wunsch, die reaktionäre Provinz der revolutionären Hauptstadt entgegenzustellen. „Sie hatten Angst vor Paris: das war ihr ganzer Föderalismus", sagt Louis Blanc.

Sie verabscheuten und fürchteten den Einfluß, den die Kommune von Paris, die revolutionären Komitees, das Volk von Paris in der Revolution gewonnen hatten. Wenn sie davon sprachen, den Sitz der Gesetzgebenden Versammlung und später des Konvents in eine Provinzstadt zu verlegen, so geschah das nicht aus Liebe zur Autonomie der Provinzen. Es geschah lediglich, um die Gesetzgebende Körperschaft und die Exekutivgewalt in eine Bevölkerung zu bringen, die weniger revolutionär war als die von Paris und sich weniger um das Gemeinwohl kümmerte. Genau ebenso machte es das Königtum im Mittelalter, als es eine entstehende Stadt, eine „königliche Stadt", den alten Stadtrepubliken, die an ihr Forum gewöhnt waren, vorzog. Thiers wollte 1871 dasselbe tun.

Im Gegenteil haben sich die Girondisten in allem, was sie taten, ganz ebenso zentralistisch und autoritär wie die Bergpartei gezeigt. Noch mehr vielleicht; denn wenn die Mitglieder der Bergpartei zu einer Mission in die Provinzen gingen, stützen sie sich auf die Volksvereine und nicht auf die Ratsbehörden des Departements oder des Distrikts. Wenn die Girondisten die Provinzen gegen Paris aufriefen, so geschah es, um gegen die Revolutionäre von Paris, die sie aus dem Konvent verjagt hatten, die gegenrevolutionären Kräfte des Bürgertums der großen Handelsstädte und die aufständischen Bauern der Normandie und der Bretagne zum Kampf zu bringen. Als die Reaktion gesiegt hatte und die Girondisten nach dem 9. Thermidor die öffentliche Gewalt wiedererlangten, zeigten sie sich, wie es sich für eine Ordnungspartei gebührt, viel zentralistischer als die Bergpartei.

Aulard, der oft vom „Föderalismus" der Girondisten spricht, macht trotzdem die sehr richtige Bemerkung, daß vor der Begründung der Republik kein einziger Girondist föderalistische Tendenzen zum Ausdruck gebracht hat. Barbaroux zum Beispiel ist ganz und gar Zentralist, wie aus den folgenden Worten, die er in einer Versammlung im Departement Bouches-du-Rhône gesprochen hat, hervorgeht: „Die Föderativregierung paßt nicht für ein großes Volk, wegen der Langsamkeit, mit der alles zur Durchführung kommt, und wegen der Vermehrung und der Umständlichkeit des Apparats." In der Tat findet man in dem Verfassungsprojekt, das die Girondisten 1793 verfochten, keinerlei ernsthaften Versuch zu föderativer Organisation. Sie zeigten sich darin ganz und gar als Zentralisten.

Andererseits spricht Louis Blanc nach meiner Auffassung zuviel von dem „Zorn" der Girondisten, von dem Ehrgeiz Brissots, der mit dem Robespierres zusammenstieß, von dem Leichtsinn der Girondisten, mit dem sie die Eigenliebe Robespierres auf eine Weise verletzten, die dieser nicht verzeihen wollte. Und Jaurès stellt die Sache, wenigstens in der ersten Hälfte seines Buches über den Konvent, ebenso dar, was nicht hindert, daß er später bei seiner Darstellung des Kampfes zwischen dem Volk von Paris und dem Bürgertum andere Ursachen aufzeigt, die ernsterer Natur sind als die Konflikte zwischen Eigenliebe und dem Egoismus der Macht.

Gewiß existierte der Zorn der Girondisten, den Louis Blanc so gut geschildert hat, und ebenso der Kampf des gegenseitigen Ehrgeizes; all das existierte und vertiefte den Konflikt. Aber der Kampf zwischen Girondisten und Bergpartei hat, wie wir schon gesagt haben, eine allgemeine Ursache gehabt, die unendlich viel tiefer wurzelte als alle persönlichen Gründe. Diese Ursache hat Louis Blanc selbst sehr gut hervorgehoben, als er nach Garat anführte, wie die Gironde und der Berg sich gegeneinander ausdrückten:

„Euch steht es nicht zu", sagte die Gironde, „Frankreich zu regieren, euch, die ihr mit all dem Blut des Septembers bedeckt seid. Die Gesetzgeber eines reichen und arbeitsamen Landes müssen das Eigentum als eine der heiligsten

Grundlagen der Gesellschaftsordnung betrachten, und die Aufgabe, die den Gesetzgebern Frankreichs gestellt ist, kann nicht von euch erfüllt werden, die ihr die Anarchie predigt, die Plünderungen in Schutz nehmt, die Eigentümer in Schrecken setzt. Ihr ruft gegen uns alle Banditen von Paris auf, wir rufen gegen euch die ehrbaren Menschen von Paris zu Hilfe."

Da spricht die Partei der Besitzenden, der „Ehrbaren", derer, die später, im Juni 1848 und im Mai 1871, das Volk von Paris niedermetzeln, die den Staatsstreich von 1851 unterstützten und heute zu einem neuen bereit sind.

Darauf antwortete die Bergpartei:

„Wir beschuldigen euch, daß ihr eure Begabung eurer Erhöhung und nicht dem Sieg der Gleichheit dienen lassen wollt ... Solange der König euch durch die Minister, die ihr ihm gegeben habt, regieren ließ, seid ihr ganz gut mit ihm ausgekommen ... Euer geheimer Wunsch war nie, Frankreich zu der prächtigen Höhe einer Republik zu führen, sondern ihm einen König zu lassen, dessen Hausmeier ihr sein wolltet."

Man wird sehen, wie richtig diese letzte Anschuldigung war, wenn man Barbaroux im Süden und Louvet in der Bretagne Hand in Hand mit den Royalisten gewahren wird und wenn nach der Reaktion des Thermidor so viele Girondisten einträchtig mit „den Weißen" wieder zur Macht gelangen. Aber fahren wir mit dem Zitat fort.

„Ihr wollt die Freiheit ohne die Gleichheit", sagt der Berg; „und wir wollen die Gleichheit, weil wir uns ohne sie die Freiheit nicht vorstellen können. Ihr Staatsmänner wollt die Republik für die Reichen organisieren, und wir, die keine Staatsmänner sind, suchen nach Gesetzen, die den Armen aus seinem Elend ziehen und die aus allen Menschen in allgemeinem Wohlstand glückliche Bürger und die glühenden Verteidiger einer allgemein verehrten Republik machen."

Man sieht, das sind zwei völlig verschiedene Vorstellungen von der Gesellschaft. Und so wurde der Kampf von den Zeitgenossen aufgefaßt.

Entweder beschränkt sich die Revolution darauf, den König zu stürzen, und versucht es gar nicht, ihr Werk durch eine tiefgehende Wandlung der Ideen der Nation in republikanischem Sinne zu befestigen, und dann wird sie nach diesem ersten Sieg aufhören, und Frankreich wird sich, so gut es kann, der deutschen, englischen, spanischen, italienischen und savoyischen Feinde erwehren, die von den Anhängern des Königtums im Innern unterstützt werden.

Oder die Revolution kämpft von jetzt an, nachdem sie mit dem König fertig geworden ist, für die „Gleichheit", wie man damals sagte, den Kommunismus, wie wir heutzutage sagen. Dann muß sie zunächst das Werk der Abschaffung der Feudalrechte, der Rückgabe der Gemeindeländereien, der Nationalisierung des Bodens zu Ende führen und so das Recht aller an die Erde anerkennen; sie muß dem Werk sichere Grundlagen geben, das die aufständischen Bauern in diesen vier Jahren schon so weit vorwärts gebracht haben, und sie muß mit Hilfe des Volkes versuchen, „wie man den Armen aus seinem Elend ziehen kann"; sie muß versuchen, wenn es möglich ist, nicht die absolute Gleichheit der Vermögen, aber den Wohlstand für alle, den „allgemeinen Wohlstand" zu schaffen. Und das muß sie tun, indem sie die Regierung den Reichen entreißt und sie in die Hände der Gemeinden und der Volksvereine legt.

Dieser Unterschied allein erklärt den blutigen Kampf, der nach dem Sturz des Königtums den Konvent und mit ihm Frankreich zerriß. Alles übrige kommt erst in zweiter Linie in Betracht.

43. Soziale Forderungen – Zustand der Geister in Paris – Lyon

So heftig auch der parlamentarische Kampf zwischen dem Berg und der Gironde zuzeiten war, hätte er sich doch wahrscheinlich in die Länge gezogen, wenn er auf den Konvent beschränkt geblieben wäre. Aber seit der Hinrichtung Ludwigs XVI. überstürzten sich die Ereignisse, und die Trennung zwischen Revolutionären und Gegenrevolutionären wurde so scharf, daß für eine unentschiedene Zwischenpartei zwischen den beiden kein Platz mehr blieb. Die Girondisten, da sie sich der natürlichen Entwicklung der Revolution entgegenstemmten, fanden sich bald mit den Feuillants und den Royalisten in den Reihen der Gegenrevolutionäre und mußten als solche unterliegen.

Die Hinrichtung des Königs hatte in Frankreich einen ungeheuren Eindruck gemacht. War das Bürgertum angesichts einer solchen Kühnheit von Seiten der Bergpartei von Schrecken ergriffen und zitterte für sein Vermögen und sein Leben, so sah dagegen der intelligente Teil des Volkes darin den Beginn einer neuen Ära, die Annäherung an jenen Wohlstand für alle, den die Revolutionäre den Enterbten versprochen hatten.

Groß war jedoch die Enttäuschung. Der König war tot, das Königtum verschwunden, aber die Anmaßung der Reichen wurde immer größer. Sie stellte sich in den reichen Stadtvierteln zur Schau, sie protzte sogar auf den Tribünen des Konvents, während in den Armenvierteln das Elend immer schlimmer gespürt wurde, je mehr man in den düstern Winter von 1793 hineinkam, der den Brotmangel, die Arbeitslosigkeit, die Teuerung der Lebensmittel und das Sinken der Assignaten mit sich brachte. Und all das zu einer Zeit, wo von allen Seiten Trauerbotschaften anlangten: von der Grenze, wo die Armeen zusammengeschmolzen waren wie der Schnee, von der Bretagne, die sich mit Hilfe der Engländer zu einem allgemeinen Aufstand rüstete, von der Vendée, wo hunderttausend rebellische Bauern die Patrioten unter dem Segen der Priester totschlugen, von Lyon, das die Hochburg der Gegenrevolution geworden war, von der Schatzkammer, die nur von neuen Emissionen, von Assignaten lebte – vom Konvent endlich, der hin und her trippelte, ohne etwas fertigzubekommen, und sich in inneren Kämpfen erschöpfte.

All das mußte bei dem herrschenden Elend die revolutionäre Begeisterung lähmen. In Paris kamen die armen Arbeiter, die Sansculotten nicht mehr in genügender Zahl in die Sektionen, und die Gegenrevolutionäre des Bürgertums hatten den Nutzen davon. Im Februar 1793 waren diese, die „culottes dorées“, in Massen in die Sektionen gedrungen. Sie setzten, wenn es not tat mit Knütteln, reaktionäre Beschlüsse durch, setzten die sansculottischen Beamten ab und ließen sich an ihrer Stelle wählen. Die Revolutionäre waren sogar genötigt, sich zu reorganisieren, um den Nachbarsektionen zu Hilfe zu eilen und den Sektionen, in die die Bürgersleute eingedrungen waren, Beistand leisten zu können.

In Paris und in der Provinz wurde sogar die Frage erwogen, bei den Gemeindeverwaltungen zu beantragen, solche bedürftigen Männer aus dem Volke, die den Sitzungen beiwohnten und Ämter in den Ausschüssen annahmen, mit vierzig Sous für den Tag zu entschädigen. Daraufhin beeilten sich die Girondisten, im Konvent zu beantragen, alle diese Organisationen, Sektionen, Volksvereine und Föderationen der Departements sollten aufgelöst werden. Sie merkten nicht einmal, welche Widerstandskraft das alte Regime noch besaß, sie sahen nicht, daß eine solche Maßregel in diesem Augenblick den sofortigen Sieg der Gegenrevolution und „den tarpejischen Felsen“ für sie selbst herbeigeführt hätte.

Trotz allem bemächtigte sich der Sektionen des Volkes noch keine Entmutigung. Aber es ist Tatsache, daß neue Ideen in den Geistern hochkommen wollten, daß neue Strömungen durchbrachen, und diese Bestrebungen suchten nach ihrer Formel.

Die Kommune von Paris hatte vom Konvent erhebliche Mittel für den Ankauf von Mehl erlangt, und so gelang es ihr allmählich, den Preis des Brotes auf drei Sous für das Pfund zu halten. Aber wer dieses Dreisousbrot bekommen wollte, mußte die Hälfte der Nacht vor der Tür des Bäckers auf der Straße stehen. Und dann sah das Volk ein, daß die Kommune, da sie das Korn zu den Preisen kaufen mußte, die ihr die Getreidewucherer auspreßten, diese lediglich auf Kosten des Staates bereicherte. Damit blieb man immer in einem circulus vitiosus zum direkten Nutzen der Spekulanten.

Die Spekulation hatte schon einen furchtbaren Maßstab erreicht. Die eben erst entstehende Bourgeoisie bereicherte sich durch dieses Mittel im Handumdrehen. Nicht nur die Armeelieferanten – die „Mehlwürmer" – kamen zu skandalösen Vermögen, sondern, da man mit allem, im großen und im kleinen, spekulierte: mit dem Korn, dem Mehl, den Fellen, der Seife, den Kerzen, dem Blech usw., ohne von den kolossalen Spekulationen mit den Nationalgütern zu reden, entstanden die Vermögen mit einer märchenhaften Geschwindigkeit aus dem Nichts, und alle Welt sah es und wußte es.

Die Frage: „Was tun?" drängte sich also in der tragischen Form auf, die sie in den Zeiten der Krise annimmt.

Solche Leute, für die das letzte Heilmittel für alle Schäden der Gesellschaft „die Bestrafung der Schuldigen" ist, wußten nichts anderes vorzuschlagen als die Todesstrafe für die Spekulanten, die Reorganisation des Polizeiapparates, des Sicherheitsausschusses, das Revolutionstribunal, was im Grunde nichts weiter war als die Rückkehr zum Tribunal Maillards, nur ohne die Offenheit, aber keine Lösung.

Jedoch entstand auch in den Faubourgs eine tiefergehende Strömung, die konstruktive Lösungen suchte, und sie fand ihren Ausdruck in den Predigten eines Arbeiters in den Faubourgs, Varlet, und eines früheren Priesters, Jacques Roux, die von jenen „Unbekannten" unterstützt wurden, die die Geschichte unter den Namen der Enragés kennt. Diese sahen ein, daß die Theorien von der Freiheit des Handels und Gewerbes, die im Konvent von den Condorcet und Sieyès verkündet wurden, falsch waren, daß die Lebensmittel, die sich nicht im Überfluß im Handel befanden, von den Spekulanten mit Leichtigkeit aufgekauft wurden – besonders in einer solchen Periode wie die, in der sich die Revolution befand. Und sie fingen an, Ideen zu propagieren über die Notwendigkeit, den Handel zu kommunalisieren und zu nationalisieren, den Austausch der Produkte zum Herstellungspreis zu organisieren – Ideen, die später die Gedankengänge Fouriers, Godwins, Robert Owens, Proudhons und ihrer sozialistischen Nachfolger erzeugten.

Diese Enragés hatten also begriffen – und wir sehen bald, wie ihre Ideen einen Anfang zu praktischer Ausführung gewinnen –, daß es nicht genügte, jedem das Recht auf Arbeit oder sogar das Recht auf den Boden zu garantieren: daß noch nichts getan sei, solange die Ausbeutung durch den Handel noch da war, und daß man, um sie zu verhindern, den Handel kommunalisieren müsse.

Zur selben Zeit entstand eine ausgesprochene Bewegung gegen die großen Vermögen, die Ähnlichkeit mit der hat, die heutigentags in den Vereinigten Staaten gegen die Vermögen, die von den Trusts oder Wucherergesellschaften mit großer Schnelligkeit zusammengebracht werden, im Gange ist. Den besten Geistern der Zeit drängte es sich auf, wie unmöglich es sei, eine demokratische Republik einzurichten, ohne daß man zugleich gegen die ungeheuerliche Ungleichheit der Vermögen vorging, die schon zutage trat und immer schlimmer zu werden drohte.

Diese Bewegung gegen die Aufkäufer und Spekulanten mußte mit Notwendigkeit auch eine Bewegung gegen die Spekulation mit den Tauschmitteln hervorrufen, und am 3. Februar 1793 verlangten Delegierte der Kommune von achtundvierzig Sektionen und von den „vereinigten Verteidigern der 84 Departements“ beim Konvent, er solle der Entwertung der Assignaten, an der die Spekulation schuld war, ein Ende machen. Sie verlangten die Abschaffung des Dekrets der Konstituierenden Versammlung, auf Grund dessen das gemünzte Geld zur Ware erklärt worden war, und die Todesstrafe gegen die Börsenspekulation.

Das war, wie man sieht, eine völlige Rebellion der Klasse der Armen gegen die Reichen, die aus der Revolution allen Vorteil gezogen hatten und nichts davon wissen wollten, daß sie den Armen zugute kam. Und als darum die Petitionierenden erfuhren, die Jakobiner, Saint-Just eingeschlossen, hätten sich aus Furcht, die Bourgeois zu beunruhigen, ihrer Petition widersetzt, genierten sie sich nicht, gegen die zu sprechen, „die kein Verständnis für die Armen haben, weil sie alle Tage gut essen“.

Marat versuchte ebenfalls, die Erregung zu beruhigen; er mißbilligte die Petition und nahm die Bergpartei und die Abgeordneten von Paris gegen die Angriffe von seiten der Petitionierenden in Schutz, aber er kannte das Elend aus der Nähe und stellte sich, als er die Klage der Arbeiterfrauen hörte, die am 24. Februar in den Konvent gingen, um den Schutz der Gesetzgeber gegen die Spekulanten zu verlangen, sofort auf die Seite der Elenden. In einem sehr heftigen Artikel seiner Nummer vom 25. Februar predigte er, da er daran „verzweifelte, daß die Gesetzgeber durchgreifende Maßregeln ergriffen", „die völlige Vernichtung dieser verfluchten Brut" – „der Kapitalisten, der Spekulanten, der Monopolisten", die von den „feigen Volksvertretern durch die Straflosigkeit ermutigt" würden. Man spürt in diesem Artikel die Wut der Straße; bald verlangt Marat, die schlimmsten Aufkäufer sollten vor ein Staatsgericht gestellt werden, bald empfiehlt er revolutionäre Akte und sagt, „die Plünderung einiger Magazine, an deren Türen man die Aufkäufer gehängt hätte, würde bald diesen Gaunereien ein Ende machen, die 25 Millionen Menschen zur Verzweiflung treiben und Tausende im Elend zugrunde gehen lassen".

Am Morgen dieses Tages hatte das Volk in der Tat einige Läden geplündert und Zucker, Seife und dergleichen mitgenommen, und man sprach in den Faubourgs davon, die Septembertage gegen die Aufkäufer und Wucherer, die Börsenspekulanten, die Reichen zu wiederholen.

Man kann sich denken, wie diese Bewegung, die übrigens nicht über einen kleinen Krawall hinausging, von den Girondisten ausgebeutet wurde, um die Departements zu dem Glauben zu bringen, Paris wäre ein Glutofen, in dem es für niemanden mehr Sicherheit gäbe. Sie waren glücklich, in Marats Artikel den Satz über die Plünderung zu finden, den wir eben anführten, und schlugen daraus Kapital, um den Berg und die Pariser alle miteinander zu beschuldigen, sie wollten alle Reichen umbringen. Die Kommune wagte es nicht, den Krawall zu billigen, und selbst Marat mußte seine Worte verleugnen und behauptete, die Royalisten hätten ihn geschürt. Und Robespierre verfehlte nicht, das Gold der ausländischen Feinde für ihn verantwortlich zu machen.

Und doch tat der Krawall seine Wirkung. Der Konvent erhöhte die Summe, die er der Kommune vorstreckte, um den Preis des Brotes auf drei Sous für das Pfund zu halten, von 4 auf 7 Millionen, und der Prokurator der Kommune, Chaumette, setzte vor dem Konvent den Gedanken auseinander, der später in das Gesetz über das Maximum eingeführt wurde: daß es sich nicht einzig und allein darum handelte, das Brot zu einem erschwinglichen Preis zu bekommen. Es war auch nötig, sagte er, „daß die Lebensbedürfnisse zweiten Ranges" für das Volk erreichbar seien. Es existiert kein „gerechtes Verhältnis mehr zwischen dem Tagelohn des Arbeiters und diesen Lebensbedürfnissen zweiten Ranges". „Der Arme hat soviel wie der Reiche und mehr wie der Reiche für die Revolution getan. Alles hat sich für den Reichen gewandelt, er allein (der Arme) ist in derselben Lage geblieben, und die Revolution hat ihm nichts gebracht als das Recht, sich über sein Elend zu beklagen."

Diese Bewegung vom Ende Februar in Paris trug sehr viel zum Sturz der Gironde bei. Während Robespierre noch hoffte, die Girondisten auf gesetzlichem Wege im Konvent in Schach halten zu können, begriffen die Enragés, daß es keinen tatsächlichen wirtschaftlichen Fortschritt geben konnte, solange die Gironde in der Nationalversammlung herrschte; sie wagten laut zu sagen, daß die Aristokratie des Geldes, der Großkaufleute, der Finanzmänner sich auf den Ruinen der Adelsaristokratie erhob und daß diese neue Aristokratie im Konvent so stark war, daß die Könige es nicht gewagt hätten, Frankreich anzugreifen, wenn sie nicht auf ihren Beistand gerechnet hätten. Es ist sogar sehr wahrscheinlich, daß von da an Robespierre und seine getreuen Jakobiner sich sagten, man müsse die Enragés benutzen, um die Gironde zu vernichten, wobei man später, je nach der Wendung, die die Dinge nahmen, immer noch sehen konnte, wo man mit ihnen gehen oder sie bekämpfen sollte.

Sicher mußten Gedanken wie diese von Chaumette geäußerten den Geist des Volkes in allen großen Städten beschäftigen. In der Tat hatte der Arme alles für die Revolution getan, und während die Bürger sich bereicherten, hatte er allein nichts davon. Selbst da, wo es keine Volksbewegungen gab, die denen in Paris und Lyon ähnlich gewesen wären, mußten die Armen dieselbe Betrachtung anstellen. Und überall mußten sie sehen, daß die Girondisten das Element der Sammlung für alle waren, die um jeden Preis verhindern wollten, daß die Revolution den Armen zugute kam.

In Lyon zeigte der Kampf genau dieselbe Form. In dieser großen Manufakturstadt, in der die Arbeiter von einer Luxusindustrie lebten, muß ein schreckliches Elend geherrscht haben. Es fehlte an Arbeit, und das Brot wurde zu Hungersnotpreisen, zu sechs Sous das Pfund, verkauft.

Zwei Parteien waren in Lyon wie überall vorhanden: die Volkspartei, die von Laussel und hauptsächlich von Chalier vertreten wurde, und die Partei der Bourgeoisie, der „Commerçantistes", die sich um die Girondisten gesammelt hatte, aber nur den günstigsten Augenblick abwartete, um zu den Feuillants überzugehen. Der Maire, Nivière-Chol, ein Girondist, war der Mann der Bürgerpartei. Viele reaktionäre Priester hielten sich in der Stadt verborgen, deren Bevölkerung immer einen Hang zum Mystizismus gehabt hat, und die Agenten der Emigranten kamen in großer Zahl hin. Lyon war ein Sammelpunkt für die Verschwörer, die von Jalès (siehe 31. Kapitel), Avignon, Chambéry und Turin kamen.

Gegen sie hatte das Volk nur die Kommune, deren zwei populärsten Männer Chalier, ein früherer Priester, der jetzt ein mystischer Kommunist war, und ein anderer früherer Priester, Laussel, waren. Die Armen beteten Chalier an, der nicht müde wurde, gegen die Reichen zu wettern.

Die Ereignisse, die in Lyon in den ersten Tagen des März vor sich gingen, sind in ihren inneren Zusammenhängen nicht recht bekannt. Man weiß nur, daß die Arbeitslosigkeit und das Elend schrecklich waren und daß unter den Arbeitern eine starke Gärung herrschte. Diese verlangten festgesetzte Preise für das Getreide und ebenso für die Lebensmittel, die Chaumette „Lebensmittel zweiten Ranges“ genannt hatte (Wein, Holz, Öl, Seife, Kaffee, Zucker usw.). Sie verlangten das Verbot des Handels mit Geld und wollten einen Tarif für die Gehälter. Man sprach auch davon, die wucherischen Aufkäufer zu ermorden oder zu guillotinieren, und die Kommune von Lyon (die sich dabei wahrscheinlich auf das Dekret der Gesetzgebenden Versammlung vom 29. August 1792 stützte) ordnete Haussuchungen ähnlich denen an, die am 29. August in Paris stattgefunden hatten, um sich der zahlreichen royalistischen Verschwörer, die in Lyon wohnten, zu bemächtigen. Aber die vereinigten Royalisten und Girondisten sammelten sich um den Maire Nivière-Chol, es gelang ihnen, sich der Gemeindeverwaltung zu bemächtigen, und sie machten Miene, gegen das Volk mit größter Härte vorzugehen. Der Konvent mußte einschreiten, um die Gegenrevolutionäre an der Ermordung der Patrioten zu hindern, und schickte drei Kommissäre nach Lyon. Nunmehr stützten sich die Revolutionäre auf diese Kommissäre und erlangten wieder die Macht in den Sektionen, in die die Reaktionäre eingedrungen waren. Der girondistische Maire wurde genötigt zurückzutreten, und am 9. März wurde ein Freund Chaliers an Stelle von Nivière-Chol gewählt.

Der Kampf war damit noch nicht zu Ende, und wir werden später sehen, wie das Volk und die Patrioten, nachdem die Girondisten ihren Einfluß wiedergewonnen hatten, Ende Mai niedergemetzelt wurden. Für den

Augenblick genügt uns, zu erwähnen, daß in Lyon wie in Paris die Girondisten das Element der Sammlung nicht bloß für die waren, die sich der Volksrevolution widersetzten, sondern auch für alle die – Royalisten und Feuillants –, die nichts von der Republik wissen wollten.

Die Notwendigkeit, der politischen Macht der Gironde ein Ende zu machen, trat also immer deutlicher hervor, und nunmehr kam noch der Verrat Dumouriez' dazu und gab der Bergpartei einen neuen Anstoß.

44. Der Krieg – Die Vendée – Der Verrat Dumouriez'

Im Anfang des Jahres 1793 war es um den Krieg schlecht bestellt. Die Erfolge des vorigen Herbstes hatten sich nicht halten lassen. Um zur Offensive übergehen zu können, bedurfte es starker Anwerbungen, und diese hatten fast keinen Erfolg mehr. Man schätzte im Februar 1793, daß zum mindesten 300 000 Mann nötig waren, um die Lücken in der Armee auszufüllen und sie wieder zum Effektivbestand von einer halben Million zu bringen. Aber man konnte nicht mehr auf die Freiwilligen rechnen. Einige Departements (der Var, die Gironde) schickten wohl ihre Bataillone – beinahe ganze Armeekorps –, aber die anderen taten nichts.

Nun sah sich am 24. Februar der Konvent genötigt, eine obligatorische Aushebung von 300 000 Mann anzuordnen, die auf alle Departements und in jedem Departement auf die Distrikte und Gemeinden zu verteilen waren. Diese sollten zuerst Freiwillige aufrufen, aber wenn dieser Aufruf nicht die genügende Zahl Rekruten ergäbe, sollte die Gemeinde die übrigen auf die Weise, die sie selbst für die zweckmäßigste hielt, ausheben, das heißt durchs Los oder durch persönliche Einberufung, wobei es aber immer noch möglich war, einen Ersatzmann zu stellen. Um zum Dienst Lust zu machen, versprach der Konvent nicht nur Pensionen, sondern er gab auch den Pensionären die Möglichkeit, Nationalgüter zu kaufen, indem sie jedes Jahr von ihrer Pension ein Zehntel des Gesamtpreises des gekauften Gutes zu bezahlen hatten. Nationalgüter im Werte von 400 Millionen wurden zu diesem Zweck bestimmt.

Es fehlte jedoch an Geld, und Cambon, ein durchaus ehrlicher Mann, der der Finanzdiktator war, mußte eine neue Emission von 800 Millionen Assignaten veranstalten. Aber die besten geistlichen Güter, die Ländereien, waren schon verkauft, und die Güter der Emigranten waren schwer an den Mann zu bringen.

Man zögerte, sie zu kaufen, da man nicht sicher war, ob einem die gekauften Güter nicht eines Tags wieder weggenommen würden, wenn die Emigranten nach Frankreich zurückkehrten. Daher wurde es für den Staatsschatz Cambons immer schwieriger, für die stets wachsenden Bedürfnisse der Armeen aufzukommen.

Aber das war nicht die größte Schwierigkeit des Krieges. Sie bestand in den Generälen, die fast alle zur Gegenrevolution gehörten, und das System der Wahl der Offiziere, das der Konvent eben eingeführt hatte, konnte erst nach einiger Zeit höhere Befehlshaber schaffen. Für jetzt konnte man zu den Generälen kein Vertrauen haben, und in der Tat folgte dem Verrat Lafayettes bald der Verrat Dumouriez'.

Michelet hatte völlig recht, als er sagte, daß Dumouriez, als er Paris einige Tage nach der Hinrichtung Ludwigs XVI. verließ, um zur Armee zurückzukehren, schon den Verrat im Herzen hatte. Er hatte den Triumph des Berges gesehen, und er hatte einsehen müssen, daß die Hinrichtung des Königs ein neues Stadium bedeutete, in das die Revolution eingetreten war. Gegen die Revolutionäre empfand er nur Haß, und er mußte erkennen, daß sein Traum, Frankreich zur Verfassung von 1791 zurückzuführen und einen Orléans auf den Thron zu setzen, nur mit Hilfe der Österreicher verwirklicht werden konnte. Von da an muß der Verrat bei ihm beschlossene Sache gewesen sein.

In diesem Augenblick war Dumouriez in enger Verbindung mit den Girondisten und sogar intim mit Gensonné, mit dem er bis zum April in Briefwechsel blieb. Aber er brach darum nicht mit der Bergpartei, die ihm schon nicht mehr recht traute – Marat behandelte ihn unverhohlen als Verräter –, sich aber nicht stark genug fühlte, ihn anzugreifen. Man hatte die Siege von Valmy und Jemmapes so verherrlicht, die Hintergründe des Rückzugs der Preußen waren im allgemeinen so wenig bekannt, und die Soldaten – insbesondere die Linienregimenter – hingen mit solcher Verehrung an ihrem General, daß, wer ihn unter diesen Umständen angreifen wollte, Gefahr lief, es mit der Armee zu tun zu bekommen, die Dumouriez gegen Paris und die Revolution hätte marschieren lassen können. Man mußte also warten und wachsam sein.

Inzwischen war Frankreich in den Krieg mit England eingetreten. Sowie die Nachricht von der Hinrichtung Ludwigs XVI. in London eingetroffen war, hatte die englische Regierung dem Vertreter Frankreichs seine Pässe zugestellt und ihm befohlen, das Vereinigte Königreich zu verlassen. Aber selbstverständlich war die Hinrichtung des Königs nur ein Vorwand zu dem Bruch. Man weiß in der Tat durch Mercy, daß die englische Regierung nicht allzuviel Zärtlichkeit gegen die französischen Royalisten empfand und daß sie nie die Absicht hatte, sie durch ihren Beistand stark zu machen. England hielt einfach den Augenblick für günstig, die Rivalität Frankreichs zur See zu vernichten, ihm seine Kolonien und vielleicht sogar einen großen Hafen zu nehmen: es in jedem Fall für lange hin auf dem Meer zu schwächen. Und seine Regierung benutzte den Eindruck, den die Hinrichtung des Königs hervorbringen mußte, um es zum Krieg zu bringen.

Zum Unglück verstanden die französischen Politiker nicht, wie unvermeidlich vom englischen Standpunkt aus dieser Krieg war. Nicht nur die Girondisten – insbesondere Brissot, der sich etwas darauf zugute tat, England zu kennen –, sondern auch Danton hoffte immer, daß die Liberalen, die Whigs, von denen ein Teil für die Freiheitsgedanken begeistert war, Pitt stürzen und den Krieg verhindern würden. In Wirklichkeit war das ganze englische Volk bald einig, als es die Handelsvorteile begriff, die es von dem Krieg haben konnte. Man muß auch sagen, daß die englischen Diplomaten den Ehrgeiz der französischen Staatsmänner sehr geschickt auszunutzen verstanden. Dumouriez wiegten sie in den Glauben, er sei ihr Mann, er sei der einzige, mit dem sie verhandeln könnten: sie versprachen ihm ihre Unterstützung zur Wiedereinführung der konstitutionellen Monarchie. Und Danton ließen sie glauben, die Whigs könnten bald zur Macht zurückkehren, und dann würden sie mit dem republikanischen Frankreich Frieden schließen. Im allgemeinen manövrierten sie derart, daß es den Eindruck machte, das Unrecht wäre auf der Seite Frankreichs, als der Konvent am 1. Februar dem Vereinigten Königreich den Krieg erklärte.

Diese Kriegserklärung änderte die ganze militärische Lage. Es wurde unbedingt nötig, Holland in die Hand zu bekommen, um die Engländer zu hindern, dort zu landen. Eben das aber hatte Dumouriez – sei es, daß er sich nicht stark genug dazu fühlte, sei es aus bösem Willen – im Herbst trotz der dringenden Aufforderungen Dantons unterlassen. Er hatte im Dezember Winterquartiere in Belgien bezogen, was natürlich die Belgier gegen die französischen Eindringlinge aufbrachte. Lüttich war sein Generalquartier.

Bis zum heutigen Tag kennen wir noch nicht alle inneren Zusammenhänge von Dumouriez' Verrat. Aber es ist sehr wahrscheinlich, daß er, wie Michelet gesagt hat, zum Verrat schon entschlossen war, als er am 26. Januar zur Armee zurückkehrte. Der Feldzug gegen Holland vom Ende Februar, wo er Breda und Gertruydenberge eroberte, scheint schon ein mit den Österreichern abgekartetes Manöver gewesen zu sein. In jedem Fall war dieser Zug den Österreichern überaus dienlich. Am 1. März fielen sie in Belgien ein und eroberten Lüttich, dessen Bewohner vergebens von Dumouriez Waffen erbeten hatten. Die Lütticher Patrioten mußten fliehen, und die französische Armee war in völliger Verwirrung und Auflösung – die Generäle wollten einander nicht zu Hilfe kommen, und Dumouriez war fern vom Schuß in Holland. Die Österreicher konnten nicht besser bedient werden.

Man begreift, welchen Eindruck diese Nachricht in Paris machen mußte, um so mehr, als ihr andere ebenso düstere Nachrichten folgten. Am 3. März erfuhr man, daß eine gegenrevolutionäre Bewegung in der Bretagne losgehen sollte. Zur selben Zeit machten in Lyon die reaktionären Bataillone der „Bürgersöhne“, wie wir gesehen haben, einen Aufstand gegen die revolutionäre Kommune, während gleichzeitig die Emigranten, die sich in Turin versammelt hatten, die Grenze überschritten und mit der Unterstützung des Königs von Sardinien bewaffnet französischen Boden betraten. Am 10. März schließlich erhob sich die Vendée. Es war ganz offenbar, daß diese verschiedenen Bewegungen wie im Jahre 1792 Teile eines ausgedehnten, planmäßigen Vorgehens der Gegenrevolutionäre waren; und alle Welt argwöhnte in Paris, daß Dumouriez für die Gegenrevolution gewonnen und für sie tätig sei.

Danton, der im Augenblick in Belgien war, wurde eiligst zurückgerufen. Er langte am 8. März in Paris an, hielt eine seiner mächtigen Ansprachen, die die Herzen erschütterten, in denen er zur Eintracht und zum Patriotismus aufrief, und die Kommune pflanzte wieder die schwarze Fahne auf. Wiederum wurde das Vaterland in Gefahr erklärt.

Die Freiwilligen wurden in größter Eile eingestellt, und am 9. März abends wurde auf den Straßen ein Bürgermahl veranstaltet, an dem eine Menge Volk teilnahm; am nächsten Morgen sollten sie marschieren. Aber es war nicht mehr die jugendliche Begeisterung von 1792. Eine düstere Energie beseelte sie. Eine düstere Wut zehrte auch an den Herzen der Armen aus den Faubourgs, wenn sie auf die politischen Kämpfe blickten, die Frankreich zerrissen. – „Ein Aufstand in Paris tut not“, sollte Danton gesagt haben, und in der Tat schien einer vonnöten, um die Starrheit abzuschütteln, die das Volk und die Sektionen ergriffen hatte.

Um den wirklich furchtbaren Schwierigkeiten, die der Revolution in den Weg traten, zu begegnen, um die ungeheuren Ausgaben zu decken, die Frankreich infolge der Koalition der Gegenrevolutionäre von außen und innen zu tragen hatte, war es nötig, daß die Revolution die bürgerlichen Vermögen heranzog, die sich gerade durch die Revolution anzusammeln begannen.

Das aber wollten die Regierenden nicht zulassen, und zwar einerseits aus Prinzip, da man die Anhäufung großer Privatvermögen als das Mittel ansah, die Nation reich zu machen, andererseits, das muß anerkannt werden, wegen der Befürchtungen, die ihnen eine mehr oder weniger allgemeine Erhebung der Armen gegen die Reichen in den großen Städten einflößen mußte. Die Septembertage – insbesondere die Vorgänge vom 4. und 5. September im Châtelet und der Salpêtrière – waren noch frisch im Gedächtnis. Wohin sollte es kommen, wenn eine Klasse – alle Armen – sich gegen eine andere Klasse, gegen alle Reichen, gegen alle Wohlhabenden, erhöbe. Das wäre der Bürgerkrieg in jeder einzelnen Stadt. Und das zu einer Zeit, wo die Vendée und die Bretagne im Nordwesten, von England, von den Emigranten in Jersey, dem Papst und allen Priestern unterstützt, im Aufruhr waren und wo im Norden die Österreicher und die Armee Dumouriez' standen und diese bereit war, ihrem General zu folgen und auf Paris und gegen das Volk zu marschieren.

Daher bemühten sich die Parteiführer des Bergs und der Kommune, die Panik zunächst zu beruhigen, indem sie glauben ließen, daß sie Dumouriez als Republikaner betrachteten, dem man sich anvertrauen konnte. Robespierre, Danton und Marat bildeten eine Art Triumvirat der Meinungsübereinstimmung und sprachen in diesem Sinne, wobei die Kommune sie nach Kräften unterstützte. Alle arbeiteten zugleich daran, den Mut wiederherzustellen, die Geister zu entflammen, um imstande zu sein, die Invasion zurückzutreiben, die sich jetzt noch ernster ankündigte, als sie im Jahre 1792 gewesen war. Alle – mit Ausnahme der Gironde, die nur eines sah, das man vernichten und vertilgen mußte: „die Anarchisten".

Am 10. März morgens machte man sich in Paris auf eine Wiederholung der Septembertage, auf neue Mordtaten gefaßt. Aber der Zorn des Volkes wurde gegen die Journalisten, die Freunde Dumouriez' waren, abgelenkt, und eine Bande drang in die bedeutendsten girondistischen Druckereien, die von Gorsas und Fiévée, ein und zertrümmerte die Pressen.

Im Grunde wollte das Volk, das von Varlet, Jacques Roux, dem Amerikaner Fournier und anderen Enragés angespornt wurde, die Säuberung des Konvents. Aber an die Stelle dieser Forderung hatte man in den Sektionen das banale Verlangen nach einem Revolutionstribunal gesetzt. Pache und Chaumette vertraten diese Forderung am 9. März vor dem Konvent, und jetzt beantragte Cambacérès, der künftige „Großrat" des Kaisertums, der Konvent sollte die landläufigen Ideen über die Teilung der Gewalten – der Gesetzgebung und der Justiz – aufgeben, die Justiz in die eigene Hand nehmen und ein Sondergericht zur Aburteilung der Verräter einsetzen.

Robert Lindet, ein Advokat aus der alten monarchistischen Schule, schlug daraufhin ein Tribunal vor, dessen Richter der Konvent ernennen sollte; von ihnen sollten die gerichtet werden, die der Konvent ihnen vorführte. Er wollte keine Geschworenen, und erst nach langen Debatten wurde beschlossen, den fünf vom Konvent ernannten Richtern zwölf Geschworene und sechs Beisitzer beizugeben, die aus Paris und den benachbarten Departements genommen und ebenfalls für jeden Monat vom Konvent ernannt werden sollten.

An Stelle also von Maßregeln zum Kampf gegen die Börsenspekulation, zur Festsetzung von Lebensmittelpreisen, die das Volk erschwingen konnte, anstatt einer Säuberung des Konvents von den Mitgliedern, die sich allen revolutionären Maßnahmen widersetzten, anstatt der militärischen Schritte, die der schon fast feststehende Verrat Dumouriez' notwendig gemacht hatte, erlangte die Bewegung vom 10. März lediglich ein Revolutionstribunal. An die Stelle des schöpferischen, aufbauenden Geistes der Volksrevolution, der auf der Suche nach Mitteln und Wegen war, setzte man den Polizeigeist, der den anderen bald ersticken sollte.

Nachdem er das vollbracht hatte, wollte der Konvent auseinandergehen, als Danton sich der Tribüne bemächtigte und die Volksvertreter in dem Augenblick, wo sie schon den Saal verlassen wollten, noch festhielt, um ihnen ins Gedächtnis zu rufen, daß der Feind an der Grenze stand und daß dort noch nichts geschehen war.

Eben an diesem Tage traten die Bauern in der Vendée, hinter denen die Priester standen, in den allgemeinen Aufstand und fingen mit der Ermordung der Republikaner an. Die Erhebung war von langer Hand, hauptsächlich von den Geistlichen auf Anstiften der römischen Kurie, vorbereitet worden. Sie hatte schon im August 1792 angefangen, als die Preußen französischen Boden betreten hatten. Seitdem war Angers der politische Herd der reaktionären Priester geworden, und die Schwestern des Ordens la Sagesse und andere dienten den Priestern als Emissärinnen, verbreiteten ihre Aufrufe zum Aufstand und erweckten den Fanatismus, indem sie angebliche Wundergeschichten kolportierten (Michelet, Buch X, Kapitel 5). Jetzt gab die Aushebung zum Kriege, die am 10. März öffentlich verkündet wurde, das Zeichen zur allgemeinen Erhebung. Bald wurde auf Vorschlag von Cathelineau, der ein bäuerlicher Maurer und der Sakristan seines Kirchspiels war und sich zu einem der kühnsten Bandenführer aufgeschwungen hatte, ein leitendes Komitee, das die Priester beherrschten, eingesetzt und der Priester Bernier zum Vorstand gewählt.

Am 10. März ertönte die Sturmglocke in mehreren hundert Kirchspielen, und fast 100 000 Männer verließen ihre Arbeit, um auf die Republikaner und die konstitutionellen Geistlichen Jagd zu machen. Es war eine richtige Jagd, und es war ein Hornist dabei, der das Halali und andere Jagdrufe blies, sagte Michelet; es war ein regelrechtes Abschlachten, und man ließ die Gemarterten schreckliche Qualen ausstehen, tötete sie stückweise und schob den erlösenden Todesstreich absichtlich auf, oder man überließ die Gefolterten den Scheren der Weiber und den schwachen Händen der Kinder, die ihre Qualen verlängerten. Und all das unter der Führung der Priester und in Begleitung von Wundern, die die Bauern aufreizten, auch die Frauen der Republikaner umzubringen. Die Adeligen mit ihren royalistischen Amazonen kamen erst später. Und als diese „ehrbaren Leute" sich entschlossen, ein Tribunal zu ernennen, das den Republikanern den Garaus machen sollte, ließ dieses in sechs Wochen fünfhundertzweiundvierzig Patrioten hinrichten.

Zum Widerstand gegen diese wilde Waffenerhebung hatte die Republik nur 2000 Mann, die in der ganzen niederen Vendée, von Nantes bis La Rochelle, verstreut waren. Erst Ende Mai langten die ersten organisierten Streitkräfte der Republik an Ort und Stelle an. Solange konnte der Konvent dem Aufstand nur Dekrete entgegensetzen: Todesstrafe und Konfiskation der Güter wurden den Adeligen und Priestern angedroht, die nach acht Tagen die Vendée nicht verlassen hätten. Aber wer hatte die Macht, die nötig war, um diese Dekrete zur Ausführung zu bringen?

Nicht besser stand es im Osten, wo die Armee Custines in Rückzugsgefechten begriffen war, und in Belgien begann Dumouriez schon am 12. März die offene Rebellion gegen den Konvent. Er sandte von Löwen aus einen Brief an ihn (den er sich beeilte zu veröffentlichen), worin er Frankreich vorwarf, es habe ein

Verbrechen damit begangen, Belgien zu annektieren, habe es durch die Einführung des Verkaufs der Nationalgüter und der Assignaten zugrunde richten wollen usw. Sechs Tage später griff er bei Neerwinden die überlegenen Kräfte der Österreicher an, ließ sich von ihnen schlagen und trat am 22. März unter dem Beistand des Herzogs von Chartres und der orléanistischen Generäle in direkte Unterhandlungen mit dem österreichischen Obersten Mack. Die Verräter verpflichteten sich, Belgien ohne Kampf zu räumen und auf Paris zu marschieren, um dort die konstitutionelle Monarchie herzustellen. Wenn es not täte, sollten die Österreicher sie unterstützen, die als Garantie eine der Grenzfestungen, Condé, besetzten.

Danton hatte seinen Kopf aufs Spiel gesetzt und versucht, diesen Verrat zu verhindern. Es war ihm nicht gelungen, zwei Girondisten, Gensonné, den Freund Dumouriez', und Guadet, dazu zu bringen, mit ihm zu gehen, um zu versuchen, Dumouriez wieder für die Republik zu gewinnen, und er reiste am 16. März allein nach Belgien, auf die Gefahr hin, selbst des Verrats beschuldigt zu werden. Er fand Dumouriez hinter Neerwinden in vollem Rückzug und mußte einsehen, daß der Verräter schon den letzten Schritt getan hatte. In der Tat hatte er sich dem Obersten Mack gegenüber schon verpflichtet, Holland ohne Kampf zu räumen.

Paris wurde von Wut ergriffen, als man nach der Rückkehr Dantons, am 29. März, die Sicherheit bekam, daß Dumouriez den Verrat begangen hatte. Die einzige republikanische Armee, die die Invasion zurücktreiben konnte, marschierte vielleicht schon auf Paris, um hier das Königtum wiederherzustellen. Jetzt riß das Aufstandskomitee, das sich seit einigen Tagen im bischöflichen Palast unter der Leitung der Enragés versammelte, die Kommune mit fort. Die Sektionen bewaffneten sich und bemächtigten sich der Geschütze; sie wären wahrscheinlich gegen den Konvent gezogen, wenn es nicht anderen Ratschlägen gelungen wäre, die Panik zu verhindern. Am 3. April erhielt man die endgültige Botschaft von Dumouriez' Verrat. Er hatte die Kommissäre, die der Konvent ihm geschickt hatte, festgenommen. Aber seine Armee folgte ihm nicht. Das Dekret des Konvents, das Dumouriez außerhalb des Gesetzes stellte und die Verhaftung des Herzogs von Chartres befahl, drang zu den Regimentern durch. Weder dem General noch dem Herzog von Chartres gelang es, die Soldaten auf ihre Seite zu bekommen, und Dumouriez mußte, wie Lafayette, die Grenze überschreiten und sich zu den Österreichern flüchten.

Am Tage darauf erließen er und die Kaiserlichen zusammen eine Proklamation, in der der Herzog von Coburg den Franzosen ankündigte, er werde Frankreich seinen konstitutionellen König bringen.

Im Höhepunkt dieser Krise, als die Ungewißheit über die Haltung von Dumouriez' Armee die Sicherheit der Republik in Frage stellte, gingen die drei einflußreichsten Männer des Berges, Danton, Robespierre und Marat, im Einverständnis mit der Kommune (Pache, Hébert, Chaumette) völlig geschlossen vor, um die Panik und die traurigen Folgen, die sie hätte mit sich bringen müssen, zu verhindern.

Gleichzeitig beschloß der Konvent, um den Mangel an Einheit zu vermeiden, der bisher die Kriegsführung so schleppend gemacht hatte, außer der Gewalt der Gesetzgebung und der Justiz auch noch die ganze Exekutivgewalt in die Hand zu nehmen. Er schuf einen Wohlfahrtsausschuß, dem er sehr ausgedehnte, fast diktatorische Gewalt gab; das war eine Maßregel, die für die ganze weitere Entwicklung der Revolution von größter Bedeutung wurde.

Wir haben gesehen, daß die Gesetzgebende Versammlung nach dem 10. August unter dem Namen „Provisorischer Rat der Exekutive" ein Ministerium eingesetzt hatte, das alle Funktionen der Exekutivgewalt übernommen hatte. Überdies hatte der Konvent im Januar 1793 einen „Ausschuß für die allgemeine Verteidigung" geschaffen, und dieser Ausschuß hatte, da der Krieg im Augenblick die Hauptsache war, die Macht erlangt, den Rat der Exekutive zu überwachen, so daß er die wichtigste Verwaltungskörperschaft geworden war. Nunmehr setzte der Konvent, um der Regierung mehr Zusammenhang zu geben, einen Wohlfahrtsausschuß ein, den er wählte und der alle drei Monate erneuert werden sollte, und dieser sollte sowohl den Verteidigungsausschuß wie den Rat der Exekutive verdrängen. Im Grunde machte sich damit der Konvent selbst zum Ministerium, aber allmählich erlangte, wie zu erwarten war, der Wohlfahrtsausschuß die Herrschaft über den Konvent und riß in allen Zweigen der Verwaltung die Gewalt an sich, die er nur mit dem Sicherheitsausschuß, der die Polizeiangelegenheiten unter sich hatte, teilte.

In der Krise, die sich im April 1793 abspielte, wurde Danton, der bisher die aktivste Rolle im Krieg gespielt hatte, die Seele des Wohlfahrtsausschusses, und er behielt diesen Einfluß bis zum 10. Juli 1793, wo er zurücktrat.

Endlich beschloß der Konvent, der seit September 1792 mehrere seiner Mitglieder mit dem Titel „Volksvertreter in Mission" in die Departements und zu den Armeen entsandt und sie mit sehr weitgehenden Vollmachten ausgerüstet hatte, jetzt achtzig weitere auszusenden, um den Mut in der Provinz wiederzubeleben und zum Krieg zu begeistern. Und da die Girondisten sich im großen ganzen weigerten, dieses Amt auszuüben – keiner von ihnen ging zu den Armeen –, wählten sie gerne Mitglieder der Bergpartei für diese sehr schwierigen Missionen, vielleicht im Gedanken, sie hätten nach ihrer Abreise im Konvent freies Spiel.

Gewiß konnten diese Maßregeln der Reorganisation der Regierung verhindern, daß der Verrat Dumouriez' die unheilvolle Wirkung hatte, die er hätte haben können, wenn die Armee ihrem General gefolgt wäre. Für die französische Nation besaß die Revolution einen Reiz und eine Kraft, die kein General nach seinem Belieben zerstören konnte. Im Gegenteil, der Verrat hatte die Wirkung, daß der Krieg einen neuen Charakter annahm, daß er demokratisch, daß er zum Volkskrieg wurde. Aber kein Mensch zweifelte daran, daß Dumouriez allein niemals gewagt hätte, den Verrat zu unternehmen. Er mußte starke Unterstützung in Paris haben. Da war der Verrat zu Hause. „Der Konvent verrät", sagte in der Tat die Adresse des Jakobinerklubs, die von Marat, der an jenem Abend den Vorsitz hatte, unterzeichnet war.

Von nun an war der Sturz der Girondisten und die Entfernung ihrer Führer aus dem Konvent unvermeidlich geworden. Der Verrat Dumouriez' mußte zu dem Aufstand führen, der am 31. Mai ausbrach.

45. Die Ursachen des neuen Aufstandes

Der 31. Mai ist eines der großen Daten der Revolution, vielleicht ebenso bedeutungsvoll wie der 14. Juli und der 5. Oktober 1789, der 21. Juni 1791 und der 10. August 1792, aber vielleicht das tragischste von allen. An diesem Tag machte das Volk von Paris seine dritte Erhebung, seinen letzten Versuch, der Revolution einen wahrhaft volkstümlichen Charakter zu geben. Und um dazu zu gelangen, mußte es sich nicht gegen den König und den Hof, sondern gegen den Nationalkonvent wenden, um die Hauptvertreter der girondistischen Partei aus ihm zu entfernen.

Der 21. Juni, der Tag der Festnahme des Königs in Varennes, schließt eine Epoche ab; der Sturz der Girondisten am 31. Mai 1793 beschließt ebenfalls eine Epoche. Er wird zugleich das Urbild aller kommenden Revolutionen. In Zukunft wird keine Revolution mehr möglich sein, wenn sie nicht schließlich zu ihrem 31. Mai führt. Entweder hat künftig eine Revolution ihren Tag, wo die Proletarier sich von der revolutionären Bourgeoisie trennen, um dahin zu marschieren, wohin die Bürger ihnen nicht folgen können, ohne aufzuhören, Bourgeois zu sein; oder diese Trennung findet nicht statt, und dann kommt es überhaupt zu keiner Revolution.

Selbst noch heutzutage empfindet man die ganze Tragik der Lage, in der die Republikaner in diesem Zeitpunkt waren. Vor dem 31. Mai handelte es sich nicht mehr um einen meineidigen und verräterischen König. Jetzt mußte man alten Kampfgefährten den Krieg erklären. Denn sonst hätte die Reaktion schon im Juni 1793, zu einer Zeit, wo das Hauptwerk der Revolution – die Zerstörung des Feudalwesens und der Grundlagen des Königtums von Gottes Gnaden – noch kaum begonnen war, triumphiert. Entweder mußte man die girondistischen Republikaner, die bis dahin den Despotismus tapfer bekämpft hatten, aber jetzt dem Volke sagten: „Bis hierher und nicht weiter!“, proskribieren, oder man mußte das Volk zur Erhebung bringen, um sie zu entfernen, um für den Versuch, das begonnene Werk zu vollenden, über ihre Leichen zu schreiten.

Diese tragische Situation tritt in dem Pamphlet von Brissot, „An seine Wähler“, vom 26. Mai, von dem wir schon gesprochen haben, sehr deutlich zutage.

Man kann diese Seiten in der Tat nicht lesen, ohne zu empfinden, daß es um Leben und Tod ging. Brissot gefährdet seinen Kopf mit der Herausgabe dieses Pamphlets, in dem er mit größter Heftigkeit die Guillotine für die verlangt, die er die Anarchisten nennt. Nach dem Erscheinen dieser Schrift gab es nur noch zwei Wege: entweder ließen sich die „Anarchisten“ von den Girondisten guillotinieren, und dann war den Royalisten Tür und Tor geöffnet; oder die Girondisten mußten aus dem Konvent verjagt werden, und dann mußten sie zugrunde gehen.

Es ist klar, daß die Bergpartei sich nicht leichten Herzens dazu entschloß, den Aufruhr herbeizuführen, um den Konvent zu zwingen, die Hauptführer der Rechten aus seiner Mitte zu stoßen. Mehr als ein halbes Jahr lang hatten sie versucht, irgendwie zu einer Verständigung zu kommen. Danton insbesondere hatte sich große Mühe gegeben, ein gegenseitiges Einvernehmen zuwege zu bringen. Robespierre seinerseits beschäftigte sich damit, die Girondisten mit parlamentarischen Mitteln zu lähmen, ohne Gewaltmittel anzuwenden. Selbst Marat bezwang seinen Zorn, um den Bürgerkrieg zu vermeiden. Es gelang auf diese Weise, die Spaltung hinauszuschieben. Aber um welchen Preis! Die Revolution war ins Stocken gekommen. Es geschah nichts mehr zur Sicherung und Befestigung dessen, was schon errungen worden war. Man lebte in den Tag hinein. In den Provinzen hatte der alte Zustand der Dinge seine ganze Macht behauptet. Die privilegierten Klassen lauerten auf den Augenblick, die Vermögen und die Ämter wieder in die Hand zu bekommen, die königliche Gewalt und die Feudalrechte, die das Gesetz noch nicht für ungültig erklärt hatte, wiederherzustellen. Bei der ersten Niederlage der Armeen mußte das Ancien régime siegreich wiederkehren. Im Süden, dem Südwesten und Westen war die Masse noch immer den Priestern, dem Papst und durch sie dem Königtum ergeben. Allerdings waren eine große Menge Ländereien der Geistlichkeit und den früheren Adligen weggenommen worden und in die Hände des großen und kleinen Bürgertums sowie der Bauern übergegangen. Die Feudalgebühren wurden weder abgelöst noch bezahlt. Aber das alles war noch immer in der Schwebe und nicht sichergestellt. Und wenn das Volk morgen, vom Elend und vom Hunger erschöpft, des Krieges müde, in seine Hütten zurückkehrte und die Anhänger des alten Systems gewähren ließe, würde dieses nicht nach kurzer Zeit im Triumph zurückkehren?

Nach dem Verrat von Dumouriez war die Lage im Konvent völlig unhaltbar geworden. Die girondistische Partei fühlte, wie sehr sie durch diesen Verrat ihres Lieblingsgenerals in Mitleidenschaft gezogen war, und wurde darum nur noch wilder gegen die Bergpartei. Als man sie des Einverständnisses mit dem Verräter beschuldigte, wußte sie darauf keine andere Antwort zu geben, als daß sie verlangte, es sollte gegen Marat wegen der Adresse, die von den Jakobinern am 3. April auf die Nachricht von Dumouriez' Verrat hin beschlossen worden war und die er als Präsident unterzeichnet hatte, Anklage erhoben werden.

Die Girondisten benutzten den Umstand, daß viele Mitglieder des Konvents, und zwar meistens Angehörige der Bergpartei, gerade zu den Armeen und in die Departements entsandt waren, und verlangten so, der Konvent sollte die Anklage gegen Marat beschließen – was am 12. April geschah –, und dann, er sollte wegen Aufreizung zum Mord und zur Plünderung vor das Revolutionstribunal gestellt werden. Der Haftbefehl wurde am 13. April mit 220 gegen 92 Stimmen bei 367 Abstimmenden beschlossen, 7 Stimmen waren für Vertagung und 48 enthielten sich der Abstimmung.

Der Streich mißglückte jedoch. Das Volk der Arbeiterviertel liebte Marat zu sehr, als daß es ihn hätte verurteilen lassen. Die Armen wußten, daß Marat zum

Volke gehörte und es nie verraten würde. Und je mehr man heutzutage die Revolution studiert, um so mehr versteht man, was Marat getan und gesagt hat, um so mehr kommt man dahinter, wie unverdient der Ruf des finsteren Würgeengels ist, den ihm die Historiker, die Bewunderer der bürgerlichen Girondisten, verschafft haben. Fast immer, schon in den ersten Wochen von der Berufung der Generalstaaten an, und insbesondere in den kritischen Zeiten hatte Marat einen besseren und richtigeren Blick gehabt als die andern, selbst als die beiden andern großen Lenker der revolutionären öffentlichen Meinung – Danton und Robespierre.

Von dem Tage an, wo Marat sich in die Revolution geworfen hatte, gab er sich ihr ganz, und er lebte in Armut und war immer wieder gezwungen, sich in der Verborgenheit zu halten, während die andern zur Macht gelangten. Bis zu seinem Tode änderte er, trotz des Fiebers, das ihm zu schaffen machte, seine Lebensweise nicht. Seine Tür war immer den Leuten aus dem Volk geöffnet. Er war der Meinung, daß die Diktatur nötig wäre, damit die Revolution ihre Krisen überstehen könne, aber niemals suchte er die Diktatur für sich selbst.

So blutig auch seine Sprache gegen die Geschöpfe des Hofes war – hauptsächlich im Beginn der Revolution, wo er sagte, man müßte ein paar tausend Köpfe abschlagen, es sei ohne das nichts durchgesetzt, und der Hof würde sonst die Revolutionäre überwältigen –, so war er doch immer zur Schonung gegen die geneigt, die sich der Revolution hingegeben hatten, auch wenn sie nun ihrerseits ein Hindernis für den Weitergang der Bewegung geworden waren. Er merkte schon in den ersten Tagen, daß der Konvent mit einer starken girondistischen Partei in seiner Mitte nicht vorwärtskommen konnte; aber er suchte zunächst die gewaltsame Austreibung zu verhindern und befürwortete und organisierte sie erst, als er sah, daß man zwischen der Gironde und der Revolution wählen mußte. Es ist wahrscheinlich, daß das Schreckensregiment, wenn er noch am Leben gewesen wäre, nicht den grausamen Charakter bekommen hätte, den ihm die Männer vom Wohlfahrtsausschuß aufprägten. Man hätte sich des Schreckens nicht bedient, um einerseits die radikale Richtung, die Hébertisten, und andererseits die Versöhnlichen, wie Danton, zu vernichten.

So sehr das Volk Marat liebte, so verhaßt war er den Bourgeois des Konvents. Darum entschlossen sich die Girondisten, die gegen die Bergpartei losgehen wollten, mit ihm den Anfang zu machen; er würde weniger Verteidiger finden als die anderen.

Sowie Paris von dem Haftbefehl gegen Marat erfuhr, entstand eine starke Bewegung. Der Aufstand wäre am 14. April losgebrochen, wenn nicht die Mitglieder der Bergpartei, Robespierre und Marat selbst eingeschlossen, zur Ruhe gemahnt hätten. Marat, der sich nicht gleich hatte verhaften lassen, erschien am 24. April vor dem Tribunal und wurde von den Geschworenen ohne weiteres freigesprochen. Dann wurde er auf den Schultern von Sansculotten im Triumph in den Konvent und von da in den Straßen herumgetragen.

So war der Schlag der Girondisten fehlgegangen, und sie merkten an diesem Tage, daß es um sie geschehen war. Es war für sie ein „Trauertag“, wie eine ihrer Zeitungen schrieb. Brissot veröffentlichte jetzt sein letztes Pamphlet „An seine Wähler“, in dem er sein Bestes tat, um die Leidenschaft des wohlhabenden Bürgertums, der Unternehmer, gegen „die Anarchisten“ zu erwecken.

Unter diesen Umständen verlor der Konvent, dessen Sitzungen mit wütenden Ausfällen der beiden Parteien gegeneinander angefüllt waren, die Achtung des Volkes; und es war natürlich, daß die Kommune von Paris die Initiative zu revolutionären Maßnahmen ergriff.

Je weiter der Winter 1793 vorgeschritten war, um so größere Dimensionen hatte die Hungersnot in den großen Städten angenommen. Es wurde den Stadtverwaltungen furchtbar schwer, sich das nötige Brot zu verschaffen, und wäre es nur ein Pfund, ein Viertelpfund, vier Unzen täglich auf den Kopf jedes Einwohners. Um es sich zu verschaffen, mußten sich die Stadtverwaltungen, und insbesondere die von Paris, in immer steigendem Maße in Schulden stürzen.

Nunmehr beschloß die Kommune von Paris, eine progressive Einkommensteuer von zwölf Millionen Livres für die Kriegskosten von den Reichen zu erheben. Ein Einkommen von fünfzehnhundert Livres für jeden Familienvorstand und von tausend Livres für jedes andere Familienmitglied wurde als „die Notdurft“ betrachtet und demnach von der Steuer befreit. Alles, was über dieses Einkommen hinausging, wurde als „überflüssig“ behandelt und trug eine progressive Steuer: dreißig Livres auf ein Überflüssiges von zweitausend Livres; fünfzig Livres auf ein Überflüssiges von zweitausend bis dreitausend Livres, und so fort, bis zu zwanzigtausend Livres, die von einem Überflüssigen von fünfzigtausend Livres genommen wurden.

In der Kriegszeit, die Frankreich durchmachte, mitten in einer Revolution und einer Hungersnot, war das noch sehr bescheiden. Nur für die großen Vermögen war es eine empfindliche Steuer, während eine Familie mit sechs Köpfen und einem Einkommen von zehntausend Livres von dieser außerordentlichen Abgabe nur hundert Livres zu zahlen hatte. Aber die Reichen erhoben ein großes Geschrei, während der Vater dieser Steuer, Chaumette, gegen den die Girondisten nach Marat am wütendsten aufgebracht waren, sehr richtig sagte: „Nichts wird imstande sein, mich umzustimmen, und selbst, wenn ich den Hals unterm Beile habe, werde ich noch rufen: *„Der Arme hat seine Schuldigkeit getan; es wird Zeit, daß der Reiche sie jetzt tue.“* Ich werde rufen: Die Egoisten, die jungen Nichtstuer, müssen Nutzen bringen, auch wenn sie nicht wollen; sie müssen dem nützlichen und achtbaren Arbeiter Ruhe verschaffen.“

Die Gironde verdoppelte ihren Haß gegen die Kommune, die den Gedanken dieser Steuer gehabt hatte. Aber man kann sich vorstellen, welche Wut im ganzen Bürgertum losbrach, als Cambon im Konvent eine Zwangsanleihe von einer Milliarde, die in ganz Frankreich von den Reichen erhoben und ungefähr nach denselben Prinzipien verteilt werden sollte wie die Steuer der Kommune, beantragte und am 20. Mai mit Hilfe der Tribüne durchsetzte. Die Rückzahlung sollte durch den Verkauf der Emigrantengüter ermöglicht werden und nach Maßgabe dieses Verkaufs erfolgen. Unter den schwierigen Umständen, in denen sich die Republik befand, gab es keinen andern gangbaren Weg als eine Steuer dieser Art; aber die Verteidiger des Eigentums wären am liebsten im Konvent über die Leute des Bergs hergefallen, als diese das Projekt der Zwangsanleihe verfochten. Man wurde fast handgreiflich.

Wenn es noch der Beweise bedurft hätte, daß es nicht möglich war, solange die Girondisten im Konvent blieben und die beiden großen Parteien fortgesetzt einander lähmten, etwas zur Rettung der Revolution zu tun, dann hätten diese Debatten über die Anleihe den glänzendsten Beweis geliefert.

Am meisten aber brachte es das Volk von Paris außer sich, daß die Girondisten, um die Revolution, deren heißester Herd bis jetzt immer Paris gewesen war, zum Stillstand zu bringen, alles mögliche taten, um die Departements zur Empörung gegen die Hauptstadt zu bringen; daß sie nicht einmal davor zurückschraken, zur Erreichung dieses Zwecks den Royalisten die Hand zu reichen. Lieber die königliche Gewalt als einen einzigen Schritt zur sozialen Republik. Lieber Paris im Blute ertränken, lieber die verfluchte Stadt vom Erdboden vertilgen, als zugeben, daß das Volk von Paris und seine Kommune zu einem Unternehmen schritt, von dem das bürgerliche Eigentum bedroht wurde. Thiers und das

Parlament von Bordeaux haben, wie man sieht, ihre Ahnen in den Vertretern des Bürgertums von 1793.

Am 19. Mai setzten es die Girondisten auf Antrag von Barère durch, daß eine Zwölferkommission zur Prüfung der von der Kommune gefaßten Beschlüsse gebildet wurde; und diese Kommission, deren Wahl am 21. erfolgte, wurde nun das Hauptwerkzeug, dessen sich die Regierung bediente. Zwei Tage später ließ sie Hébert, den Substituten des Kommuneprokurators, den das Volk wegen des offenen Republikanismus seines Blattes „Père Duchesne“ liebte, und Varlet verhaften, der der Liebling der Pariser Armen war und der heute ein „Anarchist“ hieße, denn für ihn war der Konvent nur eine „Gesetzbude“, und er predigte auf den Straßen die soziale Revolution. Aber es sollte bei diesen Verhaftungen nicht sein Bewenden haben. Die Zwölferkommission hatte auch die Absicht, gegen die Sektionen vorzugehen; sie verlangte, daß ihr die Protokollbücher der Sektionen ausgehändigt würden, und ließ den Präsidenten und den Sekretär der Sektion der Cité verhaften, die sich geweigert hatten, ihre Bücher auszuliefern.

Der Girondist Isnard, der in diesen Tagen der Präsident des Konvents war – ein Autoritärer, in dem schon Thiers vorspukte –, steigerte mit seinen Drohungen noch die Aufregung. Er drohte den Parisern: wenn sie einen Angriff auf die Nationalvertretung machten, würde Paris ausgetilgt werden. „An den Ufern der Seine könnte man die Stelle suchen, wo Paris gestanden hat.“ Diese törichten Drohungen, die nur zu sehr an die des Hofes aus dem Jahre 1791 erinnerten, brachten die Wut des Volkes zum äußersten. Am 26. kam es in fast allen Sektionen zu Tätlichkeiten. Der Aufstand war unvermeidlich, und Robespierre, der bis dahin zur Ruhe gemahnt hatte, sagte am 26. abends im Jakobinerklub, im Notfall wäre er bereit, sich allein gegen die Verschwörer und Verräter zu erheben, die im Konvent säßen.

Schon am 14. April hatten 35 von 38 Sektionen von Paris verlangt, der Konvent sollte zweiundzwanzig mit Namen bezeichnete girondistische Abgeordnete ausschließen. Jetzt erhoben sich die Sektionen, um den Konvent zu zwingen, diesem Wunsche des Volkes von Paris sich zu fügen.

46. Die Erhebung vom 31. Mai und 2. Juni

Noch einmal bereitete das Volk selbst, wie am 10. August, den Aufstand vor. Danton, Robespierre und Marat hatten in diesen Tagen häufige Beratungen; aber sie zögerten, und die Handelnden waren wiederum „Unbekannte“, die im bischöflichen Palast einen Aufstandsklub gründeten und dort zum Zweck des Aufstands eine Sechserkommission wählten.

Die Sektionen nahmen an den Vorbereitungen tätigen Anteil. Schon im März hatte sich die Sektion der Quatre Nations für aufständisch erklärt und ihren Überwachungsausschuß befugt, Haftbefehle gegen die Bürger zu erlassen, die wegen ihrer gegenrevolutionären Anschauungen verdächtig waren, und andere Sektionen (Mauconseil, Poissonière) hatten offen die Verhaftung der „brissotistischen“ Abgeordneten verlangt. Einen Monat darauf, am 8. und 9. April, hatten die Sektionen von Bonconseil und der Halle-aux-Blés nach Dumouriez' Verrat das Einschreiten gegen die Mitschuldigen des Generals gefordert, und am 14. April faßten, wie oben gesagt, fünfunddreißig Sektionen eine Liste von zweiundzwanzig Mitgliedern der Gironde ab, deren Austreibung aus dem Konvent sie verlangten. Schon Anfang April hatten die Sektionen den Versuch gemacht, sich ohne Rücksicht auf den vorhandenen Gemeinderat noch untereinander zusammenzuschließen, und am 2. April hatte die Sektion der Gravilliers, die immer vorausging, die Anregung zur Gründung eines „Zentralausschusses“ gegeben. Dieser Ausschuß trat nur zeitweilig in Aktion, aber als die Gefahr nahe war, begründete er sich (am 5. Mai) von neuem, und am 29. nahm er die Leitung der Bewegung in die Hand. Der Einfluß des Jakobinerklubs war von keiner großen Bedeutung. Sie gaben selbst zu, daß der Mittelpunkt des Vorgehens in den Sektionen ruhte. (Siehe z. B. Aulard, Jacobins. Bd. V, S. 209.)

Am 26. Mai belagerten ziemlich starke Volksansammlungen den Konvent. Bald drang ein Teil von ihnen in den Sitzungssaal ein und verlangte mit Unterstützung der Tribünen die Unterdrückung des Zwölferausschusses. Der Konvent widersetzte sich jedoch dem Ansinnen, und erst nach zwölf Uhr nachts war er mürbe geworden und gab endlich nach. Der Ausschuß wurde aufgelöst.

Dieses Zugeständnis war indessen nur vorübergehend. Schon am nächsten Tage, am 27., benutzten die Girondisten, denen die Ebene zur Seite stand, den Umstand, daß viele Mitglieder der Bergpartei in Mission abwesend waren, und stellten den Zwölferausschuß wieder her. Die Erhebung war also fehlgeschlagen.

Sie war daran gescheitert, daß zwischen den Revolutionären selber keine Einigkeit herrschte. Ein Teil der Sektionen, die unter dem Einfluß der sogenannten „Enragés“ standen, traten für ein Vorgehen ein, das den Schrecken in die Reihen der Gegenrevolutionäre getragen hätte. Sie wollten das Volk zur Erhebung bringen und mit seiner Hilfe die wichtigsten Girondisten umbringen. Es war sogar die Rede davon, in Paris die Aristokraten niederzumachen.

Dieser Plan aber stieß auf starken Widerstand. Die Nationalvertretung war ein Pfand, das dem Volk von Paris anvertraut war: wie konnte das Volk am Vertrauen Frankreichs Verrat üben? Danton, Robespierre und Marat leisteten entschlossenen Widerstand. Der Gemeinderat und der Maire Pache lehnten es ebenso wie der Departementsrat ab, diesen Plan anzunehmen, die Volksvereine unterstützten ihn auch nicht.

Und es war noch etwas zu beachten. Man mußte mit der Bourgeoisie rechnen, die zu der Zeit in Paris schon sehr stark war: die Bataillone ihrer Nationalgarden hätten den Aufstand zu Boden geschlagen, wenn es um die Verteidigung ihres Eigentums gegangen wäre. Man mußte ihnen dafür bürgen, daß man nicht daran rühren würde. Darum suchte bei den Jakobinern Hassenfratz, der erklärte, er hätte im Prinzip nichts gegen die Plünderung der „Bösewichte" – so nannte er die Reichen –, trotzdem zu verhindern, daß der Aufstand mit Plünderung verbunden wäre. „Es sind hier hundertsechzigtausend Menschen ansässig, die bewaffnet und imstande sind, die Diebe zurückzutreiben. Es ist klar, daß es eine *völlige Unmöglichkeit* ist, das Eigentum anzutasten", sagte Hassenfratz im Jakobinerklub; und er forderte alle Mitglieder dieser Gesellschaft auf, „sich feierlich zu verpflichten, lieber zu sterben, als einen Angriff auf das Eigentum zu dulden".

Der nämliche Schwur wurde in der Nacht zum 31. in der Kommune und selbst im bischöflichen Palast von den „Enragés" geleistet. Die Sektionen taten dasselbe.

Eine neue Klasse von bürgerlichen Besitzenden war in der Tat in diesem Zeitpunkt in Bildung begriffen – die Klasse, deren Zahl im Laufe des neunzehnten Jahrhunderts so außerordentlich gestiegen ist –, und die Revolutionäre sahen sich genötigt, sie zu schonen, um sie nicht gegen sich zu haben.

Am Tage vor einem Aufstande weiß man nie, ob die Masse des Volkes sich erheben wird oder nicht. Dieses Mal war auch noch zu fürchten, die extremen Elemente könnten sich dazu fortreißen lassen, die Girondisten im Konvent zu töten, wodurch Paris die Departements heftig gegen sich aufgebracht hätte. Drei Tage verstrichen so in Verhandlungen, bis darüber Einverständnis erzielt war, der Aufstand sollte von der Gesamtheit der revolutionären Kreise geleitet werden: dem Gemeinderat, dem Departementsrat und dem revolutionären Generalrat im bischöflichen Palast; es sollte keine Gewalttat gegen Personen begangen werden; das Eigentum sollte respektiert werden. Man wollte sich auf einen moralischen Zwang beschränken, auf eine Volkserhebung zum Zwecke des Druckes auf den Konvent, der gezwungen werden mußte, die Abgeordneten, die schuldig waren, dem Revolutionstribunal auszuliefern.

Diese Parole verkündete Marat, als er aus dem Konvent kam, am Abend des 30. im bischöflichen Palast und darauf in der Kommune. Um Mitternacht war er es, scheint es, der, ohne sich um das Gesetz zu kümmern, das jeden, der die Sturmglocke zog, mit der Todesstrafe bedrohte, als erster die Alarmglocke des Rathauses in Bewegung setzte.

Der Aufstand fing an. Abgesandte des bischöflichen Palastes, wo der Mittelpunkt der Bewegung war, setzten zuerst, wie es am 10. August geschehen war, den Maire und den Gemeinderat ab; aber sie setzten diesmal den Maire nicht in Arrest und ernannten keinen andern Gemeinderat, sondern setzten den einen und die andern wieder in ihr Amt ein, nachdem sie ihnen hatten schwören müssen, sich dem Aufstand anzuschließen. Ebenso machten sie es mit dem Departementsrat, und noch in der Nacht taten sich die Revolutionäre des Bischofspalastes, das Departement und die Kommune zu einem „revolutionären Generalrat" zusammen, der die Leitung der Bewegung übernahm.

Dieser Rat ernannte einen Kommandanten eines Bataillons der Nationalgarde (des Bataillons der Sektion der Sans-Culottes), Hanriot, zum Oberbefehlshaber der Nationalgarde. Die Sturmglocke läutete, der Generalmarsch wurde geschlagen.

An diesem Aufstand fällt einem indessen die Unentschiedenheit auf.

Selbst nachdem um ein Uhr mittags die Alarmkanone, die auf dem Pont-Neuf stand, zu donnern angefangen hatte, schienen die bewaffneten Sektionsmitglieder, die auf die Straße gestiegen waren, keinen festen Plan zu haben. Zwei Bataillone, die zu den Girondisten hielten, waren als erste zum Konvent geeilt, und stellten sich den Tuilerien gegenüber auf. Hanriot schloß mit den achtundvierzig Kanonen der Sektionen die Nationalversammlung ein.

Die Stunden verstrichen, aber noch immer war nichts geschehen. Ganz Paris war in Bewegung, aber die Volksmasse kam nicht und übte keinen Druck auf den Konvent aus, so daß der Girondist Vergniaud, der sah, daß der Aufstand nicht vom Flecke kam, die Resolution durchbrachte, die Sektionen hätten sich um das Vaterland verdient gemacht. Er hoffte wahrscheinlich, damit ihre Feindschaft gegen die Gironde abzuschwächen. Der Tag schien verloren, als am Abend neue Volksmassen anlangten und den Sitzungssaal des Konvents überfluteten. Jetzt fühlte sich die Bergpartei stark genug, und Robespierre verlangte nicht nur die Unterdrückung des Zwölferausschusses und die Erhebung der Anklage gegen seine Mitglieder, sondern noch weiter die Anklage gegen die Hauptführer der Girondisten, die man die zweiundzwanzig nannte und die nicht zu dem Ausschuß gehörten.

Dieser Antrag wurde jedoch nicht diskutiert. Alles, was der Konvent zu tun beschloß, war, den Zwölferausschuß von neuem aufzulösen und dafür zu sorgen, daß seine Papiere dem Wohlfahrtsausschuß überliefert wurden, der binnen drei Tagen über sie Bericht erstatten sollte. Außerdem billigte der Konvent einen Beschluß der Kommune, wonach die Arbeiter, die bis zur Wiederherstellung der öffentlichen Ruhe in Waffen blieben, täglich vierzig Sous erhalten sollten – worauf die Kommune den Reichen eine Steuer auferlegte, um imstande zu sein, den Lohn für drei Tage Aufstand sofort auszuzahlen. Man beschloß, die Tribünen des Konvents sollten dem Volk geöffnet sein, ohne daß man sich vorher Eintrittskarten verschaffen mußte.

All das war recht wenig. Die Gironde war geblieben, sie hatte immer noch die Mehrheit – der Aufstand war fehlgeschlagen. Das Volk von Paris sah auch ein, daß noch nichts erreicht war, und begann eine neue Erhebung für den übernächsten Tag, den 2. Juni, vorzubereiten.

Das revolutionäre Komitee, das aus dem Generalrat der Kommune hervorgegangen war, ordnete die Verhaftung Rolands und seiner Frau an (da er fortgereist war, wurde sie allein verhaftet) und verlangte vom Konvent ohne Umschweife, er sollte siebenundzwanzig seiner girondistischen Mitglieder verhaften lassen. Am Abend ertönte wieder die Sturmglocke, und man hörte in bestimmten Zeitabständen die Schüsse der Alarmkanone.

Nunmehr, am 2. Juni, erhob sich ganz Paris, um dieses Mal reinen Tisch zu machen. Mehr als hunderttausend Bewaffnete belagerten den Konvent. Sie hatten 163 Geschütze bei sich. Sie verlangten, die Girondisten sollten entweder zurücktreten oder, wenn das nicht geschähe, müßten zweiundzwanzig von ihnen – später siebenundzwanzig – vom Konvent ausgestoßen werden.

Die furchtbaren Nachrichten, die aus Lyon eintrafen, verstärkten die Volkserhebung. Man erfuhr, daß sich am 23. Mai das ausgehungerte Volk von Lyon erhoben hatte, daß aber die Gegenrevolutionäre – die Royalisten, die von den Girondisten unterstützt wurden – die Oberhand gewonnen und die Ordnung wiederhergestellt hatten: achthundert Patrioten waren dabei umgebracht worden!

Das war leider nur zu wahr, und der Anteil der Girondisten an der Gegenrevolution in Lyon stand unzweifelhaft fest. Diese Nachricht versetzte das Volk in Wut, sie sprach der Gironde das Urteil. Das Volk, das den Konvent belagerte, erklärte, es würde so lange, als der Ausschluß der Girondistenführer nicht so oder so erklärt worden wäre, niemanden herauslassen.

Man weiß, daß der Konvent – wenigstens die Rechte, die Ebene, und selbst ein Teil des Berges – daraufhin erklärte, seine Beratungen wären nicht mehr frei, und fortzugehen versuchte: sie hofften, das Volk hinters Licht führen und sich einen Weg durch die Menge bahnen zu können. Daraufhin zog Hanriot den Säbel und gab das berühmte Kommando: „Kanoniere, an eure Geschütze!"

Der Konvent, der sich drei Tage gewehrt hatte, war jetzt gezwungen, sich dem Willen des Volkes zu bequemen. Er beschloß den Ausschluß von einunddreißig girondistischen Mitgliedern. Daraufhin überreichte dann eine Deputation des Volkes dem Konvent den folgenden Brief:

„Das gesamte Volk des Departements Paris entsendet uns an Sie, Bürger, Gesetzgeber, um Ihnen zu sagen, daß der Beschluß, den Sie jetzt eben gefaßt haben, die Rettung der Republik bedeutet; wir kommen, um uns Ihnen in der Zahl derer, deren Verhaftung die Nationalversammlung angeordnet hat, als Geiseln anzubieten und damit ihren Departements für ihre Sicherheit zu bürgen."

Und Marat hielt am 3. Juni im Jakobinerklub eine Ansprache, in der er die Bedeutung der Bewegung, die eben vor sich gegangen war, zusammenfaßte und das Recht des Wohlstandes für alle proklamierte.

„Wir haben einen großen Anstoß gegeben", sagte er im Hinblick auf den Ausschluß der einunddreißig girondistischen Abgeordneten. „Die Aufgabe des Konvents ist es jetzt, die Grundlagen des öffentlichen Wohles zu sichern. Nichts leichter als dies: Sie müssen Ihr Glaubensbekenntnis aussprechen. *Wir wollen, daß alle die Bürger, die man als Sansculotten bezeichnet, in den Genuß des Glückes und des Wohlstandes kommen.* Wir wollen, daß dieser nützlichen Klasse von den

Reichen nach Maßgabe ihrer Kräfte geholfen wird. Wir wollen das Eigentum nicht antasten. *Aber welches Eigentum ist das geheiligteste? Das der Existenz! Wir wollen, daß man dieses Eigentum respektiere.*

Wir wollen, daß alle Menschen, die weniger als 100 000 Franken Vermögen haben, daran interessiert werden, unser Werk zu behaupten. Wir werden die schreien lassen, die mehr als 100 000 Franken Rente (offenbar soll es statt „Rente" „Vermögen" heißen) haben ... Wir wollen zu ihnen sagen: Gebet zu, daß wir die zahlreichsten sind, und wenn ihr uns nicht helfen wollt, jagen wir euch aus der Republik, nehmen euer Eigentum und verteilen es unter die Sansculotten."

Und er fügte den weiteren Gedanken hinzu, der bald zur Ausführung gebracht werden sollte:

„Jakobiner", sagte er, „ich habe Ihnen eine Wahrheit zu sagen: Sie kennen Ihre schlimmsten Feinde nicht; das sind die *konstitutionellen Priester*, sie schreien draußen auf dem Lande am meisten über die Anarchisten und die Unruhestifter, über den Dantonismus, den Robespierrismus, den Jakobinismus ... Schmeicheln Sie den Irrtümern des Volkes nicht mehr; hauen Sie die Wurzeln des Aberglaubens ab! Sagen Sie offen, daß die Priester Ihre Feinde sind."

In diesem Augenblick wollte Paris keineswegs den Tod der girondistischen Abgeordneten. Es wollte weiter nichts, als daß sie den revolutionären Konventsmitgliedern freie Bahn ließen, damit diese die Revolution fortführen konnten. Die verhafteten Abgeordneten wurden nicht ins Gefängnis gebracht: sie wurden in ihrer Wohnung bewacht. Man zahlte ihnen sogar die achtzehn Franken täglich weiter, die jedem Mitglied des Konvents bewilligt waren, und sie konnten in Begleitung eines Gendarmen, für dessen Verpflegung sie sorgen mußten, in Paris herumgehen.

Hätten sich diese Abgeordneten, getreu den Grundsätzen der antiken Bürgertugend, mit der sie sich so gern brüsteten, ins Privatleben zurückgezogen, so hätte man sie ohne Zweifel in Ruhe gelassen. Statt dessen aber beeilten sie sich, sich in die Departements zu begeben, um sie aufzuwiegeln. Sie sahen wohl: wenn sie die Departements gegen Paris zur Erhebung bringen wollten, mußten sie mit den Priestern und den Royalisten gegen die Revolution gemeinsame Sache machen; und sie verbündeten sich lieber mit den royalistischen Verrätern, als daß sie das Spiel verloren gaben. Sie gingen mit ihnen zusammen.

Dann, aber erst dann, im Juli 1793, stellte der gesäuberte Konvent diese Empörer außerhalb des Gesetzes.

47. Die Volksrevolution – Die Zwangssteuer

Wollte jemand daran zweifeln, daß es für die Revolution eine Notwendigkeit war, die Hauptführer der girondistischen Partei aus dem Konvent zu entfernen, dann brauchte er nur auf das Gesetzgebungswerk einen Blick zu werfen, das der Konvent sofort unternahm, nachdem die Opposition der Rechten gebrochen war.

Die Zwangsbesteuerung der Reichen zur Aufbringung der ungeheuren Kriegskosten, die Festsetzung des Maximalpreises für das Getreide, die Rückgabe der Ländereien, die den Gemeinden seit 1669 weggenommen worden waren, an die Gemeinden, die endgültige Abschaffung der Feudallasten, ohne daß sie abgelöst werden mußten, die Gesetze über die Erbfolge, die dazu bestimmt waren, die Vermögen in kleine Stücke zu schlagen und auszugleichen, die demokratische Verfassung von 1793 – all diese Maßregeln folgten einander sehr rasch, sowie die Parteien der Rechten durch die Vertreibung der girondistischen Führer geschwächt worden waren.

Diese Periode, die vom 31. Mai 1793 bis zum 27. Juli 1794 (9. Thermidor des Jahres II der Republik) dauerte, ist die wichtigste der ganzen Revolution. Die großen Veränderungen in den Beziehungen zwischen den Bürgern, deren Programm die Konstituierende Versammlung in der Nacht des 4. August 1789 skizziert hatte, wurden endlich vom gesäuberten Konvent, unter dem Druck der Volksrevolution, nach vier Jahren des Widerstands in Wirklichkeit umgesetzt. Und das Volk, wie man damals sagte, die Sansculotten, die Ohnehosen, haben nicht nur den Konvent zu dieser gesetzgeberischen Arbeit gezwungen, nachdem sie ihm durch den Aufstand vom 31. Mai die Möglichkeit dazu verschafft haben, sie sind es auch, die diese Maßnahmen mit Hilfe der Volksgesellschaften im Lande, an die sich die in die Provinzen entsandten Konventsmitglieder wandten, als es galt, die Exekutivgewalt an Ort und Stelle zu schaffen, zur Ausführung bringen.

Es herrschte in dieser ganzen Zeit die Hungersnot; und der Krieg, den die Republik gegen die Koalition des Königs von Preußen, des deutschen Kaisers, des Königs von Sardinien und des Königs von Spanien führen muß, die von

England vorwärtsgetrieben und mit Geld unterstützt wird, nimmt schreckliche Dimensionen an. Was dieser Krieg erfordert, ist unbeschreiblich; man kann sich kaum eine Vorstellung davon machen, selbst wenn man die Einzelheiten kennenlernt, die man in den Dokumenten der Zeit findet und die ein Bild von dem Geldmangel und dem Ruin geben, dem Frankreich durch die Invasion überliefert war. Unter diesen wahrhaft tragischen Umständen, wo es an allem fehlt – an Brot, Schuhen, Zugvieh, Eisen, Blei, Salpeter, und wo nichts, weder zu Land, durch die vierhunderttausend Mann hindurch, die die Verbündeten gegen Frankreich geworfen haben, noch zur See hereinkommen kann, da die englischen Schiffe die Küste blockieren – unter diesen tragischen Umständen schlagen sich die Sansculotten, um die Republik zu retten, die nahe am Untergang scheint.

Und dazu noch haben sie in dieser Zeit alle, die zum Absolutismus halten, alle, die früher privilegierte Stellungen innehatten, und alle, die hoffen, entweder diese Stellungen wiederzuerlangen oder sich unter der monarchischen Regierungsform, sowie sie wiederhergestellt wäre, neue zu schaffen – die Geistlichkeit, die Adligen, die durch die Revolution reich gewordenen Bürger – alle haben sich gegen sie verschworen. Die ihr treu geblieben sind, müssen den Kampf führen zwischen diesem Wall von Bajonetten und Kanonen, der sie umstarrt, und der Verschwörung im Innern, die ihnen in den Rücken zu fallen sucht.

Das sehen die Sansculotten und beeilen sich, dafür zu sorgen, daß die Reaktion, wenn sie die Oberhand gewinnen sollte, ein neues umgestaltetes Frankreich vorfinden soll: Bauern, die im Besitze des Landes sind, Stadtarbeiter, die an die Gleichheit und die Demokratie gewöhnt sind, einen Adel und eine Geistlichkeit, die der Vermögen beraubt sind, die ihre wahre Stärke ausgemacht hatten, und diese Vermögen schon in Tausenden von anderen Händen übergegangen, zerstückelt, ein ganz anderes Aussehen bietend, sozusagen nicht wiederzuerkennen und unmöglich wiederherzustellen.

Die wahre Geschichte dieser dreizehn Monate – Juni 1793 bis Juli 1794 – ist noch nie geschrieben worden. Die Dokumente, die eines Tages zu ihrer Abfassung dienen werden, liegen in den Provinzialarchiven, in den Berichten und Briefen der Konventsmitglieder, die in Mission unterwegs waren, in den Protokollen der Gemeindeverwaltungen, der Volksvereine usw. Sie sind noch nicht mit der Sorgfalt benutzt worden, die man auf die Akten über die Gesetzgebungsarbeit der Revolution verwandt hat, und man müßte sich sehr beeilen, da sie schnell verschwinden. Das wird ohne Frage die Arbeit eines Lebens erfordern, aber ohne diese Arbeit wird die Geschichte der Revolution unvollendet bleiben.

Die Historiker haben von diesem Zeitraum hauptsächlich den Krieg – und das Schreckensregiment erforscht. Das aber ist nicht die Hauptsache. Die Hauptsache ist das außerordentliche Werk der Zerschlagung des Grundeigentums, das Werk der Demokratisierung und der Entchristianisierung Frankreichs, das in diesen dreizehn Monaten vollbracht wurde. Von dieser ungeheuren Arbeit zu erzählen, von all den Kämpfen, die an allen einzelnen Orten, in jedem Dorf und in jedem Flecken Frankreichs daraus hervorgingen, das wird das Werk eines künftigen Geschichtsschreibers sein. Heute können wir nur einige Hauptzüge hervorheben.

Die erste wahrhaft revolutionäre Maßregel, die nach dem 31. Mai ergriffen wurde, war die „Zwangsanleihe bei den Reichen" zur Aufbringung der Kriegskosten. Der Staatsschatz befand sich, wie wir gesehen haben, in einer jammervollen Lage. Der Krieg verschlang furchtbare Summen. Der Kurs der Assignaten, die in großen Mengen ausgegeben waren, sank schon. Neue Steuern auf die Armen konnten nichts einbringen. Was blieb also übrig, als die Reichen zu besteuern? Und der Gedanke einer Zwangsanleihe von einer Milliarde, die den Reichen auferlegt werden sollte, ein Gedanke, der schon in den Anfängen der Revolution unter dem Ministerium Necker laut geworden war, faßte im französischen Volke Wurzel.

Wenn man heutzutage liest, was die Zeitgenossen, die Reaktionäre wie die Revolutionäre, vom Zustand Frankreichs sagten, kann man sich des Gedankens nicht erwehren, daß sich jeder Republikaner, gleichviel, wie er über das Eigentum dachte, in den Gedanken der Zwangsanleihe hätte finden müssen. Es gab keinen anderen Weg. Als diese Frage am 20. Mai aufgeworfen wurde, wurde die Steuer von Cambon, der ein Gemäßigter war, empfohlen; aber die Girondisten fielen über die Freunde der Anleihe mit unerhörter Heftigkeit her, und es kam durch sie im Konvent zu einem abscheulichen Auftritt.

Darum konnte man am 20. Mai nichts weiter tun, als den Gedanken einer Zwangsanleihe *im Prinzip* annehmen. Die Art der Ausführung mußte später erörtert werden – oder niemals, wenn es den Girondisten gelang, die Männer der Bergpartei zum „Tarpejischen Felsen" zu bringen.

Noch in der Nacht aber, die dem Ausschluß der girondistischen Führer folgte, beschloß die Kommune von Paris, daß das Dekret, das den Maximalpreis der Lebensmittel festsetzte, unverzüglich zur Ausführung kommen sollte, daß man sofort zur Bewaffnung der Bürger schreiten, daß die Zwangsanleihe erhoben werden sollte; und daß die revolutionäre Armee sofort organisiert werden sollte: alle waffenfähigen Bürger sollten ihr angehören, aber die ci-devant (das heißt die früheren Adligen, die „Aristokraten") sollten von den Kommandostellen ausgeschlossen sein.

Der Konvent beeilte sich, in diesem Sinne vorzugehen, und am 22. Juni 1793 verhandelte er den Bericht von Réal, der für die Zwangsanleihe die folgenden Grundsätze aufstellte. Das *notwendige* Einkommen (dreitausend Franken für einen Familienvater und fünfzehnhundert Franken für einen Junggesellen) ist von der Anleihe frei. Die *überschüssigen* Einkommen werden progressiv versteuert, bis zum Maximum, das für die Junggesellen zehntausend und für die Familienväter zwanzigtausend Franken beträgt. Geht das Einkommen über dieses Maximum hinaus, so wird es als *überflüssig* betrachtet und ganz und gar für die Anleihe eingezogen. Dieses Prinzip wurde angenommen, nur daß der Konvent in seinem Dekret vom nämlichen Tag das notwendige Einkommen auf sechstausend Franken für die Junggesellen und auf zehntausend für die Familienvorstände festsetzte.

Man bemerkte jedoch im August, daß die Anleihe bei diesen Ziffern noch nicht einmal zweihundert Millionen bringen würde (Stourm, S. 372), und am 3. September mußte der Konvent seinen Beschluß vom 22. Juni umändern. Er setzte das notwendige Einkommen auf tausend Franken für die Junggesellen und fünfzehnhundert Franken für die Verheirateten fest, wozu noch tausend Franken für jedes Familienmitglied kamen. Die überschüssigen Einkünfte wurden mit einer progressiven Steuer belegt, die von zehn bis fünfzig Prozent vom Einkommen stieg. Und die Einkommen über neuntausend Franken wurden in der Art besteuert, daß in keinem Fall mehr als viertausendfünfhundert Franken über das genannte notwendige Einkommen blieben, gleichviel wie hoch das Einkommen des Reichen war. Das bezog sich jedoch nicht auf eine dauernde *Steuer*, sondern auf eine *Zwangsanleihe*, die man einmal unter außerordentlichen Umständen aufnahm.

Hier trat nun aber etwas überaus Bemerkenswertes ein, was ein schlagendes Licht auf die Ohnmacht der Parlamente wirft. Gewiß hat es nie eine Regierung gegeben, die mehr Schrecken einflößte als der Konvent im Jahre II der Republik.

Und trotzdem wurde diesem Gesetz über die Zwangsanleihe nicht Folge geleistet. Die Reichen zahlten nicht. Die Anleihe verursachte riesige Kosten, aber wie sollte man sie von den Reichen erheben, die nicht zahlen wollten? Pfändung, Versteigerung? Aber das hätte einen ganzen Apparat erfordert, und es waren schon sowieso so viele Nationalgüter zum Verkauf ausgesetzt! In materieller Hinsicht war die Anleihe ein Mißerfolg. Aber es lag auch in der Absicht der Bergpartei, die Geister auf den Gedanken des *Ausgleichs der Vermögen* vorzubereiten und ihn einen Schritt weiterzuführen, und in dieser Hinsicht erreichten sie ihr Ziel.

Später, sogar nach der Reaktion des Thermidor, nahm das Direktorium ebenfalls, zu zweien Malen, seine Zuflucht zu diesem Mittel – 1795 und 1799. Der Gedanke des Überflüssigen und des Notwendigen hatte seinen Weg angetreten. Und man weiß, daß die progressive Steuer in dem Jahrhundert, das der Revolution folgte, das Programm der Demokratie wurde. Sie wurde sogar in mehreren Staaten zur Anwendung gebracht, aber in einem viel maßvolleren Maßstab, er war so maßvoll, daß nur noch der Name übriggeblieben war.

48. Die Gemeindeländereien – Was die Gesetzgebende Versammlung damit machte

Zwei große Fragen waren, wie wir gesehen haben, in dem bäuerlichen Frankreich wichtiger als alle anderen: die Wiedererlangung der Gemeindeländereien durch die Gemeinden und die endgültige Abschaffung der Feudallasten. Zwei außerordentlich bedeutungsvolle Fragen, die zwei Drittel Frankreichs leidenschaftlich erregten und deren Lösung in der Schwebe blieb, solange die Girondisten, die Verteidiger des Eigentums, den Konvent beherrschten.

Seit dem Anfang der Revolution, oder vielmehr seit 1788, als ein Hoffnungsschimmer in die Dörfer gedrungen war, hatten die Bauern gehofft und sogar versucht, wieder in den Besitz der Gemeindeländereien zu kommen, die sich die Adligen, die Geistlichkeit und die reichen Bürger unter Ausnutzung des Edikts von 1669 betrügerisch angeeignet hatten. Wo sie es konnten, nahmen sich die Bauern diese Ländereien, trotz der furchtbaren Repressalien, die sehr oft diesen Akten der Expropriation folgten.

Ehemals war das Land, das ganze Land – die Wiesen, die Wälder, die Brachländereien und ebenso der bestellte Boden – das Eigentum der Dorfmarkgenossenschaft gewesen. Die Feudalherren hatten die Gerichtsbarkeit über die Einwohner, und die meisten hatten auch das Recht, von den Einwohnern gewisse Leistungen, die in Arbeit oder in natura bestanden, zu erheben (gewöhnlich drei Arbeitstage und gewisse Zahlungen oder Gaben in natura); dafür mußten sie für die Verteidigung des Bodens gegen die Überfälle und Streifzüge, gleichviel ob von anderen Herren oder von Ausländern oder von Räubern der Gegend, bewaffnete Banden unterhalten.

Allmählich jedoch hatten sich die Herren mit Hilfe der Militärgewalt, die sie besaßen, der Geistlichkeit, die zu ihnen hielt, und der im römischen Recht bewanderten Juristen, die sie an ihren Höfen hielten, beträchtliche Mengen Ländereien zu persönlichem Eigentum angeeignet. Diese Aneignung ging sehr langsam vor sich, sie erforderte Jahrhunderte bis zu ihrer Vollendung – das ganze Mittelalter; aber gegen Ende des sechzehnten Jahrhunderts war es so weit. Sie besaßen schon weite Gebiete Ackerlandes und Wiesen.

Das jedoch genügte ihnen nicht.

Je mehr die Bevölkerung Westeuropas wuchs und je mehr der Boden an Wert gewann, um so mehr fingen die Herren, die die Pairs des Königs geworden und durch die ganze Autorität des Königs und der Kirche geschützt waren, an, nach den Ländereien, die im Besitz der Dorfgemeinden geblieben waren, lüstern zu sein! Im sechzehnten und siebzehnten Jahrhundert wurde es eine ganz gewöhnliche Sache, daß sie sich durch tausend Mittel und unter tausend Vorwänden, durch Gewalt oder gesetzlichen Betrug dieser Ländereien bemächtigten. Damals nun gab die Ordonnanz von 1669, die der „Sonnenkönig“ Ludwig XIV. erließ, den Herren eine neue gesetzliche Waffe zur Aneignung dieser Gemeindeländereien.

Diese Waffe war die Drittelung (le triage), die den Herren gestattete, sich ein Drittel des Gutes der Gemeinden anzueignen, die früher unter seiner Herrschaft gestanden hatten, und die Herren beeilten sich, sich dieses Edikt zunutze zu machen und die besten Ländereien, hauptsächlich die Wiesen, die die Dorfgemeinden als Viehweiden brauchten, an sich zu reißen.

Später, unter Ludwig XIV. und Ludwig XV., fuhren die Adligen, die Klöster, die Bischöfe usw. mit tausend Vorwänden fort, Gemeindeland an sich zu reißen. Wenn ein Kloster inmitten von Urwäldern gegründet worden war, hatten die

Bauern den Mönchen gern große Teile des Waldes abgetreten. Oder der Adlige hatte für eine ganz geringfügige Summe das Recht erlangt, sich auf den Ländern der Gemeinde, mitten in Weideland, das nicht beackert wurde, einen Pachthof zu bauen, und in der Folge beanspruchte er das Besitzrecht für sich. Man verschmähte es auch nicht, gefälschte Besitzurkunden herzustellen. Anderswo benutzte man die Einhegung, und in mehreren Provinzen erklärte sich der Grundherr, der einen Teil der Gemeindeländer mit einem Zaun umgeben hatte, als ihr Eigentümer und erlangte von den königlichen Behörden oder den Parlamenten das Eigentumsrecht über diese Einhegungen. Und da der Widerstand der Gemeinden gegen diese Aneignungen, sowie der Adlige Gönner am Hofe hatte, als Empörung behandelt wurde, ging die Plünderung der Gemeindeländer im großen und kleinen im ganzen Gebiet des Königtums immer weiter.

Aber seit die Bauern das Nahen der Revolution gemerkt hatten, fingen sie an zu fordern, daß die Aneignungen, wie sie seit 1669 entweder durch das Gesetz über die Drittelung oder auf andere Weise stattgefunden hatten, für ungesetzlich erklärt würden und daß die Ländereien, die den Dörfern unter diesem Vorwand genommen worden waren, und ebenso die Ländereien, die die Gemeinden auf Grund von tausend betrügerischen Mitteln an Privatleute hatten abtreten müssen, den Dorfgemeinden zurückgegeben würden. An manchen Orten hatten die Bauern von diesen Ländereien schon während der Erhebungen von 1789 bis 1792 wieder Besitz ergriffen. Aber morgen konnte die Reaktion zurückkehren, und dann würden ihnen die ci-devant diese Ländereien wieder abnehmen. Diese Wiedererlangung mußte also allgemein und gesetzlich gemacht werden: dem aber hatten sich nicht nur die Konstituierende und die Gesetzgebende Versammlung, sondern ebenso auch der Konvent, solange ihn die Girondisten beherrschten, aus allen Kräften widersetzt.

Es muß hier bemerkt werden, daß der Vorschlag, die Gemeindeländereien unter den Einwohnern der Gemeinde zu *teilen*, der oft von Dorfbürgern gemacht wurde, von der großen Masse der französischen Bauern in keiner Weise gebilligt wurde, ebensowenig wie ihn die russischen, bulgarischen, serbischen, arabischen, kabylischen, indischen und die anderen Bauern billigen, die bis zum heutigen Tage die Einrichtung des Gemeindeeigentums haben. Man weiß in der Tat, wenn sich in einem Lande mit Gemeindeeigentum Stimmen für die Teilung der Gemeindeländer erheben, daß sie dann immer von den wenigen dörflichen Bürgern ausgehen, die durch irgendeinen kleinen Handel reich geworden sind und hoffen, sich, wenn die Gemeindeländer erst geteilt sind, die kleinen Fetzen der Armen aneignen zu können. Die große Masse der Bauern aber will von der Teilung nie etwas wissen.

Eben diese Tatsache zeigte sich auch in Frankreich während der Revolution. Neben der Masse, die in einem schrecklichen, immer schlimmer werdenden Elend lebte, gab es, wie gesagt, auch den Bauernbourgeois, der auf die eine oder die andere Weise reich geworden war und dessen Forderung besonders leicht das Ohr der revolutionären Verwaltung traf, die durch ihren Ursprung, ihre Neigungen und die Art, in der sie die Dinge betrachtete, bürgerlich war.

Diese Bauernbürger waren mit der Masse der armen Bauern darin ganz einig, daß sie die Rückgabe der seit 1669 von den Herren weggenommenen Gemeindeländereien an die Gemeinden verlangten; aber sie waren *gegen* diese Masse, wenn sie die endgültige *Teilung* der Gemeindeländer begehrten.

Sie waren es um so mehr, als sich im Laufe der Jahrhunderte in allen Gemeinden, in den Dörfern ebenso wie in den Städten, ein Unterschied zwischen zwei Klassen von Einwohnern herausgebildet hatte. Es gab da die mehr oder weniger wohlhabenden Familien, die von den ersten Gründern der Gemeinde abstammten oder es wenigstens behaupteten. Diese nannten sich die „Bourgeois", im Elsaß die „Bürger", die „Citoyens", oder auch die „Geschlechter". Und dann gab es zweitens die, die sich später in der Gemeinde niedergelassen hatten und die man schlechtweg die Einwohner („habitants" oder „manants"), im Elsaß und der Schweiz die „Ansässigen" nannte.

Nur die erstgenannten hatten ein Recht auf die bestellten Gemeindeländereien und hatten allein teil am Weiderecht und an den anderen Gerechtigkeiten der Gemeinde, an den Wäldern und dem Holz, dem Ödland usw., während man den Ansässigen alles verweigerte. Kaum daß man ihnen gestattete, eine Ziege auf dem Ödland weiden zu lassen oder Holz und Kastanien zu lesen.

Die Dinge waren noch schlimmer geworden, seit die Nationalversammlung nicht nur für die politischen Rechte, sondern ebenso auch für die Wahlen zum Gemeinderat und für die Wahl seiner Beamten, der Richter usw. die unheilvolle Scheidung zwischen Aktiv- und Passivbürgern eingeführt hatte. Durch das Munizipalgesetz vom Dezember 1789 hatte die Konstituierende Versammlung die dörfliche Volksversammlung, die aus allen Familienvorständen der Gemeinde bestand (der russische Mir) und die sich bis dahin immer noch (wenn wir von den Einschränkungen absehen, die Turgot eingeführt hatte) unter der

Ulme oder im Schatten des Glockenturms versammelt hatte, abgeschafft und hatte dafür die erwählte Gemeindeversammlung eingeführt – erwählt nur von den Aktivbürgern.

Seitdem muß die Aneignung der Gemeindeländereien durch die reichgewordenen Bauern und die Bürgerlichen mit großer Schnelligkeit weitergegangen sein. Es war den Aktivbürgern leicht, sich untereinander wegen des Ankaufs des besten Gemeindelandes zu verständigen, wenn sie auch damit den Armen die Benutzung der Gemeindeländer entzogen, die ihnen vielleicht einzig und allein die Existenz ermöglichten. Das war ohne Frage der Fall in der Bretagne (vielleicht auch in der Vendée), wo die Bauern, wie man eben aus den Gesetzen von 1793 ersieht, ausgedehnte Gerechtigkeiten über weite Gebiete von Brachland, Heide, Weideland usw. besaßen – Rechte, die die Bourgeoisie der Dörfer ihnen streitig zu machen anfing, als der alte Brauch der Gemeindeversammlung durch das Gesetz vom Dezember 1789 abgeschafft worden war.

Unter dem Einfluß der Gesetze der Konstituierenden Versammlung verlangte das dörfliche Kleinbürgertum zwar also, daß man den Dörfern die unter dem Gesetz der Drittelung weggenommenen Länder zurückgab, aber zugleich, daß die Teilung der Gemeindeländereien angenommen wurde. Es war ohne Frage sicher, daß diese Teilung, wenn sie von der Nationalversammlung beschlossen worden wäre, zum Vorteil der wohlhabenden Bauern ausgeschlagen wäre. Die Armen, die Passivbürger, hätten das Nachsehen gehabt. Aber die Konstituierende und ebenso die Gesetzgebende Versammlung taten bis zum August 1792 nichts. Sie widersetzten sich jeder Lösung der Grund- und Bodenfrage, die den Grundherren hätte Schaden bringen können, und unternahmen nichts.

Nach dem 10. August 1792 jedoch, eben bevor die Gesetzgebende Versammlung auseinanderging, hielt sie es doch noch für nötig, etwas zu tun. Was sie aber tat, war zugunsten des Dorfbürgertums.

Als Mailhe ihr am 25. August 1792 eine sehr gut in die Einzelheiten ausgearbeitete Gesetzesvorlage vorschlug, wonach die Wirkungen der Ordonnanz von 1669 für hinfällig erklärt und die Herren gezwungen werden sollten, den Dorfgemeinden die Länder wiederzuerstatten, die ihnen seit zweihundert Jahren genommen worden waren, *wurde dieser Antrag nicht angenommen*. Dagegen hatte die Gesetzgebende Versammlung schon elf Tage vorher (am 14. August) auf den Antrag von François (von Neufchâteau) folgendes bestimmt: 1. Von diesem Jahre an unmittelbar nach der Ernte sollen *alle Ländereien und Nutzungen* der Gemeinde außer dem Holz (d. h. selbst das *Weideland*, das den Gemeinden gehörte und auf dem gewöhnlich *alle Einwohner* die Weidegerechtigkeit hatten) *unter den Bürgern jeder Gemeinde* geteilt werden; 2. diese Bürger sollen die Anteile, die ihnen zufallen, völlig als Eigentum genießen; 3. die Gemeindegüter, die unter den Namen sursis und vacants (Anger und Viehweide) bekannt sind, sollen in gleicher Weise unter den Einwohnern geteilt werden; und 4. soll zur Feststellung des Teilungsmodus der landwirtschaftliche Ausschuß binnen drei Tagen eine Gesetzesvorlage ausarbeiten. Im nämlichen Dekret schaffte die Gesetzgebende Versammlung die Gemeinbürgschaft bei den Zahlungen der von den Bauern geschuldeten Gefälle und Steuern ab.

Dieses Dekret war ein heimtückischer Stoß gegen das Gemeindeeigentum. Es ist so unbekümmert und so unglaublich unbestimmt zusammengestümpert, es scheint so maßlos, daß ich eine Zeitlang nicht glauben konnte, der Text dieses Dekrets, den Dalloz mitteilt, sei etwas anderes als ein unvollkommener Auszug, und daß ich also den vollständigen Text zu erlangen suchte. Aber es ist dies allerdings der genaue und vollständige Text dieses außerordentlichen Gesetzes, das mit einem Federstrich das Gemeindeeigentum in Frankreich abschaffte und alle die, die man „die Ansässigen" nannte, aller Rechte auf die Gemeindeländereien beraubte.

Wir begreifen die Wut, die dieses Dekret in Frankreich unter der armen Bevölkerung auf dem Lande hervorrufen mußte, vollkommen. Es wurde als eine Anordnung aufgefaßt, die Gemeindeländereien unter den Aktivbürgern, und zwar nur unter den „Bürgern" unter Ausschluß der „Ansässigen" und der Armen zu teilen. Es bedeutete die Beraubung zugunsten des Dorfbürgers. Dieses Dekret allein mit seinem Paragraphen 3 hätte genügt, um alle Bauern der Bretagne zur Erhebung zu bringen.

Schon am 8. September 1792 wurde in der Gesetzgebenden Versammlung ein Bericht verlesen, wonach die Ausführung dieses Dekrets in der Bevölkerung auf so viele Hindernisse stieß, daß es unmöglich war, es zur Anwendung zu bringen. Aber es wurde nichts in der Sache getan. *Die Gesetzgebende Versammlung ging auseinander, ohne es widerrufen zu haben.* Dies geschah erst im Oktober durch den Konvent.

Angesichts der Schwierigkeiten der Ausführung entschied der Konvent zunächst (Dekret vom 11./13. Oktober 1792), daß die urbaren Gemeindeländereien bis zum Augenblick der Teilung den Ortsgebräuchen gemäß wie in der Vergangenheit bestellt werden sollten; und die Bürger, die besagte Kulturen und Aussaaten gemacht hätten, sollten die Ernten, die die Früchte ihrer Arbeit wären, bekommen (Dalloz, IX. 186).

Solange die Girondisten im Konvent den Ausschlag gaben, war es nicht möglich, mehr zu erreichen. Es ist sehr wahrscheinlich, daß die Bauern wenigstens da, wo der Inhalt dieses Gegendekrets ihnen erklärt wurde, merkten, daß der Schlag der Teilung der Gemeindeländereien, den ihnen die Gesetzgebende Versammlung am 25. August versetzt hatte, für dieses Mal fehlgegangen war. Aber wer will ermessen, wieviel Schaden diese Drohung der Expropriation der Gemeinden, die immer noch über ihnen hing, der Revolution getan hat; wer kann sagen, welchen Haß sie in den ländlichen Bezirken *gegen die Stadtrevolutionäre* hervorgerufen hat?

Das war jedoch noch nicht alles. Am 28. August / 14. September 1792, kurz bevor sie auseinanderging, erließ die Gesetzgebende Versammlung ein weiteres Dekret über die Gemeindeländer, und wenn dieses Dekret aufrechterhalten worden wäre, hätte es alles zum Nutzen der Grundherren gewendet. Es erklärte allerdings, die Brach- und Ödländer „sollen als Besitz der Dorfgemeinden gelten und ihnen von den Gerichten zugesprochen werden"; aber wenn der Herr sie vor vierzig Jahren in Besitz genommen und seitdem besessen hätte, *sollten sie ihm gehören*. Dieses Gesetz war, wie späterhin Fabre (de l'Hérault) in einem Bericht, den er dem Konvent erstattete, nachwies, für die Herren sehr vorteilhaft, denn „fast alle ehemaligen Herren könnten sich auf die vierzigjährige Verjährung berufen und dadurch die Verfügung dieses Artikels, der den Gemeinden Nutzen bringen sollte, unwirksam machen". Fabre deckte auch die Ungerechtigkeit des Artikels III dieses Dekrets auf, nach dem die Gemeinde nicht mehr in den Besitz ihrer Ländereien treten konnte, wenn der Herr seine Rechte auf diese Länder, die er den Gemeinden weggenommen hatte, Dritten verkauft hatte. Überdies hatte Dalloz sehr gut gezeigt (S. 168 ff.), wie schwer es für die Gemeinden war, die *positiven sicheren* Beweise zu finden, die die Gerichte von ihnen verlangten, um sie wieder in den Besitz ihrer Ländereien kommen zu lassen.

So wie es war, mußte also das Gesetz vom August 1792 immer zum Nutzen derer ausschlagen, die sich die Gemeindeländereien angeeignet hatten. Erst im Konvent – und erst nach dem Aufstand vom 31. Mai / 2. Juni und dem Ausschluß der Girondisten – konnte die Frage der Gemeindeländer in einem für die Masse der Bauern günstigen Sinn wieder aufgenommen werden.

49. Die Ländereien werden den Gemeinden zurückgegeben

Solange die Girondisten das herrschende Element waren, kam die Frage nicht vom Fleck. Der Konvent tat nichts, um die unheilvolle Wirkung der Dekrete vom August 1792 abzuschwächen, und noch weniger entschloß er sich dazu, den Antrag von Mailhe über die den Gemeinden von den Feudalherren weggenommenen Ländereien anzunehmen.

Aber sofort nach dem 2. Juni nahm der Konvent diese Frage wieder auf, und schon am 11. Juni 1793 beschloß er das große Gesetz über die Gemeindeländereien, das für das Leben der Dörfer Frankreichs eine neue Epoche bedeutete; es ist eines der folgenreichsten Gesetze der französischen Gesetzgebung. Kraft dieses Gesetzes mußten alle Ländereien, die seit zwei Jahrhunderten auf Grund der Ordonnanz über die Drittelung vom Jahre 1669 den Gemeinden genommen worden waren, ihnen wiedergegeben werden und ebenso alles Ödland, Weideland, alle Heiden und Ginstersteppen usw., die ihnen auf irgendeine Weise von Privatleuten genommen worden waren – einschließlich deren, für die die Gesetzgebende Versammlung die Verjährung auf Grund vierzigjährigen Besitzes eingeführt hatte.

Indem jedoch der Konvent diese notwendige und gerechte Maßregel beschloß, die die Wirkungen der unter dem Ancien régime begangenen Beraubungen austilgte, machte er zugleich einen falschen Schritt hinsichtlich der Teilung dieser Ländereien. Zwei Strömungen begegneten sich in dieser Hinsicht im Konvent wie überall in Frankreich. Die Dorfbürger, die seit langem auf die Gemeindeländer lüstern waren, von denen sie oft einen Teil in Pacht hatten, wollten die Teilung. Sie wußten, daß es ihnen, wenn die Teilung erst einmal vollzogen war, leicht wäre, die Länderstücke, die den Armen dann zufielen, zu kaufen. Und sie wollten, wie wir schon sagten, daß die Teilung nur unter den „Bürgern" vor sich ginge und daß die „Ansässigen" oder sogar die armen Bürger (die Passivbürger von 1789) ausgeschlossen wären. Diese Dorfbourgeois fanden in der Nationalvertretung energische Fürsprecher, die, wie immer, im Namen des Eigentums, der Gerechtigkeit und der Gleichheit sprachen, indem sie dartaten, daß die verschiedenen Gemeinden ungleiche Besitzungen hatten – was sie nicht hinderte, für die Ungleichheit innerhalb jeder Gemeinde einzutreten. Diese verlangten die *obligatorische Teilung*. Sehr selten waren solche, die, wie Julien Souhait, Abgeordneter der Vogesen, die Aufrechterhaltung des Gemeindebesitzes verlangten.

Jedoch waren die Girondistenführer nicht mehr zu ihrer Unterstützung da, und der gesäuberte Konvent, in dem die Bergpartei die Herrschaft hatte, duldete nicht, daß die Gemeindeländer nur unter einen Teil der Einwohner verteilt würden; aber er glaubte, recht zu tun und im Interesse der Landwirtschaft zu handeln, wenn er die Teilung der Ländereien auf den Kopf der Einwohnerschaft gestattete. Der Gedanke, von dem er sich leiten ließ, war der, daß niemandem in Frankreich der Besitz eines Stückes vom Boden der Republik verweigert werden dürfte. Unter dem Einfluß dieses Gedankens erlaubte er nicht nur, sondern begünstigte die Teilung der Gemeindeländer.

Die Teilung, sagt das Gesetz vom 11. Juni 1793, soll unter allen, *auf den Kopf der wohnhaften Einwohner, jeden Alters und Geschlechts, gleichviel ob einer anwesend oder abwesend ist,* vorgenommen werden (Sektion II, Art. 1). Jeder Bürger, ohne daß die Knechte, die Dienstboten usw., wenn sie seit einem Jahr in der Gemeinde wohnten, ausgenommen waren, soll inbegriffen sein. Und zehn Jahre lang soll der Anteil am Gemeindeland, der jedem Bürger zugefallen ist, nicht schuldenhalber gepfändet werden dürfen (Sektion III, Art. 1).

Die Teilung soll jedoch *nur fakultativ sein*. Die Versammlung der Einwohner, *an der jede Person jeden Geschlechts teilnimmt,* wenn sie ein Recht auf die Teilung hat und mindestens 21 Jahre alt ist, soll an einem Sonntag einberufen werden und soll entscheiden, ob sie ihre Gemeindeländer ganz oder zum Teil teilen will. *Wenn der dritte Teil der Stimmen für die Teilung ist, soll die Teilung beschlossen werden* (Sektion III, Art. 9) und soll nicht widerrufen werden können.

Man versteht, was für eine außerordentliche Veränderung dieses Gesetz im wirtschaftlichen Leben der Dörfer hervorbringen mußte. Alle Ländereien, die seit zwei Jahrhunderten den Gemeinden mit Hilfe der Drittelung, erfundener Schulden und des Betrugs genommen worden waren, konnten jetzt von den Bauern wieder genommen werden. Die Verjährung auf Grund des vierzigjährigen Besitzes war abgeschafft: Man konnte bis ins Jahr 1669 hinaufgehen, um die Länder, die von den Mächtigen und den Listigen geraubt worden waren, wiederzuerlangen. Und die Gemeindeländer, die nun um alle die

Stücke des Landes vermehrt wurden, die das Gesetz vom 11. Juni den Bauern zurückgab, gehörten jetzt allen, all denen, die seit einem Jahre in den Gemeinden wohnten, im Verhältnis der Kinder beiderlei Geschlechts und der Greise in jeder Familie. Die Unterscheidung zwischen „Bürgern" und „Ansässigen" war verschwunden. Jeder hatte ein Anrecht auf diese Ländereien. Es war eine völlige Revolution.

Der andere Teil des Gesetzes über die Teilung und die Erleichterung zu ihrer Durchführung (ein Drittel der Gemeinde konnte die zwei anderen Drittel dazu zwingen) wurde in manchen Teilen Frankreichs angewandt, aber nicht durchweg. Im Norden, wo es wenig Weideland gab, teilte man die Gemeindeländer gern. In der Vendée und der Bretagne wehrten sich die Bauern heftig dagegen, daß die Teilung auf das Verlangen eines Drittels der Einwohner vorgenommen wurde. Alle wollten ihre Weidegerechtigkeiten usw. auf den Ländereien, die nicht bestellt wurden, behalten. Anderswo gab es zahlreiche Teilungen. In der Moselle zum Beispiel, einem Weinland, teilten 686 Gemeinden das Gemeindeland (107 auf den Kopf der Einwohner, 579 auf die Familie), und nur 119 behielten den ungeteilten Besitz bei; aber in anderen Departements des Centre und des Westens behielt die große Mehrheit der Gemeinden ihre Länder ungeteilt.

Im allgemeinen beeilten sich die Bauern, die sehr wohl wußten, daß nach der Teilung des Gemeindelandes die armen Familien bald zu Proletarierfamilien werden müßten, die ärmer als vorher wären, nicht, die Teilung zu beschließen.

Es ist kein Zweifel, daß der Konvent, dessen bürgerliche Mitglieder so gern von den Ungleichheiten sprachen, die entstehen müßten, wenn die Gemeinden einfach wieder in den Besitz der Ländereien kämen, die ihnen geraubt worden waren, nicht das geringste tat, um die Vorteile, die den Gemeinden durch das Gesetz vom 11. Juni zugesprochen worden waren, auszugleichen. Von den armen Gemeinden zu sprechen, die nichts bekommen würden, das war ein guter Vorwand, um nichts zu tun und die geraubten Ländereien den Räubern zu lassen; aber als sich die Gelegenheit bot, etwas vorzuschlagen, um diese „Ungerechtigkeit" zu verhindern, wurde nichts vorgeschlagen. Die Gemeinden, die sich, ohne die kostbare Zeit zu verlieren, beeilten, ihre alten Ländereien tatsächlich an Ort und Stelle in Besitz zu nehmen, bekamen diese Länder, und als die Reaktion siegte und die Herren in Massen zurückkehrten, konnten sie in keiner Weise wieder nehmen, was das Gesetz ihnen genommen hatte, soweit die

Bauern *tatsächlich* davon Besitz ergriffen hatten. Die Gemeinden aber, die gezögert hatten, das zu tun, bekamen nichts.

Sowie die Reaktion über die Revolutionäre gesiegt hatte, sowie der Aufstand der letzten Anhänger der Bergpartei, am 1. Prairial des Jahres III (20. Mai 1795), niedergeworfen war, war es die erste Sorge des reaktionären Konvents, die revolutionären Gesetze des Bergkonvents zunichte zu machen. Am 21. Prairial des Jahres IV (9. Juni 1796) wurde schon ein Dekret erlassen, um die Rücknahme der Gemeindeländereien durch die Kommunen zu verhindern.

Ein Jahr später, am 21. Mai 1797, verbot ein neues Gesetz den Dorfgemeinden, ihre Ländereien auf Grund der Gesetze vom 11. Juni und 24. August 1793 zu veräußern oder zu tauschen. Man mußte in Zukunft für jeden besonderen Akt der Veräußerung ein besonderes Gesetz verlangen. Das hatte offenbar den Zweck, der Plünderung der Gemeindeländer, wie sie nach der Revolution begonnen hatte, und die denn doch zu skandalös war, ein Ende zu machen.

Noch später schließlich, unter dem Kaiserreich, gab es mehrere Versuche, die Gesetzgebung des Konvents abzuschaffen. Aber, bemerkte Sagnac (S. 339), die wiederholten Versuche des Direktoriums, des Konsulats und des Kaiserreichs gegen die Gesetzgebung des Konvents *scheiterten kläglich*. Es gab auf seiten der Bauern zu viel feststehende Interessen, als daß man sie wirksam hätte bekämpfen können.

Im großen ganzen kann man sagen: die Gemeinden, die *tatsächlich* in den wirklichen Besitz der Ländereien getreten waren, die ihnen seit 1669 weggenommen worden waren, *blieben meistens im Besitz dieser Ländereien*. Und die, die nicht vor Juni 1796 damit fertig waren, bekamen gar nichts. In der Revolution gelten nur die vollzogenen Tatsachen.

50. Die endgültige Abschaffung der Feudalrechte

Als das Königtum gestürzt war, mußte sich der Konvent schon in seinen ersten Sitzungen mit den Feudalrechten beschäftigen. Da sich aber die Girondisten der Abschaffung dieser Rechte ohne Ablösung widersetzten und da sie keine Form der Ablösung, *die für den Grundherrn obligatorisch gewesen wäre,* vorschlugen, blieb alles in der Schwebe, obwohl das für halb Frankreich die Hauptfrage war. Sollte der Bauer, wenn die revolutionäre Periode an ihrem Ende angelangt war, wieder unter das Feudaljoch zurückkehren und sollte er von neuem Hunger leiden?

Nachdem die girondistischen Führer aus dem Konvent ausgestoßen waren, beeilte sich der Konvent, wie wir oben sahen, das Dekret zu beschließen, das den Gemeinden ihre Gemeindeländereien zurückgab. Aber er zögerte noch, sich über die Feudalrechte auszusprechen, und erst am 17. Juli 1793 entschloß er sich endlich, den großen Streich zu führen, der die Revolution besiegelte, indem er sie in einem seiner beiden Hauptgegenstände legalisierte – der endgültigen Abschaffung der Feudalrechte.

Das Königtum hatte am 21. Januar 1793 aufgehört. Jetzt, am 17. Juli 1793, hörte das Gesetz in Frankreich auf, die Rechte des Feudalherrn, die leibeigene Abhängigkeit des Menschen von einem andern Menschen, anzuerkennen.

Das Dekret vom 17. Juli war durchaus schlüssig. Die Unterscheidungen, die die früheren Nationalversammlungen in der Hoffnung, einen Teil der Feudalrechte beibehalten zu können, zwischen verschiedenen Arten dieser Rechte gemacht hatten, wurden umgestoßen. Jedes Recht, das aus dem Feudalverhältnis hervorging, hörte ganz und gar und ohne Ausnahme auf.

„Alle ehemaligen grundherrlichen Leistungen, alle festen und bei besonderen Gelegenheiten erhobenen Feudallasten, auch die, die das Dekret vom 25. August v. J. bestätigte, werden ohne Entschädigung aufgehoben", sagt der Artikel 1 des Dekrets vom 17. Juli 1793. Es gibt nur eine Ausnahme: das sind die Zahlungen oder Leistungen auf Grund von reiner Pacht oder reinem Kauf des Bodens, die also keinerlei feudalen Charakter haben, die noch bleiben (Art. 2).

So ist also die Verschmelzung der Feudalrenten mit den Grundrenten, die 1789 und 1790 vorgenommen worden war, völlig abgeschafft. Wenn eine Rente oder irgendeine Verpflichtung feudalen Ursprung hat, gleichviel, welchen Namen sie führt, ist sie unwiderruflich und ohne Entschädigung abgeschafft. Das Gesetz vom Jahre 1790 bestimmte, daß jemand, wenn er ein Stück Land gepachtet hatte, unter der Bedingung, eine gewisse Jahrespacht zu zahlen, diese Pacht ablösen konnte, wenn er eine Summe zahlte, die den zwanzig- bis fünfundzwanzigfachen Betrag der Jahrespacht ausmachte. Aber, hatte das Gesetz hinzugefügt, wenn außer dieser Bodenpacht der Eigentümer früher irgendeine Abgabe von feudalem Charakter erhoben hatte – zum Beispiel einen Tribut, der von Verkäufen oder Erbschaften zu zahlen war, irgendeine Lehensgebühr oder ein Feudalzins, der eine persönliche Verpflichtung des Pächters gegen den

Eigentümer vorstellte (zum Beispiel die Verpflichtung, die Mühle oder Kelter des Grundherrn zu benutzen, oder eine Beschränkung im Recht, die Erzeugnisse zu verkaufen, oder einen Tribut von den Erzeugnissen), oder wenn es nur ein Tribut war, der im Augenblick der Aufhebung des Pachtverhältnisses oder im Fall, daß das Land den Eigentümer wechselte, bezahlt wurde –, so mußte der Pächter diese Feudalverpflichtung zugleich mit der Bodenpacht ablösen.

Jetzt aber führt der Konvent einen wahrhaft revolutionären Schlag. Er will von diesen Spitzfindigkeiten nichts wissen. Trägt ein Pächter eines Landes eine Verpflichtung feudalen Charakters, dann wird sie, wie sie auch immer heißen mag, ohne Entschädigung aufgehoben. Oder ein Pächter zahlt dem Eigentümer eine Bodenpacht, die an sich nichts Feudales an sich hat. Aber außer dieser Pacht hat der Eigentümer ihm einen Lehnszins, irgend so eine Feudallast auferlegt? *So wird er Eigentümer dieses Grundstücks, ohne dem früheren Grundherrn etwas schuldig zu sein.*

Aber, wird der Eigentümer sagen wollen, das war eine unbedeutende Verpflichtung, es war nur eine Ehrenleistung. Um so schlimmer, wird ihm geantwortet. Du wolltest jedenfalls aus deinem Pächter einen Vasallen machen – jetzt aber ist er frei, im Besitz des Landes, an das die Feudalverpflichtung geknüpft war, und ist dir nichts mehr schuldig. Einfache Bürgersleute, wie Sagnac sagt (S. 147), „haben ebenfalls, entweder aus Eitelkeit oder unter dem Zwang des Brauches, diese Formen, die jetzt geächtet werden, angewandt, haben in ihre Pachtverträge mäßige Gülten oder niedrige Abgaben für Kauf und Verkauf aufgenommen“ – sie haben lediglich „den Herrn spielen wollen“.

Um so schlimmer für sie. Der Bergkonvent fragt sie nicht, ob sie den Herrn spielen oder sich zum Herrn machen wollten. Er weiß, daß alle Feudalabgaben im Anfang mäßig und niedrig gewesen sind und mit der Zeit sehr drückend wurden. Dieser Vertrag trägt den Flecken des Feudalismus wie alle, die jahrhundertelang den Bauer leibeigen gemacht haben; er sieht auf ihm den Stempel der Hörigkeit und gibt die Erde dem Bauern, der das Grundstück gepachtet hatte, ohne irgendeine Entschädigung von ihm zu verlangen.

Noch mehr. Er ordnet an (Art. 6), daß „alle Urkunden, in denen Rechte, die jetzt aufgehoben sind, anerkannt sind, *verbrannt werden sollen*“. Grundherren, Notare, Kommissare, die die Verzeichnisse der Pachtgüter und Zinsleute geführt, alle sollen sie binnen drei Monaten all diese Urkunden, all diese Patente, die die Gewalt einer Klasse über eine andere verbriefen, in die Kanzlei ihrer

Gemeindeverwaltung einliefern. Das alles soll zu einem Haufen gelegt und verbrannt werden. Was die aufständischen Bauern im Jahre 1789 auf die Gefahr hin, aufgehängt zu werden, getan haben, das soll jetzt auf Grund des Gesetzes geschehen. „Fünf Jahre Zuchthaus werden jedem angedroht, der die Originalurkunden oder Ausfertigungen dieser Akten in Verwahrung hat und überführt ist, sie versteckt, entfernt oder verheimlicht zu haben." Viele dieser Akten stellen das Eigentumsrecht des Staates über diese Feudalbesitzungen fest, denn der Staat hatte ehemals seine Leibeigenen und später seine Vasallen gehabt. Tut nichts! Das Feudalrecht muß verschwinden und wird verschwinden. Was die Konstituierende Versammlung für die feudalen *Titel* getan hatte – Fürst, Graf, Marquis –, das tut der Konvent jetzt für die *pekuniären Rechte* des Feudalismus.

Ein halbes Jahr später, am 8. Pluviôse des Jahres II (27. Januar 1794), erklärte sich der Konvent angesichts zahlreicher Beschwerden hauptsächlich von Seiten der Notare, die in denselben Büchern, oft auf denselben Seiten die reinen Grundverpflichtungen und die Feudalabgaben eingeschrieben hatten, damit einverstanden, dieser Wirkung des Artikels abzuhelfen: die Gemeindeverwaltungen durften solche gemischten Urkunden in ihren Registraturen aufbewahren. Aber das Gesetz vom 17. Juli blieb unverändert in Kraft, und noch einmal bestätigte der Konvent am 29. Floréal des Jahres II (18. Mai 1794), daß alle Zinsen, „die mit dem geringsten Kennzeichen des Feudalismus behaftet" waren ohne Entschädigung aufgehoben waren.

Besonders bemerkenswert ist, daß die Reaktion nicht imstande war, die Wirkung dieser revolutionären Maßnahme aufzuheben. Es ist klar, daß, wie wir schon einmal gesagt haben, ein weiter Weg ist von dem geschriebenen Gesetz bis zu seiner Verwirklichung an Ort und Stelle. Wo sich die Bauern nicht gegen ihre Herren erhoben hatten, wo sie, wie sie es in der Vendée taten, unter der Führung eben dieser Herren und der Priester gegen die Sansculotten zogen; wo ihre Dorfgemeindeverwaltungen in der Hand der Priester und Reichen blieben – da wurden die Dekrete vom 11. Juni und vom 17. Juli nicht durchgeführt. Die Bauern bekamen den Besitz ihrer Gemeindeländereien nicht wieder. Sie nahmen nicht von den Ländereien Besitz, die sie von ihren früheren Feudalherren in Pacht hatten. Sie verbrannten die Feudalurkunden nicht. Sie kauften nicht einmal die Nationalgüter, aus Furcht, von der Kirche verflucht zu werden.

Aber in der guten Hälfte Frankreichs kauften die Bauern die Nationalgüter. Da und dort übernahmen sie sie in kleinen Parzellen. Sie ergriffen Besitz von den

Ländereien, die sie von ihren früheren Feudalherren abgepachtet hatten, pflanzten Maibäume und zündeten mit all den feudalen Papieren Freudenfeuer an. Sie nahmen den Mönchen, den reichen Bürgern und den adligen Grundherren die Gemeindeländer ab. Und in diesen Gegenden hatte die Rückkehr der Reaktion keinerlei Einfluß auf die wirtschaftliche Revolution, die vollzogen war.

Die Reaktion kehrte am 9. Thermidor zurück, und mit ihr kam der blaue Schrecken der reichen Bourgeoisie. Später kamen das Direktorium, das Konsulat, das Kaiserreich, die Restauration, und sie fegten die meisten demokratischen Einrichtungen der Revolution wieder hinaus. Aber *dieser Teil des Werks, das die Revolution vollzogen hatte, blieb:* er widerstand allen Stürmen. Die Reaktion konnte bis zu einem gewissen Grade die politische Arbeit der Revolution zerstören; aber seine wirtschaftliche Arbeit blieb am Leben. Und es blieb auch die neue umgewandelte Nation, die sich während des revolutionären Kampfes gebildet hatte.

Und noch etwas. Wenn man die wirtschaftlichen Ergebnisse der großen Revolution erforscht, so wie sie sich in Frankreich vollzogen hat, versteht man den außerordentlichen Unterschied zwischen der Abschaffung des Feudalismus, die auf bureaukratischem Wege vom Feudalstaat selbst vorgenommen wurde (in Preußen nach 1848 oder in Rußland 1861), und der Abschaffung, die eine Volksrevolution vornahm. In Preußen und in Rußland sind die Bauern nur unter der Bedingung von den feudalen Abgaben und Fronden befreit worden, daß sie einen beträchtlichen Teil der Ländereien, die sie besessen hatten, verloren und daß sie eine drückende Ablösung akzeptierten, die sie zugrunde gerichtet hat. *Sie haben sich arm gemacht, um ein freies Eigentum zu bekommen;* die Herren dagegen, die zuerst von der Reform nichts hatten wissen wollen, haben aus ihr (wenigstens in den fruchtbaren Gegenden) einen unverhofften Gewinn gezogen. Fast überall in Europa hat die Reform die Macht der Adelsherren vermehrt.

Nur in Frankreich, wo die Abschaffung des Feudalismus auf revolutionärem Wege vor sich gegangen war, wandte sich die Neugestaltung gegen die Herren als wirtschaftliche und politische Kaste und zum Vorteil der großen Masse der Bauern.

51. Die Nationalgüter

Die Revolution vom 31. Mai übte ihre heilsame Wirkung auch auf den Verkauf der Nationalgüter aus. Bis dahin hatte dieser Verkauf hauptsächlich den reichen Bürgern genützt. Jetzt sorgte die Bergpartei dafür, daß die Güter, die zum Verkauf ausgesetzt wurden, von solchen Armen gekauft werden konnten, die sie selbst bestellen wollten.

Als die Güter des Klerus und später die der Emigranten von der Revolution beschlagnahmt und zum Verkauf ausgesetzt wurden, zerlegte man anfangs einen Teil dieser Güter in kleine Lose und ließ den Käufern zwölf Jahre Zeit zur Zahlung des Kaufpreises. Aber das wurde anders, je mehr die Reaktion von 1790 auf 91 wuchs und das Bürgertum seine Macht befestigte. Andererseits verkaufte auch der Staat, der an Geldmangel litt, lieber sofort an Spekulanten. Man wollte die Güter nicht mehr zerteilen, man verkaufte im ganzen an Personen, die spekulieren wollten und bar bezahlten. Es kam allerdings manchmal vor, daß die Bauern sich zusammentaten und Syndikate bildeten, um kaufen zu können, aber die Gesetzgebung betrachtete diese Syndikate mit mißgünstigen Blicken, und eine ungeheure Menge Güter gingen in die Hände der Spekulanten über. Die kleinen Bauern, die Tagelöhner, die Handwerker in den Städten, die Notleidenden beklagten sich darüber. Aber die Gesetzgebende Versammlung lieh ihren Klagen kein Ohr.

Mehrere Wahlhefte hatten verlangt, die Länder der Krone und der toten Hand um Paris sollten geteilt und in Losen von ein bis fünf Morgen verpachtet werden. Die Bewohner von Artois verlangten sogar, die Pachtgüter sollten nicht größer sein als „dreihundert Ellen im Geviert“ (Sagnac, S. 80). Aber wie schon Avenel gesagt hat, „weder in den Reden, die darüber [in der Nationalversammlung] gehalten wurden, noch in den Gesetzen, die beschlossen wurden, finden wir ein einziges Wort zugunsten derer, die kein Land hatten ... Niemand in der Nationalversammlung schlug die Organisation eines Nationalkredits vor, damit diese Ausgestoßenen sich einige Parzellen erwerben konnten ... Man beachtete nicht einmal den Wunsch einiger Blätter, wie z. B. des Moniteur, die vorschlugen, die Hälfte der verkäuflichen Ländereien sollten zu Losen im Preise von fünftausend Franken geteilt werden, um eine gewisse Anzahl kleiner Eigentümer zu schaffen.“

Meistens wurden die Grundstücke von den Bauern erworben, die schon Land hatten, oder von Bürgern, die aus der Stadt kamen – was in der Vendée viel böses Blut machte.

Aber nunmehr erhob sich das Volk am 10. August. Jetzt, unter der Drohung des aufständischen Volkes, suchte die Gesetzgebende Versammlung die Klagen zu beruhigen und ordnete an, die Güter der Emigranten sollten in kleinen Lehen von zwei bis vier Morgen zum Verkauf ausgesetzt werden und sollten gegen eine jährlich in Geld zu zahlende Pacht in Erbpacht gegeben werden. Die jedoch, die gegen Barzahlung kaufen, haben immer den Vorzug.

Am 3. Juni 1793 gab der Konvent nach der Ausstoßung der Girondisten das Versprechen, jedem proletarischen Familienvorstand in den Dörfern einen Morgen zu geben, und es gab eine gewisse Zahl Konventsmitglieder, die auf Mission waren, die das in der Tat durchführten und an die ärmsten Bauern kleine Lose Landes verteilten. Aber erst am 2. Frimaire des Jahres II (22. November 1793) ordnete der Konvent an, die zum Verkauf ausgesetzten Nationalgüter sollten soviel wie möglich in kleine Stücke zerteilt werden. Für den Ankauf der Güter der Emigranten wurden günstige Bedingungen für die Armen geschaffen, und sie blieben bis 1796 in Kraft, zu welcher Zeit die Reaktion sie abschaffte.

Es muß jedoch gesagt werden, daß es um die Finanzen der Republik dauernd überaus schlecht bestellt war. Die Steuern gingen schlecht ein, und der Krieg verschlang Milliarden über Milliarden. Die Assignaten sanken im Wert, und in dieser Lage war die Hauptsache, durch den Verkauf der Nationalgüter so schnell wie möglich Geld zu bekommen, um eine entsprechende Menge Assignaten der früheren Emissionen zu vernichten. Das ist der Grund, warum die Herrschenden, die Bergpartei ebensowohl wie die Girondisten, viel weniger an den kleinen Bauern dachten als an die Notwendigkeit, sofort möglichst große Summen in die Hand zu bekommen. Wer bar zahlte, hatte immer den Vorzug.

Und doch, trotz alledem, trotz all den Mißbräuchen und Spekulationen, geschahen beträchtliche Verkäufe in kleinen Losen. Neben den Bürgern, die durch den Ankauf der Nationalgüter mit einem Schlage reich wurden, gab es in manchen Teilen Frankreichs, besonders im Osten, ansehnliche Mengen Landes, die (wie Lutschizky gezeigt hat) in kleinen Losen in die Hände der armen Bauern übergingen. In jenen Gegenden vollzog sich eine wahre Revolution in der Besitzverteilung.

Und es muß hinzugefügt werden, daß es die Idee der Revolution war, die Klasse der adligen Großgrundbesitzer zu treffen und die großen Besitzungen durch die Abschaffung des Erstgeburtsrechts in der Erbfolge zu zerstören. Zu diesem Zweck unterdrückte sie zunächst, schon am 15. März 1790, die feudale Erbfolge, auf Grund deren die Herren ihre Besitzungen einem einzigen ihrer Nachkommen, gewöhnlich dem ältesten Sohne, hinterließen. Im folgenden Jahr (8./15. April 1791) wurde jede gesetzliche Ungleichheit im Recht der Erbfolge abgeschafft. „Alle Erben gleichen Grades treten in gleichen Teilen die Erbschaft an, die ihnen auf Grund des Gesetzes zukommt." Allmählich wird die Zahl der Erben durch Berücksichtigung der Erbfolge in der Seitenlinie und der natürlichen Kinder vergrößert, und endlich am 7. März 1793 schaffte der Konvent „die Erlaubnis, über seinen Besitz, sei es für den Fall des Todes, sei es unter Lebenden, sei es durch vertragsmäßige Schenkung in direkter Linie zu verfügen", ab; alle Deszendenten sollen vom Besitz der Aszendenten einen gleichen Anteil bekommen.

Damit war die Zerstückelung des Besitzes, wenigstens im Fall der Erbschaft, obligatorisch gemacht.

Was war die Wirkung dieser drei großen Maßnahmen – der Abschaffung der Feudalrechte ohne Ablösung, der Rückgabe der Gemeindeländereien an die Gemeinden und des Verkaufs der der Geistlichkeit und den Emigranten beschlagnahmten Güter? Wie wirkten sie auf die Verteilung des Grundeigentums? Diese Frage wird bis zum heutigen Tage diskutiert, und die Meinungen bleiben immer widersprechend. Man kann sogar sagen, daß sie, je nachdem die Studien des einen oder des andern Forschers sich auf den einen oder den andern Teil Frankreichs erstrecken, verschieden ausfallen.

Eine Tatsache ragt aber über alle andern hervor, und diese steht unbestreitbar fest. Der Grundbesitz wurde geteilt. In den Gegenden, wo die Revolution die Massen ergriffen hatte, gingen große Mengen Landes in die Hände der Bauern über. Und überall begann das frühere düstere Elend, das furchtbare Elend des Ancien régime zu verschwinden. Die chronische Hungersnot, die in bestimmten Zeitabständen in einem Drittel Frankreichs wütete, hat das neunzehnte Jahrhundert nicht mehr gekannt.

Vor der Revolution herrschte in jedem Jahr in einem oder dem andern Teil Frankreichs die Hungersnot. Die Lage war genau dieselbe wie heutzutage in Rußland. Soviel der Bauer auch arbeitete, es gelang ihm nicht, von einer Ernte zur andern Brot zu haben. Er pflügte schlecht, seine Aussaat war schlecht, sein mageres Zugvieh, das aus Mangel an Nahrung erschöpft war, gab ihm nicht den nötigen Dünger, um den Boden zu verbessern. Von Jahr zu Jahr wurden die Ernten schlechter. „Wie in Rußland", muß man sich auf jeder Seite sagen, wenn man die Dokumente und die Werke liest, die von dem bäuerlichen Frankreich unter dem Ancien régime handeln.

Aber die Revolution kommt. Ein furchtbarer Sturm bricht los. Die Leiden, die die Revolution und hauptsächlich der Krieg mit sich führt, sind unerhört, sind tragisch. Manchmal glaubt man den Abgrund zu sehen, in dem Frankreich versinken muß! Dann kommt die Reaktion des Direktoriums, es kommen die Kriege des Kaiserreichs. Es kommt schließlich die Reaktion der Bourbonen, die im Jahre 1814 durch die Koalition der Könige und der Kaiser wieder auf den Thron kommen. Es kommt mit ihnen der weiße Schrecken, der noch furchtbarer ist als der rote. Und da sagen dann die Oberflächlichen: „Ihr seht wohl, daß die Revolutionen keinen Wert haben!" Zwei Dinge jedoch hat keine Reaktion ändern können. Frankreich ist durch die Revolution dermaßen demokratisiert worden, daß niemand, der in Frankreich gelebt hat, in einem andern Lande Europas leben kann, ohne sich zu sagen: „Man sieht bei jedem Schritt, daß die Große Revolution hier nicht gewesen ist." Der Bauer ist in Frankreich ein Mensch geworden. Er ist nicht mehr „das wilde Tier", von dem La Bruyère gesprochen hat. Er ist ein denkendes Wesen. Der ganze Anblick des ländlichen Frankreich ist durch die Revolution ein anderer geworden, und auch der weiße Schrecken hat es nicht zustande gebracht, daß der französische Bauer in den alten Zustand zurückgekehrt ist. Gewiß gibt es noch viel zuviel Armut in den Dörfern, in Frankreich wie anderswo; aber diese Armut ist Reichtum im Vergleich mit dem, was Frankreich vor hundertfünfzig Jahren gewesen ist, und mit dem, was wir noch heutzutage in den Ländern sehen, wo die Revolution nicht hingekommen ist.

52. Die Hungersnot – Der Maximalpreis – Die Assignaten

Eine der Hauptschwierigkeiten in jeder Revolution ist die Ernährung der großen Städte. Die großen Städte sind heutzutage Mittelpunkt verschiedener Industrien, die hauptsächlich für die Reichen oder für den Exporthandel arbeiten; und diese beiden Branchen haben nichts zu tun, wenn irgendeine Krise eintritt. Was soll man dann tun, um die großen Menschenansammlungen in den Städten zu ernähren?

So war es in Frankreich. Die Auswanderung, der Krieg – hauptsächlich der Krieg mit England, der den Export und den Überseehandel hinderte, von dem Marseille, Lyon, Nantes, Bordeaux usw. lebten –, endlich die Neigung, die allen Reichen gemeinsam ist, während einer Revolution ihr Vermögen möglichst wenig zu zeigen – all das hemmte die Luxusindustrien und den Großhandel.

Die Bauern, hauptsächlich die, die sich der Ländereien bemächtigt hatten, arbeiteten angestrengt. Niemals, sagt Michelet, wurden die Äcker so energisch gepflügt wie im Herbst 1791. Und wenn die Ernten von 1791, 1792 und 1793 gut ausgefallen wären, hätte es nicht an Brot gefehlt. Aber seit 1788 gab es in Europa und besonders in Frankreich eine Reihe schlechter Jahre: sehr kalte Winter, Sommer mit wenig Sonne. Tatsächlich gab es nur im Jahre 1793 und auch da nur in der Hälfte der Departements eine gute Ernte. Diese hatten sogar Getreide übrig; aber da dieser Überschuß ebenso wie die Beförderungsmittel für die Bedürfnisse des Krieges gebraucht wurden, herrschte in mehr als der Hälfte Frankreichs die Teuerung. Der Sack Korn, der sonst in Paris nur fünfzig Franken kostete, stieg im Februar 1793 auf sechzig und im Mai bis zu hundert und hundertfünfzig Franken.

Das Brot, das früher drei Sous das Pfund gekostet hatte, stieg jetzt bis zu sechs Sous und in den kleinen Städten um Paris bis zu acht Sous. Im Süden herrschten Hungersnotpreise; zehn und zwölf Sous das Pfund. In Clermont im Puy-de-Dôme bezahlte man im Juni 1793 für das Pfund Brot sechzehn bis achtzehn Sous. „Unsere Berge sind im entsetzlichen Elend. Die Verwaltung verteilt auf den Kopf ein Achtel Sester, und jeder muß zwei Tage warten, um an die Reihe zu kommen", lesen wir im Moniteur vom 15. Juni 1793.

Da der Konvent noch nichts tat, waren es im Anfang des Jahres 1793 in acht Departements die Zusammenrottungen und Aufstände, die es unternahmen, den Preis der Lebensmittel festzusetzen. Die Kommissäre des Konvents mußten jetzt dem Aufstand nachgeben und die Preise festsetzen, die das Volk verlangte. Das Geschäft des Getreidehändlers fing an, ein gefährliches zu werden.

In Paris fing die Frage, wie man sechshunderttausend Menschen ernähren sollte, an, tragisch zu werden; denn wenn das Brot, wie es im Augenblick der Fall war, weiter sechs Sous das Pfund gekostet hätte, wäre es sicher zur Erhebung gekommen, und dann hätten nur die Kartätschen die Reichen vor der

Plünderung bewahren können. Daher gab die Kommune, die mehr und mehr beim Staate Schulden machte, täglich zwölftausend bis fünfundsiebzigtausend Franken aus, um den Bäckern das Mehl zu liefern und den Brotpreis auf zwölf Sous für vier Pfund zu halten. Die Regierung ihrerseits setzte fest, welches Quantum Korn jedes Departement und jeder Kanton nach Paris schicken sollte. Aber die Straßen waren in schlechtem Stand, und die Zugtiere wurden für den Krieg requiriert.

Alle Preise waren entsprechend gestiegen. Ein Pfund Fleisch, das früher fünf oder sechs Sous gekostet hatte, wurde jetzt für zwanzig Sous verkauft; der Zucker kostete neunzig Sous das Pfund, eine Kerze sieben Sous.

So streng man auch gegen die Spekulanten vorging, es half nichts. Nach der Ausstoßung der Girondisten hatte die Kommune beim Konvent durchgesetzt, daß die Börse von Paris geschlossen wurde (27. Juni 1793); aber die Spekulation ging fort, und die Spekulanten versammelten sich, besonders aufgeputzt, im Palais-Royal, veranstalteten Umzüge mit Weibern und verhöhnten das Elend des Volkes.

Am 8. September 1793 ließ die Kommune von Paris, die zum äußersten getrieben war, bei allen Bankiers und „Geldhändlern" die Siegel anlegen. Saint-Just und Le Bas, die vom Konvent in das Departement Bas-Rhin in Mission entsandt waren, befahlen dem Kriminalgericht, das Haus eines jeden, der der Spekulation überführt worden sei, niederreißen zu lassen. Aber die Spekulation fand jetzt andere Mittel und Wege.

In Lyon war die Lage noch schlimmer als in Paris, weil die Stadtverwaltung, die teilweise girondistisch war, keine energische Maßregel ergriff, um den Bedürfnissen der Bevölkerung zu Hilfe zu kommen. „Lyon hat gegenwärtig mindestens hundertdreißigtausend Seelen; *es sind nicht für drei Tage Nahrungsmittel da*", schrieb Collot d'Herbois am 7. November 1793 an den Konvent. „Unser Notstand hinsichtlich der Lebensmittel ist zum Verzweifeln . . . Die Hungersnot muß ausbrechen." Und in allen großen Städten war es dasselbe.

Es gab ohne Frage während dieser Teuerung Beispiele von rührender Aufopferung. So liest man bei Buchez und Roux (XXXVII, 12), daß die Sektionen von Montmartre und l'Homme Armé eine patriotische Fastenzeit von sechs Wochen beschlossen hatten; und Mellié hat in der Bibliothèque Nationale den Beschluß der Sektion l'Observatoire vom Datum des 1. Februar 1792 gefunden, in dem die wohlhabenden Bürger dieser Sektion die Verpflichtung auf sich nahmen, „keinen Zucker und Kaffee zu genießen, solange ihr Preis nicht sinkt und ihren minderbemittelten Brüdern gestattet, sich diesen Genuß zu verschaffen". (Mellié, S. 302) Später, im Jahre II (Februar und März 1794), als das Fleisch zu sehr hohen Preisen gestiegen war, beschlossen alle Patrioten von Paris, keines mehr zu essen.

Aber all das konnte in der großen Teuerung nicht viel mehr als eine moralische Wirkung haben. Schon am 16. April 1793 hatte die Departementsverwaltung von Paris eine Petition an den Konvent gerichtet, in der er aufgefordert wurde, den Maximalpreis, zu dem das Getreide verkauft werden durfte, festzusetzen; und nach einer ernsthaften Debatte erließ der Konvent, trotz einer starken Opposition, am 3. Mai 1793 ein Dekret, das die Maximalpreise für das Getreide festsetzte.

Der Grundgedanke dieses Dekrets war, soviel wie möglich den Landmann und den Konsumenten auf dem Markt in direkte Beziehungen zu bringen und die Zwischenhändler auszuschalten. Zu diesem Zweck wurde jeder, der mit Getreide und Mehl handelte oder es besaß, verpflichtet, der Gemeindeverwaltung seines Wohnortes eine Erklärung über die Menge und die Art des Getreides, das er besaß, abzugeben. Man soll Getreide oder Mehl nur noch auf den öffentlichen Märkten, die zu diesem Zweck eingerichtet wurden, verkaufen können, aber der Konsument soll sich für einen Monat auf Grund eines Erlaubnisscheines der Gemeindeverwaltung direkt bei den Händlern oder Eigentümern seines Kantons verproviantieren können. Die Durchschnittspreise, auf denen die verschiedenen Sorten Getreide zwischen 1. Januar und 1. Mai 1793 gestanden waren, wurden die Maximalpreise, und teurer durfte kein Getreide verkauft werden. Diese Preise sollten bis zum 1. September langsam sinken. Wer über diesem Maximum verkaufte oder kaufte, sollte eine Geldstrafe zahlen müssen. Wer überführt wurde, boshaft und absichtlich Mehl oder Getreide verdorben oder versteckt zu haben (denn das geschah, trotz der Teuerung), dem war die Todesstrafe angedroht.

Vier Monate später fand man, daß es besser war, den Getreidepreis in ganz Frankreich gleichzumachen, und am 4. September 1793 setzte der Konvent für den Monat September den Preis für den Zentner Weizen auf vierzehn Franken fest.

Das war der Maximalpreis, über den man soviel geschrien hat. Eine Notwendigkeit des Augenblicks, aus der die Royalisten und Girondisten der

Bergpartei ein Verbrechen machten. Ein um so unverzeihlicheres Verbrechen, als die Bergpartei im Einverständnis mit dem Volke nicht nur die Festsetzung des Preises für das Getreide, sondern ebenso für das gebackene Brot und für verschiedene Lebensbedürfnisse erster und zweiter Ordnung verlangte. Wenn die Gesellschaft das Amt übernahm, das Leben des Bürgers zu schützen, war sie ihm da, fragten sie mit Recht, nicht schuldig, ihn gegen die zu schützen, die durch ihre Koalitionen ihn dessen berauben wollten, was fürs Leben unumgänglich notwendig ist, und ihm so nach dem Leben trachteten?

Es entstand indessen über diese Sache ein sehr heftiger Kampf, da die Girondisten und ein Teil der Bergpartei völlig gegen die Idee einer Festsetzung des Preises für die Lebensmittel waren; sie fanden diese Idee „unpolitisch, undurchführbar und gefährlich". Aber die öffentliche Meinung trug den Sieg davon, und am 29. September beschloß der Konvent, für die Lebensbedürfnisse erster und zweiter Ordnung: das Fleisch, das Schlachtvieh, den Speck, die Butter, das Speiseöl, die Fische, den Essig, den Branntwein, das Bier, einen Maximalpreis einzuführen.

Diese Lösung war so natürlich, daß die Frage, ob man nicht die Getreideausfuhr verbieten, Speicher für die Konsumenten anlegen und den Maximalpreis für Getreide und Fleisch einführen sollte, die Staatsmänner und Revolutionäre schon 1789 beschäftigt hatte. Manche Städte, wie zum Beispiel Grenoble, beschlossen schon im September 1789 von sich aus, Getreide zu kaufen und sehr strenge Maßregeln gegen die Kornwucherer zu ergreifen. Eine große Zahl Broschüren wurde über diesen Gegenstand veröffentlicht.

Als der Konvent zusammentrat, wurden die Forderungen nach einem Maximalpreis drängend, und der Departementsrat von Paris berief die Magistrate der Gemeinden des Departements zur Besprechung dieser Frage. Das Ergebnis war, daß dem Konvent im Namen des ganzen Volkes des Departements von Paris eine Petition überreicht wurde, die die Festsetzung des Maximalpreises für das Getreide und die notwendigen Bedürfnisse forderte. Das Brennmaterial, die Kerzen, das Brennöl, das Salz, die Seife, der Zucker, der Honig, das weiße Papier, die Metalle, der Hanf, der Flachs, die Kleiderstoffe, die Leinwand, die Holzschuhe, die Stiefel, der Tabak und die Rohmaterialien, die die Fabriken brauchten, waren in dieser Kategorie mit aufgezählt, und ihre Preise wurden für die Dauer eines Jahres festgesetzt. Der Maximalpreis, zu dem es erlaubt war, diese Waren zu verkaufen, war ein Drittel höher als der Preis, den jede von ihnen im Jahre 1790 hatte, wie er in den Marktberichten festgestellt war, nach Abzug der fiskalischen und andern Gebühren, denen sie damals unterworfen waren (Dekret vom 29. September 1793).

Aber zu gleicher Zeit erließ der Konvent auch Gesetze gegen die Lohnarbeiter und die notleidende Klasse im allgemeinen. Er dekretierte, es solle „bis zum September nächsten Jahres von den Generalräten der Gemeinden das Maximum oder der höchste Betrag der Löhne, Gehälter, Bezüge und Arbeitsentschädigungen festgesetzt werden, und es sollte dabei die Höhe der Löhne von 1790 zugrunde gelegt und die Hälfte daraufgeschlagen werden".

Es ist klar, daß dieses System dabei nicht stehenbleiben konnte. Wollte Frankreich erst einmal nicht mehr bei dem System der Handelsfreiheit und demnach der Spekulation und des Wuchers bleiben, die mit Notwendigkeit daraus folgen, dann konnte es nicht bei diesen schüchternen Versuchen stehenbleiben. Es mußte trotz dem Widerstand, auf den diese Ideen mit Notwendigkeit stoßen mußten, auf dem Wege der Kommunalisierung des Handels weitergehen.

Und so fand denn in der Tat der Konvent infolge eines Berichtes von Barère am 11. Brumaire des Jahres II (1. November 1793), daß den Preis festsetzen, zu dem die Waren von den Detailhändlern verkauft werden müssen, so viel hieß, wie „den Kleinhandel zum Vorteil des Großhandels und den fabrizierenden Arbeiter zum Vorteil des Fabrikunternehmers treffen und schädigen". Man kam jetzt auf den Gedanken, daß man, wenn man den Preis jeder der in dem früheren Dekret aufgezählten Waren festsetzen wollte, wissen mußte, „welchen Wert sie an ihrem Herstellungsorte hatten". Wenn man zu diesem Betrag fünf Prozent Gewinn für den Großhändler und fünf Prozent für den Kleinhändler und dazu noch soundso viel für jede Meile Transport hinzufügte, konnte man den wahren Preis festsetzen, zu dem jede Ware verkauft werden durfte.

Nunmehr wurde eine riesenhafte Enquête zur Feststellung des einen der Wertfaktoren (der Produktionskosten) ins Werk gesetzt. Leider führte sie nicht zum Ziel, da am 9. Thermidor die Reaktion den Sieg errang, und all das wurde aufgegeben. Am 3. Nivôse des Jahres III (23. Dezember 1794) wurden die Dekrete über den Maximalpreis nach einer stürmischen Debatte, die die Thermidorianer schon am 18. Brumaire (8. November) eröffnet hatten, wieder aufgehoben.

Was daraus folgte, war ein furchtbarer Sturz im Preis der Assignaten. Man gab nur noch 19 Franken für 100 Franken in Papier; sechs Monate später nur noch zwei Franken für 100, und im November 1795 nur noch fünfzehn Sous. Für ein Paar Schuhe zahlte man in Assignaten bis zu hundert Franken und bis zu sechstausend Franken für eine Wagenfahrt.

Wir haben schon erwähnt, daß Necker, um dem Staat die Existenzmittel zu verschaffen, zuerst am 9. und 27. August 1789 seine Zuflucht zu zwei Anleihen von dreißig und sechzig Millionen genommen hatte. Da jedoch diese Anleihen keinen Erfolg gehabt hatten, hatte er bei der Konstituierenden Versammlung eine außerordentliche Steuer im Betrag des vierten Teiles eines jeden Einkommens, die nur einmal zu zahlen war, durchgesetzt. Der Bankrott drohte dem Staat, und die Nationalversammlung ließ sich von Mirabeau fortreißen und beschloß die Steuer, die Necker verlangte. Aber diese Steuer brachte nur sehr wenig ein, und nunmehr kam, wie wir gesehen haben, der Gedanke auf, die Güter der Geistlichkeit zum Verkauf zu stellen, so einen Fonds von Nationalgütern zu schaffen und Assignaten auszugeben, die in dem Maße, wie der Verkauf dieser Güter Geld einbrachte, amortisiert werden sollten. Die Menge der Assignaten, die ausgegeben wurden, beschränkte man auf den Wert der Güter, die man jedesmal dem Verkauf aussetzte. Diese Assignaten trugen Zinsen und hatten Zwangskurs.

Die wucherische Spekulation und der Geldhandel suchten natürlich fortwährend den Wert der Assignaten zum Sinken zu bringen; er konnte jedoch noch mehr oder weniger aufrechterhalten werden, solange die Maximalpreise der Hauptlebensmittel und der notwendigsten Bedarfsgegenstände von den Gemeindeverwaltungen festgesetzt waren. Aber sowie der Maximalpreis von der Thermidor-Reaktion abgeschafft wurde, setzte die Entwertung der Assignaten mit erschreckender Geschwindigkeit ein. Man kann sich vorstellen, welches Elend dieser Fall der Assignaten für die hervorbrachte, die von der Hand in den Mund lebten.

Die reaktionären Geschichtsschreiber haben immer gern über diesen, wie über so manchen andern Gegenstand Verwirrung gestiftet. Aber es ist Tatsache, daß die große Entwertung der Assignaten erst nach dem Dekret vom 3. Nivôse des Jahres III, das den Maximalpreis abschaffte, kam.

Zugleich fing der Konvent unter den Thermidorianern an, so große Mengen Assignaten auszugeben, daß die Ziffer der Assignaten, die im Umlauf waren, von 6420 Millionen am 13. Brumaire des Jahres III (3. November 1794) binnen neun

Monaten, d. h. bis zum 25. Messidor des Jahres III (13. Juli 1795), auf *12 Milliarden* stieg.

Überdies errichteten die Prinzen, insbesondere der Graf von Artois, in England auf Grund einer Ordonnanz vom 20. September 1794, die von dem Grafen Joseph von Puisaye und dem Chevalier von Tinteniac gegengezeichnet wurde, „eine Fabrik von Assignaten, die denen, die von dem sogenannten Nationalkonvent ausgegeben sind oder noch ausgegeben werden, in allem ähnlich“ sein sollten. Bald arbeiteten in dieser Fabrik siebzig Arbeiter, und der Graf von Puisaye schrieb an das bretonische Aufstandskomitee: „Bald werdet ihr jeden Tag eine Million bekommen, dann zwei und so weiter.“

Endlich deckte schon am 21. März 1794 bei einer Debatte im englischen Haus der Gemeinen der berühmte Sheridan auf, daß Pitt eine Fabrik falscher Assignaten gegründet hatte, und Taylor erklärte, er hätte mit eigenen Augen gesehen, wie die falschen Assignaten fabriziert wurden. Beträchtliche Mengen dieser Assignaten wurden in allen großen Städten Europas gegen Wechsel angeboten.

Aber wenn sich die Reaktion nur mit diesen niederträchtigen Schlichen begnügt hätte! Aber sie betrieb auch leidenschaftlich den systematischen Lebensmittelwucher, indem die Ernte noch auf dem Halme aufgekauft wurde, und die Spekulation mit den Assignaten.

So war die Abschaffung des Maximalpreises das Signal einer derartigen Hausse aller Preise – während einer furchtbaren Teuerung –, daß man sich fragt, wie Frankreich eine so schreckliche Krise überstehen konnte, ohne darin völlig unterzugehen. Die reaktionärsten Schriftsteller sind genötigt, das anzuerkennen.

53. Die Gegenrevolution in der Bretagne. Die Ermordung Marats

Frankreich, das durch die Koalition der europäischen Monarchien von allen Seiten angegriffen wurde und zugleich diese ungeheure Arbeit des neuen Aufbaues unternommen hatte, machte, wie es nicht anders sein konnte, eine sehr schwere Krise durch. Nur, wenn man diese Krise in ihren Einzelheiten erforscht, wenn man sich die täglichen Leiden vergegenwärtigt, die das Volk durchzumachen hatte, versteht man, welch schweres Verbrechen die Satten begingen, als sie, um ihre Privilegien zu behaupten, keinen Anstand nahmen, über Frankreich die Greuel eines Bürgerkrieges und der Invasion des Auslandes zu bringen.

Die Girondisten zögerten nach ihrem Ausschluß aus dem Konvent vom 2. Juni 1793 nicht, sich in die Departements zu begeben, um dort mit Hilfe der Royalisten und sogar des Auslands den Bürgerkrieg zu entfachen.

Man erinnert sich, daß der Konvent den einunddreißig Girondisten, die er aus seiner Mitte ausgeschlossen hatte, Stubenarrest gegeben hatte und daß es jedem von ihnen freistand, in Begleitung eines Gendarmen in Paris herumzugehen. Vergniaud, Gensonné und Fonfrède blieben tatsächlich in Paris, und Vergniaud richtete von Zeit zu Zeit Briefe voller Gift und Galle an den Konvent. Die anderen aber flüchteten und begaben sich in die Departements, um sie zur Erhebung zu bringen. Die Royalisten hatten keinen größeren Wunsch, und bald brachen in sechzig Departements gegenrevolutionäre Erhebungen aus, bei denen die Girondisten und die fanatischsten Royalisten Hand in Hand gingen.

Schon im Jahre 1791 wurde in der Bretagne ein royalistisches Komplott angezettelt, das die Wiederherstellung des Ständelandtages in dieser Provinz und die alte Verwaltung vermittelst der drei Stände zum Ziele hatte. Tufin, Marquis de la Rouërie, war von den ausgewanderten Prinzen an die Spitze dieser Verschwörung gestellt worden. Das Komplott wurde jedoch Danton angezeigt, und er ließ es überwachen. Der Marquis de la Rouërie mußte sich verborgen halten, und im Januar 1793 starb er auf dem Schloß eines seiner Freunde und wurde heimlich beerdigt. Der Aufstand brach aber trotzdem mit Hilfe der Engländer aus. Durch Vermittlung von Seeschmugglern und von Emigranten, die sich teils in Jersey, teils in London versammelt hatten, bereitete das englische Ministerium einen ausgedehnten Aufstand vor, der ihm die Festungen Saint-Malo, Brest, Cherbourg und vielleicht auch Nantes und Bordeaux in die Hände spielen sollte.

Als der Konvent die Verhaftung der hauptsächlichsten Girondistenführer beschlossen hatte, begaben sich Pétion, Guadet, Brissot, Barbaroux, Louvet, Buzot und Lanjuinais in die Normandie und die Bretagne, um sich an die Spitze des Aufstandes zu stellen. Nach ihrer Ankunft in Caen organisierten sie dort den „Bund der Vereinigten Departements“ zum Feldzug gegen Paris, ließen die Delegierten des Konvents verhaften und erhitzten die Gemüter gegen die

Männer der Bergpartei aufs äußerste. Der General Wimpfen, der die Truppen der Republik in der Normandie befehligte, stellte sich auf die Seite der Empörer, wobei er weder aus seiner royalistischen Gesinnung noch aus seiner Absicht, in England Beistand zu suchen, ein Hehl machte; aber die girondistischen Führer brachen darum nicht mit ihm.

Zum Glück folgte das Volk in der Normandie und der Bretagne den royalistischen Führern und den Priestern nicht. Die Städte stellten sich auf die Seite der Revolution, und der Aufstand, der in Vernon eine Niederlage erlitten hatte, scheiterte.

Die Reise der girondistischen Führer durch die Bretagne auf versteckten Wegen, wo sie sich hüten mußten, sich in den kleinsten Städten zu zeigen, weil da die Patrioten sie verhaftet hätten, zeigt, wie wenig Sympathien sie sogar in diesem bretonischen Lande fanden, obwohl hier der Konvent die Bauern noch nicht hatte für sich gewinnen können und obwohl hier die Aushebung für den Rheinkrieg nicht begeistert aufgenommen werden konnte. Als Wimpfen auf Paris marschieren wollte, stellte ihm Caen nur ein paar Dutzend Freiwillige zur Verfügung. In der ganzen Normandie und Bretagne kamen nicht mehr als fünf- bis sechshundert Mann zusammen, und auch diese kämpften nicht, als sie sahen, daß ihnen eine kleine Armee, die aus Paris gekommen war, gegenüberstand.

In manchen Städten jedoch, hauptsächlich in den Hafenstädten Saint-Malo und Brest, fanden die Royalisten unter den Kaufleuten starken Anhang, und die Patrioten mußten ihre ganze Kraft aufwenden, um es zu erreichen, daß Saint-Malo nicht, wie Toulon, den Engländern ausgeliefert wurde.

Will man verstehen, wie schwach die materiellen Kräfte der Republik waren und bis zu welchem Grade die begüterten Klassen bereit waren, die Invasion des Auslands zu unterstützen, so muß man wirklich die Briefe des jungen Jullien, des Kommissars des Wohlfahrtsausschusses, oder von Jean Bon Saint-André, des Konventsdelegierten, lesen. Es war alles vorbereitet, um die Festung Saint-Malo, die mit 123 Kanonen und 25 Mörsern bewaffnet und sehr gut mit Kugeln, Granaten und Pulver versorgt war, der englischen Flotte auszuliefern. Nur der Ankunft der Konventskommissäre gelang es, den Eifer der Patrioten zu ermutigen und diesen Verrat zu verhindern.

Die Delegierten des Konvents wandten sich nicht an die Stadtverwaltungen; sie wußten, daß diese vom Royalismus und dem volksfeindlichen Unternehmergeist angefressen waren. Sie gingen in die patriotische Gesellschaft jeder Stadt, ob sie groß oder klein war. Sie regten zuerst an, daß sie in ihrer Mitte einen „Säuberungsprozeß" vornahm. Jedes Mitglied mußte mit lauter Stimme in der Sitzung der Gesellschaft sagen, was es vor 1789 gewesen war und was es seitdem getan hatte; ob es die royalistischen Petitionen der 8000 und der 20 000 unterzeichnet hatte; was für ein Vermögen es vor 1789 hatte und was für eines in diesem Augenblick. Wer auf diese Fragen keine befriedigende Antwort geben konnte, wurde aus der patriotischen Gesellschaft ausgeschlossen.

Nach vollzogener Säuberung wurde die patriotische Gesellschaft das Organ des Konvents. Mit ihrer Hilfe schritt der Konventsdelegierte zu einer entsprechenden Säuberung der Stadtverwaltung, indem er die royalistischen Mitglieder und die „Profitmacher" ausschließen ließ. Dann rief er, von der Volksgesellschaft unterstützt, in der Bevölkerung, insbesondere bei den Sansculotten die Begeisterung wach. Er leitete die Anwerbung der Freiwilligen und brachte die Patrioten dazu, Anstrengungen für die Ausrüstung und den Schutz der Küsten zu machen, Anstrengungen, die oft heroisch waren. Er organisierte die patriotischen Feste und führte den republikanischen Kalender ein. Wenn er dann aufbrach, um an andern Orten dieselbe Arbeit zu verrichten, übertrug er der neuen Verwaltungsbehörde die Sorge, alle Maßregeln für den Transport der Munition und der Lebensmittel an die Truppen zu treffen – und zwar immer unter der Aufsicht der Volksgesellschaft, mit der er dauernd in schriftlicher Verbindung blieb.

Oft erforderte der Krieg ungeheure Opfer. Aber die Konventsdelegierten fanden in jeder Stadt, in Quimper, sogar in Saint-Malo Männer, die sich der Revolution gewidmet hatten; und mit ihrer Hilfe organisierten sie die Verteidigung. Die Emigranten und die englischen Schiffe wagten es kaum mehr, sich Saint-Malo oder Brest zu nähern.

So scheiterte der Aufstand in der Normandie und der Bretagne. Aber aus Caen kam Charlotte Corday und tötete Marat.

Sie stand offenbar unter dem Einfluß all dessen, was sie in ihrer Umgebung gegen die Republik der Sansculotten und der Bergpartei reden hörte; sie war vielleicht von dem Auftreten der „echten Republikaner" geblendet, als die sich die Girondisten, die nach Caen gekommen waren, aufspielten. Dort begegnete sie Barbaroux. Am 11. Juli reiste sie nach Paris, um einen der hervorragendsten Revolutionäre zu töten.

Die girondistischen Geschichtsschreiber, die alle Marat, den Hauptturheber des 31. Mai, hassen, haben behauptet, Charlotte Corday sei eine Republikanerin gewesen. Das ist völlig falsch. Das Fräulein Marie-Charlotte Corday d'Armont entstammte einer erzroyalistischen Familie; ihre beiden Brüder waren Emigranten; sie selbst war im Kloster der Abbaye-aux-Dames in Caen erzogen worden und lebte bei einer Verwandten, Frau von Breteville, „die nur von der Furcht abgehalten wurde, sich eine Royalistin zu nennen". Der ganze angebliche „Republikanismus" des Fräuleins Corday d'Armont bestand darin, daß sie sich eines Tages weigerte, auf das Wohl des Königs zu trinken, und ihre Weigerung damit motivierte, daß sie sagte, sie sei Republikanerin, „wenn die Franzosen sich der Republik würdig zeigten". Das heißt, sie wäre eine, vermutlich feuillantistische, Konstitutionalistin. Wimpfen behauptete, sie wäre ganz einfach eine Royalistin gewesen.

Alles drängt zu dem Glauben, daß Charlotte Corday d'Armont nicht vereinzelt dastand. Wir haben eben gesehen, daß Caen der Mittelpunkt des „Bundes der Vereinigten Departements" war, die sich gegen den Bergkonvent erhoben hatten, und es ist sehr wahrscheinlich, daß ein Komplott für den 14. oder 15. Juli vorbereitet war: daß man vorhatte, an diesem Tag „Danton, Robespierre, Marat und Kompagnie" zu töten, und daß Charlotte Corday davon unterrichtet war. Ihr Besuch bei dem Girondisten Duperret, dem sie Drucksachen und einen Brief von Barbaroux aus Caen überbrachte, und der Rat, den sie ihm gab, sich unverzüglich nach Caen zurückzuziehen, sehen ganz danach aus, als ob Charlotte Corday das Werkzeug einer Verschwörung gewesen wäre, die in Caen von den Girondisten und Royalisten angezettelt worden war.

Der Plan Charlotte Cordays war, wie sie sagte, gewesen, Marat auf dem Marsfeld während des Jahresfestes der Revolution, im Konvent zu töten. Aber das Fest war verschoben worden, und Marat, der krank war, ging nicht mehr in den Konvent. Nunmehr schrieb sie ihm, um ihn zu bitten, ihren Besuch anzunehmen, und als sie keine Antwort bekam, schrieb sie ihm noch einmal und benutzte diesmal jesuitisch die Güte, die sie an ihm kannte, oder von der ihre Freunde ihr gesprochen hatten. Sie sagte in einem Brief, sie wäre unglücklich, sie wäre verfolgt; mit einer solchen Empfehlung war sie sicher, empfangen zu werden.

Mit diesem Briefchen und einem Messer, das sie unter ihrem Umschlagtuche verbarg, ging sie am 13. Juli um 7 Uhr abends zu Marat. Seine Frau, Simone

Evrard, schwankte einen Augenblick, ließ aber schließlich die junge Dame in die ärmliche Wohnung eintreten, in der der Freund des Volkes wohnte.

Marat, der seit 1789 das Leben eines gehetzten Wildes geführt und den nun seit zwei bis drei Monaten das Fieber gepackt hatte, saß in einer gedeckten Badewanne und korrigierte auf einem Brett, das über die Wanne gelegt war, die Abzüge seines Blattes. So saß er da, als Charlotte Corday d'Armont dem Freund des Volkes das Messer in die Brust stieß. Er starb sofort.

Drei Tage später, am 16. Juli, wurde ein anderer Freund des Volkes, Chalier, in Lyon von den Girondisten guillotiniert.

Mit Marat verlor das Volk seinen hingebendsten Freund. Die girondistischen Geschichtsschreiber, die Marat gehaßt haben, haben ihn als einen blutdürstigen Narren hingestellt, der nicht einmal gewußt hätte, was er wollte. Aber wir wissen heutzutage, wie ein solcher Ruf zustande kommt. Die Wahrheit ist, daß Marat in der düstersten Zeit der Revolution, in den Jahren 1790 und 1791, wo er sehen mußte, daß der Heroismus des Volkes mit dem Königtum nicht fertig geworden war, in der Tat geschrieben hatte, ehe nicht ein paar tausend Aristokratenköpfe gefallen wären, käme die Revolution nicht ans Ziel. Aber im Grunde seines Wesens war er keineswegs blutdürstig. Er, und ebenso seine heldenmütige Gefährtin, Simone Evrard, liebten nur das Volk mit einer viel tieferen Liebe als alle seine Zeitgenossen, die die Revolution berühmt machte, und er blieb dieser Liebe treu.

Sofort im Beginn der Revolution fing Marat an, von Wasser und Brot zu leben – nicht bildlich gesprochen, sondern wörtlich. Und als er ermordet worden war, zeigte es sich, daß das ganze Vermögen des Volksfreundes in einer Fünfundzwanzigfranken-Assignate bestand.

Marat, der älter und erfahrener war als die meisten seiner jungen Revolutionsgenossen, verstand die verschiedenen Stadien der Revolution besser als alle seine Zeitgenossen und sah besser als sie voraus, was jeweils kommen mußte. Er war der einzige, kann man sagen, von den führenden Männern der Revolution, der die Auffassungsgabe und den Blick hatte, die Dinge in all ihren vielfachen Beziehungen als Ganzes zu sehen. Er mag etwas eitel gewesen sein; das erklärt sich zum Teil daraus, daß er, auch noch mitten in der Revolution, immer verfolgt und gehetzt war, während jedes neue Stadium der Revolution bewies, wie richtig er die Ereignisse vorausgesehen hatte. Aber das sind Nebensachen. Der Grund seines Geistes war, daß er begriffen hatte, was in jedem bestimmten Augenblick für den *Sieg der Sache des Volkes,* für den Sieg der *Volks*revolution, nicht einer abstrakten theoretischen Revolution, getan werden mußte.

Als jedoch die Revolution nach der tatsächlichen Abschaffung der Feudalrechte noch einen weiteren Schritt vorwärts zur Befestigung ihres Werkes zu tun hatte, als es sich darum handelte, den niedrigsten Schichten der Gesellschaft zu nützen, allen die Sicherheit des Lebens und der Arbeit zu geben, da begriff Marat nicht, was in den Anschauungen von Jacques Roux, Varlet, Chalier, L'Ange und so vielen anderen Wahres steckte. Da er die Idee von der tiefgehenden kommunistischen Wandlung, deren mögliche und durchführbare Formen jene ersten Vorläufer suchten, nicht selbst ausgestalten konnte, da er auf der andern Seite fürchtete, Frankreich könnte die Freiheiten, die es schon erobert hatte, wieder einbüßen, lieh er diesen Kommunisten nicht den Beistand seiner Tatkraft und seines außerordentlichen Einflusses. Er machte sich nicht zum Wortführer des jungen Kommunismus.

„Wenn mein Bruder am Leben geblieben wäre", sagte Marats Schwester, „hätte man Danton oder Camille Desmoulins nimmermehr guillotiniert." Im großen und ganzen war Marat, obwohl er die momentanen Wutausbrüche des Volkes verstand und sie in gewissen Augenblicken für notwendig hielt, doch ohne Zweifel kein Parteigänger des Schreckensregiments, wie es nach dem September 1793 gehandhabt wurde.

54. Die Vendée – Lyon – Der Süden

Der Aufstand in der Normandie und Bretagne scheiterte. Aber im Poitou (den Departements Deux-Sèvres, Vienne und Vendée), in Bordeaux, Limoges und auch teilweise im Osten hatten die Gegenrevolutionäre größeren Erfolg. Es gab in Besançon, Dijon, Mâcon – also in Gegenden, in denen das Bürgertum, wie wir gesehen haben, im Jahre 1789 gegen die aufständischen Bauern gewütet hatte – Erhebungen gegen den Bergkonvent.

Der Süden, der seit langem von den Royalisten bearbeitet worden war, erhob sich an mehreren Punkten. Marseille fiel in die Hände der girondistischen und royalistischen Gegenrevolutionäre, ernannte eine provisorische Regierung und wollte auf Paris marschieren. Toulouse, Nîmes und Grenoble erhoben sich ebenfalls gegen den Konvent.

Toulon nahm eine englische und spanische Flotte auf, die im Namen Ludwigs XVII. von dieser Festung Besitz ergriff. Die Handelsstadt Bordeaux war ebenfalls bereit, sich beim ersten Ruf der Girondisten zu erheben, und Lyon, wo die Handelsbourgeoisie seit dem 29. Mai die Oberhand bekommen hatte, trat in offenen Aufstand gegen den Konvent und hielt eine lange Belagerung aus, während die Piemontesen sich die Verwirrung in der Armee, die Lyon als Stützpunkt brauchte, zunutze machten und die französische Grenze überschritten.

Bis zum heutigen Tage sind die wahren Ursachen des Aufstandes in der Vendée nicht genügend geklärt. Ohne Frage spielte die Anhänglichkeit der Bauern an ihre Priester, die von Rom geschickt ausgenutzt wurde, in ihrem Haß gegen die Revolution eine große Rolle. Ohne Frage bestand auch in den Dörfern der Vendée eine gewisse Anhänglichkeit an den König, und es war den Royalisten leicht, in den Bauern das Mitleid über das Schicksal dieses armen Königs zu erwecken, „der das Wohl des Volkes gewollt hatte und von den Parisern guillotiniert worden war“; und wieviel Tränen wurden von den Frauen über das Los des armen Kindes, des Dauphin, vergossen, der im Gefängnis eingesperrt war! Die Emissäre, die von Rom, von Koblenz und aus England kamen und päpstliche Bullen, königliche Befehle und Geld mitbrachten, hatten unter diesen Umständen leichtes Spiel, insbesondere da sie vom Bürgertum – von den früheren Negerhändlern von Nantes und den Großkaufleuten, denen die Engländer alle mögliche Hilfe gegen die Ohnehosen versprachen – unterstützt wurden.

Schließlich war der Grund da, der für sich allein hätte genügen können, ganze Provinzen zur Empörung zu bringen: die vom Konvent zum Kampf gegen die Invasion angeordnete Aushebung von dreimalhunderttausend Mann. Diese Aushebung sah man in der Vendée als ein Attentat auf das heiligste Recht der Person an: das Recht, in seinem Heimatlande zu bleiben.

Trotzdem aber darf man überzeugt sein, daß es noch andere Gründe gab, die dazu führten, daß die Bauern der Vendée gegen die Revolution zu den Waffen griffen. Fortwährend stößt man, wenn man die Dokumente der Zeit erforscht, auf Gründe, die eine tiefgehende Verstimmung der Bauern gegen die Konstituierende und Gesetzgebende Versammlung hervorbringen mußten. Die Tatsache schon, daß die beschließende Vollversammlung der Einwohner jedes Dorfes, die bis zum Augenblick, wo die Konstituierende Versammlung sie – im Dezember 1789 – abschaffte, die Regel gewesen war, unterdrückt worden war, und die Tatsache, daß jetzt die Bauern in zwei Klassen – Aktivbürger und Passivbürger – geteilt und die Verwaltung der Gemeindeangelegenheiten, die alle Einwohner angingen, den Erwählten der reichen Bauern übertragen wurde – das allein hätte genügen können, um in den Dörfern die Unzufriedenheit mit der Revolution wachzurufen. Die Revolution war die Sache des städtischen Bürgertums geworden.

Allerdings hatte die Revolution am 4. August die Abschaffung der Feudalrechte und der toten Hand im Prinzip anerkannt; aber letztere scheint im Westen nicht mehr bestanden zu haben, und die Abschaffung der Feudalrechte stand zunächst nur auf dem Papier; und da die Erhebung der Dörfer in den westlichen Gegenden schwach war, waren die Bauern genötigt, die Feudalabgaben wie bisher zu zahlen.

Andererseits – und das spielte auf dem Lande eine große Rolle – verstärkte der Verkauf der Nationalgüter, die zum größten Teil – alle geistlichen Güter – den Armen hätten zukommen müssen, während sie jetzt von den städtischen Bürgern gekauft wurden, den Haß. Und dazu muß noch die Plünderung der Gemeindeländereien zugunsten des Bürgertums gerechnet werden, eine Plünderung, die die Gesetzgebende Versammlung mit ihren Dekreten noch schlimmer machte (siehe 36. Kapitel).

So hatte die Revolution den Bauern neue Lasten aufgelegt – Steuern, Rekrutierungen, Requisitionen –, aber sie hatte der Landbevölkerung, bis zum Jahre 1793, nichts gegeben, wenn diese sich nicht selbst der Ländereien der Adligen und der Geistlichkeit bemächtigt hätte. Infolgedessen entstand in den Dörfern ein dumpfer Haß gegen die Städte, und so sehen wir denn in der Tat, daß der Aufstand in der Vendée den erklärten Krieg des Landes gegen die Stadt, gegen das Bürgertum als solches bedeutet.

Auf Anstiftung von Rom brach der Aufstand unter der Führung der Priester wild und blutig aus. Dabei konnte ihm der Konvent nur schwache Truppenkörper entgegenwerfen, die unter der Führung von Generälen standen, die teils unfähig waren, teils ein Interesse daran hatten, daß sich der Krieg durch ihre Lässigkeit in die Länge zog.

Die girondistischen Abgeordneten halfen mit ihren Briefen, und so geschah es, daß die Erhebung sich ausbreiten konnte und bald so drohend wurde, daß die Männer der Bergpartei, um ihr ein Ende zu setzen, Maßregeln ergriffen, die den Haß noch verstärken mußten.

Es war der Plan der Vendéer, sich aller Städte zu bemächtigen, die republikanischen „Patrioten“ in ihnen niederzumachen, den Aufstand auf die benachbarten Departements zu übertragen und dann auf Paris zu marschieren. Anfang Juni 1793 bemächtigten sich in der Tat die Führer der Vendéer, Cathelineau, Lescure, Stofflet, La Rochejaquelein, an der Spitze von vierzigtausend Mann der Stadt Saumur, und sie waren so im Besitz der Loire. Sie überschritten dann die Loire, bemächtigten sich der Stadt Angers (17. Juni) und warfen sich, indem sie ihre Bewegungen geschickt verbargen, plötzlich auf Nantes, den Hafen der Loire, durch dessen Besitz sie in direkte Berührung mit der englischen Flotte gekommen wären. Am 29. und 30. Juni griffen ihre Armeen, die sie rasch zusammengezogen hatten, Nantes an. Aber bei diesem Unternehmen wurden sie von den Republikanern geschlagen, verloren Cathelineau, den wahren demokratischen Führer des Aufstandes, und mußten Saumur aufgeben und sich auf das linke Loireufer zurückziehen.

Es bedurfte jetzt einer außerordentlichen Anstrengung von seiten der Republik, um die Vendéer in ihrem eigenen Lande anzugreifen, und es kam zu einem Vernichtungskrieg, der zwanzig- bis dreißigtausend Vendéer dazu brachte, samt ihren Frauen, in der Absicht, nach England auszuwandern, in die Bretagne zu ziehen. Sie zogen also von Süden nach Norden über die Loire und marschierten nordwärts. Aber England wollte von diesen Auswanderern durchaus nichts wissen; die Bretonen ihrerseits nahmen sie kühl auf, um so mehr, als die bretonischen Patrioten die Oberhand zu bekommen anfingen, und diese ganze Masse von halbverhungerten und zerlumpten Menschen wurde wieder zur Loire zurückgedrängt.

Wir haben schon gesehen, von welcher wilden Wut die Vendéer, die von den Priestern fanatisiert wurden, von Anfang des Aufstandes an beseelt gewesen waren. Jetzt wurde der Krieg ein Vernichtungskrieg. Im Oktober 1793 – Frau La Rochejaquelein sagt es – war ihre Parole: kein Pardon! Am 20. September 1793 hatten die Vendéer den Brunnen von Montaigu mit den noch lebenden Leibern von republikanischen Soldaten vollgestopft und sie mit Steinen totgeschlagen. Charette hatte, als er am 15. Oktober Noirmoutiers einnahm, alle, die sich ergeben hatten, erschießen lassen. Man begrub lebendige Menschen bis zum Hals und vergnügte sich damit, den Kopf alle möglichen Qualen ausstehen zu lassen.

Als andererseits diese große Masse von Menschen, die auf die Loire zurückgeworfen worden war, nach Nantes zurückströmte, fingen die

Gefängnisse dieser Stadt sich bedrohlich zu füllen an. In diesen Löchern, die von Menschen wimmelten, wüteten der Typhus und alle möglichen ansteckenden Krankheiten; sie verbreiteten sich schon in der Stadt, die durch die Belagerung erschöpft war. Wie in Paris nach dem 10. August, drohten die gefangenen Royalisten, alle Republikaner würden niedergemacht, sowie die „königliche Armee" der Vendéer sich Nantes nähern würde. Dabei waren die Patrioten in dieser Stadt, die durch den Negerhandel und die Negerarbeit auf Sankt Domingo reich geworden war und jetzt, wo die Sklaverei abgeschafft war, verarmte, nur ein paar hundert Menschen stark. Die Anstrengung der Patrioten, die Eroberung von Nantes durch einen Handstreich der „königlichen Armee" und die Niedermetzelung der Republikaner zu verhindern, war so ungeheuer, daß die Männer, die den Patrouillendienst der Patrioten leisteten, es nicht mehr aushalten konnten.

Nunmehr wurde der Ruf: „Alle ins Wasser!", der schon seit 1792 laut geworden war, drohend. Ein Wahnsinn, den Michelet mit dem vergleicht, der über die Menschen in einer Stadt während der Pest kommt, bemächtigte sich jetzt der ärmsten Bevölkerung der Stadt, und der Konventsdelegierte Carrier, dessen Temperament sich für diese Art Wüten nur zu sehr eignete, ließ sie gewähren.

Man fing mit den Priestern an und ermordete schließlich mehr als zweitausend Männer und Frauen, die in den Gefängnissen von Nantes eingesperrt waren. Hinsichtlich der Vendée im ganzen faßte der Wohlfahrtsausschuß, ohne den Ursachen der Erhebung einer ganzen Landschaft auf den Grund zu gehen – er begnügte sich mit der banalen Erklärung, es handle sich um den „Fanatismus dieser verrohten Bauern" –, ohne zu versuchen, die Bauern zu verstehen und ihnen ein Interesse an der Republik einzuflößen, den wilden Plan, die Vendéer auszurotten und die Vendée zu entvölkern. Sechzehn verschanzte Lager wurden gegründet und „zwölf höllische Kolonnen" wurden auf das Land losgelassen, um es zu verheeren, die Hütten der Bauern niederzubrennen und die Einwohner zu ermorden.

Man kann sich leicht denken, welche Früchte dieses System trug. Die Vendée wurde eine offene Wunde der Revolution, die zwei Jahre lang blutete. Ein gewaltiger Landstrich war für die Republik völlig verloren, und die Vendée wurde die Ursache der blutigsten Kämpfe zwischen den Mitgliedern der Bergpartei untereinander.

Die Aufstände in der Provence und in Lyon waren auf den Weitergang der Revolution von ebenso unheilvollem Einfluß. Lyon war damals eine Stadt der Luxusindustrien. Eine beträchtliche Zahl von Kunsthandwerkern beschäftigte sich damit, in ihrer Wohnung feine Seidenstoffe zu weben und Gold- und Silberstickereien anzufertigen. Diese ganze Industrie war während der Revolution ins Stocken gekommen, und die Bevölkerung von Lyon war in zwei feindliche Lager geteilt. Die Handwerksmeister, die kleinen Unternehmer und das mittlere und reiche Bürgertum waren gegen die Revolution; wohingegen die eigentlichen Arbeiter, solche, die für die kleinen Unternehmer arbeiteten oder die in den Hilfsindustrien der Weberei beschäftigt waren, begeistert für die Revolution eintraten und schon damals zu dem Sozialismus den Grund legten, der sich im 19. Jahrhundert entwickeln sollte. Sie folgten bereitwillig Chalier, einem mystischen Kommunisten, der ein Freund Marats war und der auf die Gemeindeverwaltung, die ähnlich volkstümliche Ziele hatte wie die Kommune von Paris, einen starken Einfluß hatte. Andererseits entstand auch durch L'Ange – einem Vorläufer Fouriers – und seine Freunde eine tätige kommunistische Propaganda.

Die Bürger ihrerseits hörten bereitwillig auf die Adligen und insbesondere auf die Priester. Die Geistlichkeit in Lyon hatte damals einen starken Einfluß und wurde noch durch eine Menge von Priestern, die aus Savoyen ausgewandert waren, verstärkt. Die girondistische Bourgeoisie, hinter der sich die Royalisten versteckten, war mit großer Geschicklichkeit in die meisten Sektionen von Lyon eingedrungen.

Der Konflikt brach, wie wir gesehen haben, am 29. Mai 1793 aus. Man kämpfte auf den Straßen, und die Bourgeoisie trug den Sieg davon. Chalier wurde verhaftet und wurde, da er in Paris von Robespierre und Marat nur schwächlich verteidigt wurde, am 16. Juli hingerichtet. Nunmehr wurden die Repressalien von seiten der Bourgeoisie und der Royalisten schrecklich. Die Bourgeoisie von Lyon, die bis dahin girondistisch gewesen war, jetzt aber durch die Aufstände im Westen Mut bekommen hatte, machte jetzt ganz offen gemeinsame Sache mit den royalistischen Emigranten. Sie bewaffnete zwanzigtausend Mann und setzte die Stadt gegen den Konvent in Verteidigungszustand.

Marseille leistete Lyon starke Hilfe. Hier hatten sich die Anhänger der Girondisten nach dem 31. Mai erhoben. Die Sektionen, die zum größten Teil ebenfalls in den Händen der Girondisten waren, hatten unter dem Einfluß des Girondisten Rebecqui, der eiligst hingekommen war, eine Armee von zehntausend Mann ausgehoben, die nach Lyon zog und die Absicht hatte, von da gegen den Bergkonvent auf Paris zu marschieren. Dieser Aufstand nahm, wie es nicht anders sein konnte, schnell einen offen royalistischen Charakter an. Andere Städte des Südens – Toulon, Nîmes, Montauban – schlossen sich der Bewegung an.

Die Marseiller Armee wurde jedoch bald von den Konventstruppen, die von Carteaux befehligt wurden, geschlagen, und Carteaux zog am 25. August 1793 siegreich in Marseille ein. Rebecqui stürzte sich ins Wasser, aber ein Teil der besiegten Royalisten flüchtete nach Toulon, und dieser große Kriegshafen wurde den Engländern ausgeliefert. Der englische Admiral nahm von der Stadt Besitz, rief Ludwig XVII. als König von Frankreich aus und ließ über Meer eine Armee von achttausend Spaniern kommen, um Toulon und seine Häfen halten zu können.

In dieser Zeit waren zwanzigtausend Piemontesen in Frankreich eingefallen, um den Royalisten von Lyon zu Hilfe zu kommen, und näherten sich Lyon in den Tälern der Sallenche, der Tarentaise und der Maurienne. Die Versuche des Konventsdelegierten Dubois de Crancé, mit Lyon Verhandlungen zu eröffnen, scheiterten. Die Bewegung war schon in die Hände der Royalisten gekommen, und diese wollten nichts von Verständigung wissen. Der Kommandant Précy, der am 10. August in den Reihen der Schweizer gekämpft hatte, war einer der Getreuen Ludwigs XVI. gewesen. Viele Royalisten, von denen man geglaubt hatte, sie seien ausgewandert, waren auch nach Lyon gekommen, um sich gegen die Republik zu schlagen, und die Führer der royalistischen Partei berieten mit Imbert-Colomès, einem Agenten der Prinzen, über die Mittel, den Aufstand von Lyon mit den Operationen der piemontesischen Armee in Verbindung zu bringen. Schließlich bekam der Wohlfahrtsausschuß von Lyon den General Roubiès zum Sekretär, der ein Ordenspriester des Oratoire war, während der Kommandant Précy in Verbindung mit dem Agenten der Prinzen stand und von ihnen Verstärkungen durch piemontesische und österreichische Truppen verlangte.

Es blieb also nichts übrig, als Lyon regelrecht zu belagern, und diese Belagerung wurde am 8. August von alten Truppen begonnen, die zu diesem Zweck von der Alpenarmee herangezogen wurden; von Besançon und von Grenoble wurden Geschütze herangebracht. Die Arbeiter von Lyon wollten keinen Krieg gegen die Revolution, aber sie fühlten sich nicht stark genug, um in den Aufstand zu treten. Sie flüchteten sich aus der belagerten Stadt und vereinigten sich mit der Armee der Sansculotten, der es selbst an Brot fehlte und die ihr bißchen jetzt mit zwanzigtausend dieser Flüchtlinge teilen mußte.

Inzwischen war es jedoch Kellermann im September gelungen, die Piemontesen zurückzuschlagen, und Couthon und Maignet, zwei Konventsdelegierte, die in Auvergne eine Armee von Bauern, die mit Sensen, Spießen und Heugabeln bewaffnet waren, ausgehoben hatten, langten am 2. Oktober zu Kellermanns Verstärkung an. Am 9. besetzten die Armeen des Konvents Lyon.

Leider muß gesagt werden, daß die Rache der Republik schrecklich war. Gouthon neigte, wie es scheint, zu einer friedfertigen Politik. Aber die Terroristen hatten im Konvent die Oberhand. Es war die Rede davon, Lyon nach dem Plane zu behandeln, den der Girondist Imbert für Paris vorgeschlagen hatte, das heißt Lyon dergestalt zu zerstören, daß kein Stein auf dem andern bliebe, und auf die Ruinen die Inschrift zu setzen: „Lyon führte Krieg gegen die Freiheit – es gibt kein Lyon mehr!“ Aber dieser wahnsinnige Plan wurde nicht angenommen, und der Konvent beschloß: die Häuser der Reichen sollten zerstört, aber die der Armen respektiert werden. Die Ausführung dieses Planes wurde Collot d'Herbois anvertraut, und wenn er ihn nicht verwirklichte, so lag es nur daran, daß seine Verwirklichung tatsächlich unmöglich war: eine Stadt kann nicht so schnell zerstört werden. Aber durch die Massenhinrichtungen und Massenerschießungen, zu denen Collot seine Zuflucht nahm, tat er der Revolution ungeheuren Schaden.

Die Girondisten hatten für ihren Aufstand stark auf Bordeaux gezählt. Diese „negoziantistische Stadt“ trat tatsächlich in den Aufstand, aber die Erhebung war nicht von langer Dauer. Das Volk ließ sich nicht fortreißen; es glaubte nicht an die Anklagen des „Royalismus und Orléanismus“, die gegen die Bergpartei vorgebracht wurden, und als die girondistischen Abgeordneten, die aus Paris geflohen waren, in Bordeaux angekommen waren, mußten sie sich in dieser Stadt, die, wie sie gewähnt hatten, der Mittelpunkt ihrer Erhebung hätte sein sollen, versteckt halten. Bald unterwarf sich Bordeaux den Kommissaren des Konvents.

Toulon, das seit langer Zeit von den englischen Agenten bearbeitet worden war und wo die Offiziere der Marine allesamt Royalisten waren, übergab sich einer englischen Flotte auf Gnad und Ungnad. Die Patrioten, die übrigens nicht sehr zahlreich waren, wurden gefangengesetzt, und da die Engländer, ohne Zeit zu verlieren, die Forts mit Geschützen versahen und neue Forts bauten, bedurfte es einer regelrechten Belagerung, um die Stadt zu erobern. Das geschah erst im Dezember 1793.

55. Der Krieg – Die Invasion wird zurückgeschlagen

Nach dem Verrat Dumouriez' und der Verhaftung der girondistischen Führer stand die Republik vor einer neuen großen Aufgabe: ihre Armeen mußten auf demokratischer Grundlage reorganisiert werden, und sie mußte alle oberen Kommandostellen erneuern, um die girondistischen und royalistischen Heerführer durch Republikaner, Anhänger der Bergpartei, zu ersetzen.

Die Umstände, unter denen diese Reorganisation vor sich ging, waren so schwierig, daß nur die wilde Energie, von der eine Nation während der Revolution beseelt ist, imstande war, sie angesichts der Invasion, der inneren Aufstände und der Wühlarbeit der Verschwörungen, die in ganz Frankreich von den Besitzenden in der Absicht, die Armeen der Sansculotten dem Hunger preiszugeben und sie dem Feinde auszuliefern, angezettelt wurden, trotz allem zu gutem Ende zu führen. Denn fast allenthalben boten die Verwaltungsbehörden der Departements und der Distrikte, die in den Händen der Feuillants und der Girondisten geblieben waren, alles auf, damit kein Proviant und keine Munition zu den Armeen kam.

Der ganze revolutionäre Geist und die ganze jugendliche Kühnheit eines Volkes, das aus langem Schlafe erwacht war, der ganze Glaube der Revolutionäre an eine Zukunft der Gleichheit war nötig, um den titanischen Kampf, den die Sansculotten zugleich gegen die Invasion und den Verrat zu führen hatten, glücklich zu beendigen. Aber wie oft war das Volk fast am Ende seiner Kräfte und im Begriff, zu erliegen!

Wenn auch heutzutage der Krieg ganze Provinzen verarmen und zugrunde richten kann, dann versteht man, welche Verheerungen er vor hundertzwanzig Jahren inmitten einer Bevölkerung, die viel ärmer war, machen mußte. In den Departements, die dem Kriegsschauplatz benachbart waren, wurde das Korn meistens schon grün geschnitten, um als Futter zu dienen. Wo eine der vierzehn Armeen der Republik operierte, wurden die meisten Pferde und Zugtiere requiriert, den Soldaten fehlte es ebenso wie den Bauern und den ärmsten Städtern an Brot. Aber es fehlte ebenso an allem andern. In der Bretagne und im

Elsaß mußten die Konventsdelegierten die Einwohner mehrerer Städte, wie zum Beispiel Brest und Straßburg, ersuchen, ihre Stiefel herzugeben, damit sie den Soldaten geschickt werden konnten. Alles Leder war requiriert, und ebenso waren alle Schuhmacher damit beschäftigt, Stiefel für die Soldaten zu machen, aber es fehlte fortwährend an Schuhwerk, und man verteilte Holzschuhe an die Soldaten. Aber das war noch nicht alles! Man sah sich genötigt, Ausschüsse zu schaffen, um in den Häusern der Privatleute „Küchengeschirr, Kochkessel, Bratpfannen, Kasserolen, Zuber und andere Gefäße aus Kupfer und Blei und ebenso unverarbeitetes Kupfer und Blei" zu requirieren. Dies geschah im Straßburger Distrikt.

In Straßburg waren die Repräsentanten und die Gemeindeverwaltung genötigt, von den Einwohnern Kleider, Strümpfe, Hemden, Bettücher und alte Leinwand, um die zerlumpten Freiwilligen zu kleiden, und ebenso Betten in den Privathäusern zur Pflege der Verwundeten zu erbitten. Aber das alles reichte nicht aus, und von Zeit zu Zeit mußten die Konventsdelegierten hohe revolutionäre Steuern erheben, die sie hauptsächlich den Reichen auferlegten. Das war hauptsächlich im Elsaß der Fall, wo die großen Herren nicht auf ihre Feudalrechte, zu deren Verteidigung Österreich zu den Waffen gegriffen hatte, verzichten wollten. Im Süden, in Narbonne, mußte einer der Konventsvertreter alle Bürger und Bürgerinnen der Stadt aufbieten, damit die Kähne ausgeladen und die Lastfuhrwerke beladen wurden, die der Armee Verpflegungsmittel zuführen sollten.

Allmählich jedoch war es soweit, daß die Armee reorganisiert war. Die girondistischen Generale waren beseitigt; junge Leute nahmen ihren Platz ein. Es waren allenthalben neue Männer, für die der Krieg niemals ein Handwerk gewesen war und die mit der ganzen Begeisterung, die in einem Volk während der Revolution lebt, zu den Armeen kamen. Sie schufen bald eine neue Taktik, die man später Napoleon zuschrieb, die Taktik des raschen Wechsels des Standortes und der großen Massen, die den Feind in seinen geteilten Armeekorps vernichteten, ehe sie ihre Vereinigung bewerkstelligen konnten. Die Freiwilligen von 1793 errangen, trotzdem sie elend gekleidet und fast in Lumpen und oft barfuß gingen, obwohl sie oft ohne Nahrung waren, Siege, wo die Niederlage sicher geschienen hatte; das heilige Feuer der Revolution und der Gleichheit begeisterte sie. Zugleich entfalteten die Kommissäre des Konvents eine wilde Energie, um diese Armeen zu ernähren, zu bekleiden und zu transportieren. Meistens war ihr Prinzip die Gleichheit. Es gab ohne Frage unter diesen Konventsmitgliedern ein paar räudige Schafe, wie zum Beispiel Cambacérès. Es gab unter ihnen Narren, die sich mit dem Prunk umgaben, der später Bonapartes Verderben werden sollte, und es gab einige Erpresser. Aber das waren sehr seltene Ausnahmen. Fast alle zweihundert zu den Armeen und in die Provinzen entsandten Konventsdelegierten teilten Not und Gefahren mit den Soldaten.

Diese Anstrengungen führten zum Erfolg, und nachdem die republikanischen Armeen im August und September eine sehr schlimme Zeit der Schicksalsschläge durchgemacht hatten, errangen sie die Oberhand. Zu Beginn des Herbstes war die Invasion eingedämmt.

Im Juni war die Nordarmee nach Dumouriez' Verrat in völliger Auflösung – ihre Generale waren im Begriff, miteinander in Streit zu geraten –, und sie hatte vier Armeen mit zusammen beinahe hundertachtzehntausend Mann gegen sich: Engländer, Österreicher, Hannoveraner und Holländer. Sie mußte ihr verschanztes Lager aufgeben und sich hinter die Sarpe flüchten, und überließ so die Festungen Valenciennes und Condé dem Feinde: die Straße nach Paris war frei.

Die zwei Armeen, die die Mosel und den Rhein schützten, zählten kaum 60 000 Kämpfer, und sie hatten 83 000 Preußen und Österreicher und ein Kavalleriekorps von 6000 Emigranten gegen sich. Custine, dessen Anhänglichkeit an die Republik sehr zweifelhaft war, hatte die Positionen, die er 1792 behauptet hatte, aufgegeben und ließ die Deutschen die Festung Mainz am Rhein wieder besetzen.

Auf der Seite von Savoyen und Nizza, wo man 40 000 Piemontesen, die von 8000 Österreichern unterstützt wurden, die Spitze bieten mußte, war nur die Alpen- und die Seealpenarmee, und beide waren im Gefolge der Erhebungen des Forez (des Loiredepartements), Lyons und der Provence völlig desorganisiert.

Auf der Seite der Pyrenäen hatten 23 000 Spanier die französische Grenze überschritten, und ihnen standen nur 10 000 Mann ohne Geschütze und ohne Proviant gegenüber. Mit Hilfe der Emigranten bemächtigte sich diese Armee mehrerer Forts und bedrohte das ganze Roussillon.

England seinerseits befolgte schon 1793 die Taktik, die es später in den Kriegen gegen Napoleon anwandte. Es engagierte sich selbst nicht allzusehr, bezahlte lieber die Streitkräfte der Koalition und benutzte Frankreichs Schwäche, um ihm seine Kolonien zu rauben und seinen Handel im Innern zugrunde zu richten. Im Juni 1793 erklärte die englische Regierung die Blockade über alle französischen Häfen, und die englischen Schiffe fingen – gegen die damaligen Bräuche des Völkerrechts – an, die neutralen Schiffe, die Lebensmittel nach Frankreich brachten, zu kapern. Zugleich begünstigte England die Emigranten, importierte Waffen und große Packen Proklamationen, um damit die Bretagne und die Vendée zur Erhebung zu bringen, und bereitete die Eroberung der Häfen Saint-Malo, Brest, Nantes, Bordeaux, Toulon usw. vor.

Im Innern waren hunderttausend Bauern in der Vendée im Aufstand und von den Priestern fanatisiert; die Bretagne war in Gärung und von den Engländern bearbeitet; die Bourgeoisie der großen Handelsstädte, wie Nantes, Bordeaux, Marseille, wütend über den Stillstand der Geschäfte und vielfach im geheimen Einverständnis mit den Engländern. Lyon und die Provence in voller Empörung; das Forez von den Priestern und den Emigranten bearbeitet; und in Paris selbst alles, was seit 1789 reich geworden war, voller Ungeduld, der Revolution ein Ende zu machen, und bereit, gegen sie Sturm zu laufen.

In dieser Lage fühlten sich die Verbündeten so sicher, binnen kurzem das Königtum wiederherstellen und Ludwig XVII. auf den Thron setzen zu können, daß sie glaubten, es handle sich für sie nur um eine Frage von Wochen. Fersen, der Vertraute Marie Antoinettens, erörterte schon mit seinen Freunden, wie der Regentschaftsrat zusammengesetzt sein sollte, und der Plan, den Grafen von Artois an die Spitze der Unzufriedenen in der Bretagne zu stellen, war zwischen England, Spanien und Rußland vereinbart.

Wenn die Verbündeten geradewegs auf Paris marschiert wären, hätten sie ohne Frage die Revolution gefährdet. Aber, sei es aus Furcht vor einem neuen 2. September, sei es, weil sie den Besitz der festen Plätze, die sie Frankreich nehmen wollten, einer Belagerung von Paris vorzogen, sie hielten auf ihrem Marsch inne, um zunächst Valenciennes und Mainz in die Hand zu bekommen. Mainz verteidigte sich und kapitulierte erst am 22. Juli. Einige Tage früher hatte sich Condé nach viermonatigem Widerstand übergeben, und am 26. Juli kapitulierte, nachdem die Verbündeten gestürmt hatten, auch Valenciennes unter dem unverhohlenen Beifall der Bourgeoisie, die während der ganzen Belagerung zum Herzog von York Beziehungen unterhalten hatte. Österreich nahm von diesen beiden Festungen Besitz.

Im Norden war seit dem 10. August die Straße nach Paris den Verbündeten offen, die mehr als 300 000 Mann zwischen Ostende und Basel stehen hatten.

Was hielt die Verbündeten noch einmal zurück und verhinderte sie, auf Paris zu marschieren, um Marie Antoinette und den Dauphin zu befreien? War es noch immer der Wunsch, sich zunächst der Festungen zu bemächtigen, die sie, wie es auch mit Frankreich kommen würde, behalten wollten? War es die Furcht vor dem wilden Widerstand, den das republikanische Frankreich leisten konnte? Oder waren es – was uns wahrscheinlich erscheint – Erwägungen diplomatischer Art?

Da die Dokumente, die die französische Diplomatie dieser Epoche betreffen, noch nicht veröffentlicht sind, sind wir auf Vermutungen angewiesen.

Wir wissen indessen, daß im Verlauf von Sommer und Herbst 1793 vom Wohlfahrtsausschuß Verhandlungen mit Österreich über die Freilassung Marie Antoinettes, des Dauphins, seiner Schwester und ihrer Tante, Madame Elisabeths, geführt wurden. Und wir wissen, daß Danton bis zum Jahre 1794 in geheimen Verhandlungen mit den englischen Whigs stand, um der englischen Invasion ein Ende zu machen. Jeden Tag erwartete man in England, daß Fox, der Führer der Whigs, Pitt, den Führer der Tories, stürzen und zur Macht gelangen könnte; und zu zweien Malen (Ende Januar 1794, bei der Debatte über die Antwort auf die Thronrede, und am 16. März 1794) hoffte man, das englische Parlament würde sich gegen die Fortführung des Krieges gegen Frankreich aussprechen.

Wie dem auch sei, Tatsache ist jedenfalls, daß die Verbündeten nach ihren ersten Erfolgen nicht auf Paris marschierten und von neuem anfingen, Festungen zu belagern; der Herzog von York zog nach Dünkirchen, das er am 24. August zu belagern begann, und der Herzog von Coburg belagerte Quesnoy.

Das verschaffte der Republik einen Augenblick Erholung und machte es Bouchotte, dem Kriegsminister, der auf Pache gefolgt war, möglich, die Armee, die durch eine Aushebung von 600 000 Mann verstärkt worden war, zu reorganisieren und republikanische Befehlshaber für sie zu finden, während Carnot im Wohlfahrtsausschuß versuchte, in die Unternehmungen der Generale mehr Einheitlichkeit zu bringen, und die Konventsdelegierten zu den Armeen gingen, um in ihnen die revolutionäre Glut anzufeuern. So verging der Monat August, währenddessen die Schläge an der Grenze und in der Vendée die

Hoffnungen der Royalisten belebt und unter nicht wenige Republikaner die Verzweiflung getragen hatten.

In den ersten Tagen des Septembers 1793 aber ergriffen die Armeen der Republik, die von der öffentlichen Meinung angespornt wurden, im Norden am Rhein und in den Pyrenäen die Offensive. Diese neue Taktik war im Norden von Erfolg begleitet; der Herzog von York, der von den Franzosen bei Hondschoote wütend angegriffen worden war, war genötigt, die Belagerung von Dünkirchen abzubrechen; aber auf den anderen Kriegsschauplätzen gab es noch keine entscheidenden Resultate.

Diesen Umstand benutzte der Wohlfahrtsausschuß, um beim Konvent „bis zum Friedensschluß" fast diktatorische Gewalten zu verlangen und durchzusetzen. Am meisten aber trug dazu bei, die Invasion in ihrem Fortschreiten aufzuhalten, daß die Soldaten überall sahen, wie neue Führer, die zuverlässige Republikaner waren, binnen wenigen Tagen aus ihren Reihen zu den höchsten Kommandostellen emporstiegen; daß sie durch das Beispiel der Konventskommissäre, die mit dem Degen in der Hand in Person an der Spitze der Sturmkolonnen marschierten, angefeuert wurden und so Wunder der Tapferkeit vollbrachten. Am 15. und 16. Oktober errangen sie trotz furchtbar starker Verluste bei Wattignies den ersten großen Sieg über die Österreicher, einen Sieg, von dem man sagen kann, daß er wahrhaft mit dem Bajonett erobert wurde: das Dorf Wattignies kam während der Schlacht in acht verschiedene Hände. Die Belagerung von Maubeuge wurde jetzt von den Österreichern abgebrochen, und dieser Sieg hatte auf den Gang der Ereignisse denselben Einfluß, wie ihn der Sieg von Valmy im Jahre 1792 gehabt hatte.

Lyon war, wie wir gesehen haben, am 9. Oktober gezwungen gewesen, sich zu übergeben, und im Dezember wurde Toulon nach einem Sturm, der am 8. Frimaire des Jahres II (28. November 1793) begann und am 26. Frimaire (16. Dezember) fortgesetzt wurde, wobei die „englische Schanze" und die Forts Eguillette und Balagnier im Sturm genommen wurden, den Engländern wieder abgenommen; das englische Geschwader steckte die französischen Schiffe, die im Hafen vor Anker gegangen waren, und ebenso die Arsenale, die Stapel und die Magazine in Brand und ging unter Segel; die Royalisten, die ihm Toulon ausgeliefert hatten, überließ es der Rache der Republikaner.

Leider war diese Rache rasend und hinterließ in den Herzen unauslöschlichen Haß. Hundertfünfzig Personen, meistens Marineoffiziere, wurden alle miteinander niederkartätscht, und dann fing erst die Einzelrache der Revolutionstribunale an.

Im Elsaß und am Rhein, wo die republikanischen Armeen die Preußen und Österreicher gegen sich hatten, mußten sie schon im Anfang des Feldzugs ihre Verteidigungslinie um Weißenburg aufgeben. Dadurch war der Weg nach Straßburg, wohin die dortige Bourgeoisie die Österreicher rief, damit sie im Namen Ludwigs XVII. von der Stadt Besitz ergriffen, offen. Zum Glück kümmerten sich die Österreicher gar nicht darum, die königliche Gewalt in Frankreich zu verstärken, und dadurch gewannen Hoche und Pichegru, die von Saint-Just und Le Bas, den Konventsdelegierten, unterstützt wurden, die Zeit, die Armee zu reorganisieren und nun ihrerseits die Offensive zu ergreifen. Hoche schlug die Österreicher am 5. Nivôse (25. Dezember) am Gaisberg und entsetzte Landau.

Aber der Winter war gekommen, und der Feldzug von 1793 ging zu Ende, ohne daß auf der einen oder anderen Seite weitere Erfolge zu vermelden gewesen wären. Die Armeen Österreichs, Preußens, der Hessen, Holländer, Piemontesen und Spanier blieben an den französischen Grenzen; aber die Angriffsgewalt der Verbündeten war erschöpft. Preußen wollte sich sogar von der Koalition zurückziehen; England mußte in Haag (am 28. April 1794) die Verpflichtung übernehmen, dem König von Preußen die Summe von 7½ Millionen und jährlich eine Beisteuer von 1¼ Millionen Franken zu zahlen, damit dieser sich verpflichtete, eine Armee von 62 400 Mann zu unterhalten, die zum Kampf gegen Frankreich bestimmt war.

Im folgenden Frühjahr mußte der Krieg ohne Frage wieder beginnen. Aber die Republik konnte ihn jetzt schon unter viel günstigeren Bedingungen führen als in den Jahren 1792 und 1793. Sie wußte den ärmeren Klassen eine solche Begeisterung einzuflößen, daß die Revolution sich allmählich ihrer äußeren Feinde erwehrte, die versucht hatten, sie zu erdrosseln.

Aber um den Preis welcher Opfer, welcher Zuckungen im Innern, welcher Aufgabe der Freiheit, die eben diese Revolution töten und Frankreich der Despotie eines militärischen „Retters“ preisgeben mußte!

56. Die Verfassung – Die revolutionäre Regierung

Es war nötig, die gegenrevolutionären Aufstände in Frankreich, die wechselnden Wendungen des Krieges an den Grenzen einigermaßen ausführlich darzustellen, bevor wir zum Gesetzgebungswerk des Konvents zurückkehren und den Bericht der Ereignisse in Paris wieder aufnehmen konnten. Diese wären ohne die Kenntnis jener Vorgänge unverständlich. Denn der Krieg beherrschte alles; er verschlang die besten Kräfte der Nation und lähmte die Tätigkeit der Revolutionäre.

Die Hauptaufgabe, zu deren Lösung der Konvent berufen worden war, war die Ausarbeitung einer neuen republikanischen Verfassung. Die Verfassung von 1791, die monarchisch war und das Land in zwei Klassen teilte, deren eine aller politischen Rechte beraubt war, konnte nicht aufrechterhalten werden. In der Tat existierte sie gar nicht mehr. Daher beschäftigte sich der Konvent sofort nach seinem Zusammentritt (am 21. September 1792) mit der neuen Verfassung. Am 17. Oktober ernannte er schon eine Verfassungskommission, und diese Kommission war, wie man hatte erwarten müssen, zum größten Teil aus Girondisten zusammengesetzt Sieyès, der Engländer Thomas Paine, Brissot, Pétion, Vergniaud, Gensonné, Condorcet, Barère und Danton). Der Girondist Condorcet, der berühmte Mathematiker und Philosoph, der sich schon 1774 mit Turgot zusammen mit politischen und sozialen Reformen beschäftigt hatte und der nach Varennes einer der ersten gewesen war, die sich als Republikaner erklärten, war an der Abfassung des Verfassungsentwurfs, den diese Kommission dem Konvent überreichte, und der Erklärung der Menschen- und Bürgerrechte, die diesen Entwurf begleitete, am meisten beteiligt.

Es ist klar, daß die erste Frage, die sich im Konvent erhob, die war, welche der beiden Parteien, die sich gegenseitig die Macht streitig machten, den Nutzen von der neuen Verfassung haben sollte. Die Girondisten wollten aus ihr eine Waffe machen, die es ihnen ermöglichte, dafür zu sorgen, daß die Revolution mit dem 10. August zu Ende war. Und die Bergpartei, die das Werk der Revolution noch nicht für vollendet ansah, strengte all ihre Kräfte an, um die endgültige Debatte über die Verfassung, solange es ihnen nicht gelungen war, die Macht der Girondisten und der Royalisten zu brechen, zu verhindern.

Schon vor der Verurteilung Ludwigs XVI. hatten die Girondisten darauf gedrängt, der Konvent sollte ihre Verfassung annehmen; sie hofften, den König dadurch zu retten. Und als sie später im März und April 1793 kommunistische

Bestrebungen, die sich gegen die Reichen wandten, im Volk hochkommen sahen, drängten sie den Konvent noch mehr, den Entwurf Condorcets anzunehmen. Sie hatten Eile, „zur Ordnung zurückzukehren“ um den Einfluß, den die Revolutionäre, in der Provinz durch Vermittlung der Gemeindeverwaltungen und der sansculottischen Sektionen und in Paris durch die Kommune ausübten, zu verringern.

Das Munizipalgesetz vom Dezember 1789 hatte den Gemeindeverwaltungen eine beträchtliche Macht gegeben, die um so größer war, als die Organe der Zentralgewalt in den Provinzen abgeschafft worden waren. So fand die Revolution von 1793 in den Gemeindeverwaltungen und den Sektionen ihre beste Stütze. Man begreift daher, daß die Bergpartei Wert darauf legte, dieses mächtige Werkzeug, dessen sie sich bei ihrem Vorgehen bediente, zu erhalten.

Aber eben darum hatten die Girondisten in ihrem Verfassungsentwurf, vor dem nur die Erhebung vom 31. Mai Frankreich bewahrte, dafür gesorgt, daß die Gemeinden in ihrer Selbständigkeit gebrochen wurden, daß ihre Unabhängigkeit abgeschafft und die Departements- und Distriktsdirektorien, die Organe der Besitzenden und der „Ehrbaren“, gestärkt wurden. Um das durchzusetzen, verlangten sie die Abschaffung der großen Gemeinden und der Gemeindemunizipien und die Schaffung einer neuen, einer dritten Reihe *bureaukratischer* Behörden, die *Kantonsdirektorien*, die sie „Kantonsmunizipien“ nannten.

Wenn dieser Entwurf angenommen wurde, mußten die Kommunen, die nicht ein Rad im Mechanismus der Verwaltung waren, sondern Gesamtheiten, die Grundstücke, Gebäude, Schulen usw. in gemeinsamem Besitz hatten, verschwinden, um von lediglich administrativen Körperschaften ersetzt zu werden.

Die Dorfgemeindeverwaltungen nahmen in der Tat sehr häufig die Partei der Bauern, und die Gemeindeverwaltungen der großen Städte vertraten ebenso wie ihre Sektionen oft die Interessen der armen Stadtbevölkerung. Man mußte also den wohlhabenden Bürgern eine Behörde geben, die diese Gemeindeverwaltungen ersetzte, und die Girondisten hofften offenbar, dieses Organ in einem Kantonsdirektorium zu finden, das sich mehr an die Departements- und Distriktsdirektorien, die, wie wir gesehen haben, überaus bureaukratisch und konservativ waren, als ans Volk anschloß.

In diesem nach unserer Meinung sehr wichtigen Punkt gingen die beiden Verfassungsentwürfe der Girondisten und der Bergpartei völlig auseinander.

Eine weitere, sehr wichtige Änderung, die die Girondisten ebenfalls einführen wollten (sie wurde übrigens von der Verfassungskommission verworfen), war das Zweikammersystem oder zum Ersatz dafür eine Teilung der Gesetzgebenden Körperschaft in zwei Sektionen, wie dies später in der Verfassung des Jahres III (1795), nach der Reaktion des Thermidor und der Rückkehr der Girondisten zur Gewalt, geschah.

Es ist richtig, daß der Verfassungsentwurf der Girondisten in gewisser Hinsicht sehr demokratisch schien, insofern als er den Urversammlungen der Wähler außer der Wahl ihrer Vertreter die Wahl der Behörden des Staatsschutzes, der Gerichte und des obersten Gerichtshofs und ebenso der Minister anvertraute und das Referendum oder die direkte Gesetzgebung einführte. Aber die Ernennung der Minister durch die Wahlkörperschaften (angenommen, sie wäre in der Praxis möglich gewesen) hätte nur zwei rivalisierende Gewalten geschaffen, die Kammer und das Ministerium, die beide aus dem allgemeinen Wahlrecht hervorgegangen wären, und das Referendum war so verwickelten Bestimmungen unterworfen, daß es tatsächlich illusorisch geworden wäre. Schließlich stellte dieser Verfassungsentwurf und die Erklärung der Rechte, die ihm vorausging, bestimmter als die Verfassung von 1791 die Bürgerrechte fest – die Freiheit der religiösen Anschauungen und des Kultus und die Freiheit der Presse wie jedes anderen Mittels, seine Gedanken zu veröffentlichen. Hinsichtlich der kommunistischen Wünsche, die im Volk hochkamen, beschränkte sich die Erklärung der Rechte auf die Feststellung: „Die öffentlichen Unterstützungseinrichtungen sind eine heilige Pflicht der Gesellschaft", und auf die fernere Erklärung, daß die Gesellschaft allen ihren Mitgliedern in gleicher Weise den Unterricht schuldig ist.

Man versteht die Zweifel, die dieser Entwurf hervorbringen mußte, als er am 15. Februar 1793 dem Konvent vorgelegt wurde. Der Konvent suchte unter dem Einfluß der Bergpartei seine Entscheidung in die Länge zu ziehen und verlangte, man sollte ihm andere Entwürfe einreichen; er ernannte eine Kommission, die sogenannte Sechserkommission, zur Prüfung der verschiedenen Entwürfe, die ihm übergeben werden konnten, und erst am 17. April fing im Konvent die Debatte über den Kommissionsbericht an.

Über die allgemeinen Prinzipien der Erklärung der Rechte verständigte man sich leicht, aber man vermied darin alles, was eine Ermutigung für die Enragés sein konnte. So hielt Robespierre am 24. April eine lange Rede, die, wie Aulard betont hat, ohne Frage von dem leicht gefärbt war, was wir „Sozialismus" nennen. Er sagte, man müßte erklären, daß „das Eigentumsrecht wie alle andern Rechte durch die Verpflichtung beschränkt ist, die Rechte der Mitmenschen zu achten; daß es weder der Sicherheit noch der Freiheit, noch der Existenz, noch dem Eigentum unserer Nebenmenschen Schaden zufügen" dürfe; und daß „jedes Gewerbe, das dieses Prinzip verletzt, durchaus unerlaubt und unmoralisch ist". Er verlangte auch, daß man das Recht auf Arbeit, übrigens in einer sehr unanstößigen Form, verkündete: „Die Gesellschaft ist verpflichtet, für die Existenz aller ihrer Mitglieder zu sorgen, entweder, indem sie ihnen Arbeit verschafft, oder indem sie denen, die außerstande sind, zu arbeiten, die Existenzmittel sichert."

Der Konvent zollte dieser Rede Beifall, lehnte es aber ab, in die Erklärung der Rechte die vier Artikel, in denen Robespierre seine Anschauungen über das Eigentum niedergelegt hatte, aufzunehmen, und weder am 29. Mai, als der Konvent, unmittelbar vor der Erhebung am 31., die Erklärung der Rechte einstimmig annahm, noch am 23. Juni, als er die leicht abgeänderte Erklärung endgültig annahm, dachte man daran, die Anschauungen über die Beschränkungen des Eigentumsrechts, die Robespierre in seinen vier Artikeln zusammengefaßt hatte, darin aufzunehmen.

Als man jedoch am 22. Mai anfing, die Abschaffung der Gemeindeverwaltungsbehörden und die Schaffung von Kantonaldirektorien zu diskutieren, war man an dem Punkt angelangt, wo die Anschauungen der Bergpartei sich völlig von denen der Girondisten trennten. Der Berg war entschieden gegen diese Abschaffung, um so mehr als die Girondisten die Einheit von Paris als Gemeinde dadurch zerstören wollten, daß sie verlangten, jede Stadt von mehr als fünfzigtausend Einwohnern sollte in mehrere Gemeindekörperschaften geteilt werden. Der Konvent schloß sich nunmehr der Meinung der Bergpartei an und verwarf das girondistische Projekt der Kantonalbehörden.

Aber die Ereignisse überstürzten sich. Man stand unmittelbar vor der Erhebung von Paris, die den Konvent zwingen sollte, die bedeutendsten Mitglieder der girondistischen Partei aus seiner Mitte zu stoßen; und es war sicher, daß der Ausschluß der Girondisten in mehreren Departements den

Bürgerkrieg hervorrufen würde. Es war also nötig, daß der Konvent so schnell wie möglich eine Fahne aufpflanzte, die für die Republikaner in der Provinz als Sammlung dienen konnte. Der Konvent beschloß nunmehr am 30. Mai auf Vorschlag des Wohlfahrtsausschusses, die Verfassung sollte lediglich aus den Artikeln bestehen, bei denen es wichtig war, daß sie unwiderruflich waren. Und da eine Verfassung, die nur aus diesen Artikeln besteht, sehr wohl in wenigen Tagen redigiert werden konnte, wählte der Konvent am 30. Mai eine Kommission von fünf Mitgliedern – Hérault de Séchelles, Ramel, Saint-Just, Mathieu und Couthon – und erteilte ihr den Auftrag, „unverzüglich" einen Verfassungsentwurf, der nur die wesentlichsten Artikel enthalten sollte, vorzulegen.

Nachdem am 2. Juni die führenden Girondisten verhaftet worden waren, begann also der Konvent am 11. Juni die Debatte über den neuen Verfassungsentwurf, den seine Kommission ausgearbeitet hatte, ohne auf den Widerspruch der Gironde Rücksicht zu nehmen. Diese Debatte dauerte bis zum 18. Juni. Dann wurde die Erklärung der Rechte (die, wie wir gesehen haben, am 29. Mai angenommen worden war) leicht umgearbeitet, um mit der Verfassung in Einklang gebracht zu werden, und wurde am 23. wieder vorgelegt und sofort angenommen. Am Tag darauf, am 24. Juni, wurde die Verfassung in zweiter Lesung angenommen, und der Konvent überschickte sie nunmehr den Urwählerversammlungen, um sie der Abstimmung des Volkes zu unterbreiten.

Die Verfassung des Bergs – und das ist ihr kennzeichnender Zug – behielt die Gemeindeverwaltungen völlig bei. „Sollten wir", sagte Hérault de Séchelles, „die Gemeindeverwaltungen nicht behalten können, so zahlreich sie auch sind? Das wäre eine Undankbarkeit gegen die Revolution und ein Verbrechen gegen die Freiheit. Was sage ich? Es hieße, *die Regierung durch das Volk in Wahrheit vernichten.* – Nein", fügte er hinzu, nachdem er noch einige sentimentale Phrasen gemacht hatte, „nein, der Gedanke, die Gemeindeverwaltungen abzuschaffen, *hat nur im Kopf der Aristokraten entstehen können, und von da ist er in den Kopf der Gemäßigten verpflanzt worden.*"

Für die Ernennung der Vertreter hatte die Verfassung von 1789 das allgemeine direkte Wahlrecht durch geheime Abstimmung innerhalb jedes Arrondissements (50 000 Einwohner) eingeführt; für die Ernennung der Departements- und Distriktsbehörden sollte es die indirekte Wahl in zwei Stufen sein, und für die Ernennung der vierundzwanzig Mitglieder des Rates der Exekutive, der jedes Jahr zur Hälfte erneuert wurde, sollte es die indirekte Wahl in drei Stufen sein. Die Gesetzgebende Versammlung sollte nur für ein Jahr gewählt werden, und ihre Akte sollten von zweierlei Art sein; die Dekrete, die sofort in Kraft treten sollten, und die Gesetze, für die das Volk das Referendum zu verlangen in der Lage sein sollte.

Aber in der Verfassung des Bergs war dieses Recht des Referendums ebenso wie in dem girondistischen Entwurf illusorisch. Zunächst, weil alles in Gestalt von Dekreten beschlossen werden konnte, gegen die kein Referendum zulässig war. Und um dieses zu erlangen, war erforderlich, daß „in der Hälfte aller Departements plus einem der zehnte Teil der regelrecht zusammengetretenen Urwählerversammlungen eines jeden Departements" binnen vierzig Tagen nach der Vorlegung des Gesetzentwurfs gegen ein neues Gesetz das Referendum anrief.

Schließlich verbürgte die Verfassung allen Franzosen „die Freiheit, die Sicherheit, das Eigentum, die Staatsschuld, die freie Ausübung der Kulte, gemeinsamen Unterricht, öffentliche Armenunterstützung, die unbeschränkte Preßfreiheit, das Petitionsrecht, das Versammlungsrecht, den Genuß aller Menschenrechte". Was die sozialen Gesetze anging, die das Volk von der Verfassung erwartete, so versprach sie Hérault de Séchelles für später. Vor allen Dingen die Ordnung; nachher konnte man sehen, was man für das Volk tun konnte. Darüber war die Mehrheit der Girondisten und der Bergpartei völlig einig.

Die Verfassung vom 24. Juni 1793 wurde in den Urversammlungen, als sie ihnen vorgelegt wurde, mit viel Einmütigkeit und selbst mit Begeisterung aufgenommen. Die Republik setzte sich damals aus 4944 Kantonen zusammen, und als man die Ergebnisse der Abstimmung aus 4520 Kantonen erfuhr, stellte sich heraus, daß die Verfassung mit 1 801 918 gegen 11 610 Stimmen angenommen worden war.

Am 10. August wurde diese Versammlung in Paris mit vieler Feierlichkeit proklamiert, und sie trug in den Departements dazu bei, die girondistischen Aufstände zu lähmen. Diese hatten keine Existenzberechtigung mehr, da nun die Verleumdung der Girondisten, die überall ausgesprengt hatten, die Bergpartei wollte das Königtum mit einem Orléans auf dem Thron wiederherstellen, zu Boden gesunken war. Anderseits wurde die Verfassung von 1793 von den meisten Demokraten so gut aufgenommen, daß sie seitdem für nahezu ein Jahrhundert das Credo der Demokratie geworden ist.

Jetzt hatte der Konvent, der ausdrücklich zu dem Zweck zusammenberufen worden war, Frankreich eine republikanische Verfassung zu geben, nichts weiter zu tun, als auseinanderzugehen. Aber es war klar, daß unter den bestehenden Umständen, mit der Invasion, dem Krieg und den Erhebungen in der Vendée, in Lyon, in der Provence usw. die Verfassung nicht tatsächlich eingeführt werden konnte. Es war unmöglich, daß der Konvent sich auflöste und daß er die Republik den Gefahren von Neuwahlen aussetzte.

Robespierre trug diesen Gedanken am Tag nach der Verkündung der Verfassung im Jakobinerklub vor, und die zahlreichen Delegierten der Urversammlungen, die eben zu dieser Verkündung nach Paris gekommen waren, waren derselben Meinung. Am 28. August sprach der Wohlfahrtsausschuß dem Konvent gegenüber denselben Gedanken aus, und dieser dekretierte denn auch, nachdem er sechs Wochen geschwankt hatte, endlich nach den ersten Erfolgen der republikanischen Regierung in Lyon, am 10. Oktober 1793, daß die Regierung Frankreichs bis zum Friedensschluß „revolutionär" bliebe. Damit war tatsächlich, wenn auch nicht gesetzlich, die Diktatur des Wohlfahrtsausschusses und des Sicherheitsausschusses beibehalten, die im September durch das Gesetz über die Verdächtigen und das Gesetz über die revolutionären Komitees verstärkt wurde.

57. Die Erschöpfung des revolutionären Geistes

Die Bewegung vom 31. Mai 1793 hatte es der Revolution möglich gemacht, ihr Hauptwerk zu vollenden: die endgültige Abschaffung der Feudalrechte ohne Ablösung und die Abschaffung der absoluten Monarchie. Aber nachdem das getan war, kam die Revolution zum Stillstand. Die Masse des Volkes wollte wohl weitergehen; aber die Personen, die die Revolution an die Spitze der Bewegung gebracht hatte, wagten es nicht. Sie wollten nicht, daß die Revolution die Vermögen des Bürgertums ebenso antastete, wie sie es mit denen des Adels getan hatte, und sie benutzten ihren ganzen Einfluß, um diese Bestrebung zu hemmen, festzuhalten und endlich zu vernichten. Die Vorgeschrittensten und die Aufrichtigsten unter ihnen hatten, wenn sie zur Macht gelangten, alle mögliche Schonung für die Bourgeoisie, selbst wenn sie sie verabscheuten. Sie dämpften ihre gleichheitlichen Bestrebungen, sie blickten wohl auch forschend nach England, um zu sehen, was das englische Bürgertum sagte. Sie wurden nun ebenfalls „Staatsmänner", und sie arbeiteten daran, eine starke, zentralisierte

Regierung zu bilden, deren Organe ihnen blind gehorchten. Und als sie dazu gelangten, diese Macht, über den Leichen derer, die ihnen zu radikal erschienen waren, zu befestigen, mußten sie, als sie selbst aufs Schafott stiegen, einsehen, daß sie mit der radikalen Partei die Revolution selbst getötet hatten.

Nachdem der Konvent durch das Gesetz sanktioniert hatte, was die Bauern vier Jahre lang gefordert und hie und da getan hatten, wußte er nichts Organisches mehr zu unternehmen. Abgesehen von den Dingen der nationalen Verteidigung und der Erziehung, war seine Arbeit von da an zur Unfruchtbarkeit verdammt. Die Gesetzgeber sanktionieren noch die Bildung der Revolutionsausschüsse und beschließen, solche armen Sansculotten, die ihre Zeit dem Dienste der Sektionen und der Komitees widmen, zu bezahlen; aber diese Maßnahmen, die anscheinend demokratisch sind, sind keine Maßnahmen des revolutionären Zerstörens oder Schaffens. Sie sind nur Mittel zur Organisation der Gewalt.

Außerhalb des Konvents und des Jakobinerklubs – in der Kommune von Paris, in manchen Sektionen der Hauptstadt und der Provinzen und im Klub der Cordeliers – findet man einige Männer, die einsehen, daß man, um das Eroberte zu befestigen, vorwärtsmarschieren muß, und die den Versuch machen, die Bestrebungen sozialer Art, deren Auftauchen in den Volksmassen man wahrnimmt, zu formulieren.

Sie versuchen Frankreich als eine Körperschaft von 40 000 Gemeinden zu konstituieren, die in dauernder Verbindung miteinander und lauter Mittelpunkte der weitestgehenden Demokratie sein und daran arbeiten sollen, „die tatsächliche Gleichheit", wie man damals sagte, die Gleichmachung der Vermögen, herzustellen. Sie suchen, die Keime des Gemeindekommunismus, die das Gesetz über den Maximalpreis anerkannt hatte, zur Entwicklung zu bringen; sie drängen zur Nationalisierung des Handels mit den wichtigsten Lebensmitteln, in der sie das Mittel sehen, das wucherische Aufkaufen und die Spekulation zu bekämpfen. Sie versuchen endlich, die Bildung der großen Vermögen aufzuhalten und die, die sich schon gebildet haben, zu zerbrechen und zu zerstückeln.

Aber als die revolutionäre Bourgeoisie zur Macht gekommen war und die Gewalt benutzte, die sich bei den beiden Ausschüssen, dem Wohlfahrts- und dem Sicherheitsausschuß, deren Autorität mit den Gefahren des Krieges immer größer wurde, angesammelt hatte, vernichtete sie die, die sie die „Enragés" oder die „Anarchisten“ nannte – um ihrerseits im Thermidor dem Angriff der gegenrevolutionären Bourgeoisie zu erliegen. Dann konnte sich, nachdem der revolutionäre Schwung durch die Hinrichtung der radikalen Revolutionäre erlahmt war, das Direktorium festsetzen, und Bonaparte brauchte sich der zentralisierten Gewalt, die von den jakobinischen Revolutionären eingerichtet worden war, nur zu bemächtigen, um Konsul und später Kaiser zu werden.

Solange der Berg gegen die Girondisten zu kämpfen hatte, suchte er bei den Volksrevolutionären Beistand. Im März und April 1793 schienen die Leute vom Berg bereit zu sein, mit den Proletariern zusammen sehr weit zu gehen. Aber als sie zur Macht gelangt waren, wollten sie nicht weiter, als eine Mittelpartei zwischen den Enragés und den Gegenrevolutionären zu bilden, und sie behandelten alle, die die gleichheitlichen Bestrebungen des Volkes vertraten, als Feinde. Sie vernichteten sie, indem sie alle ihre Organisationsversuche in den Sektionen und der Kommune vernichteten.

Die Sache ist die, daß die große Masse der Mitglieder der Bergpartei – nur wenige sind auszunehmen – noch nicht einmal eine Vorstellung von den Bedürfnissen des Volkes hatte, ohne die eine Partei der Volksrevolution sich nicht bilden konnte. Der Mann des Volkes, mit seinem Elend, mit seiner Familie, die oft nicht genug zu essen hatte, und seinen noch unbestimmten und schwankenden Gleichheitsbestrebungen, war ihnen fremd. Sie interessierte vielmehr das abstrakte isolierte Individuum als Glied einer demokratischen Gesellschaft.

Mit Ausnahme einiger vorgeschrittener Mitglieder der Bergpartei interessierten einen Konventsdelegierten, wenn er in eine Provinzstadt kam, die Fragen der Arbeit und des Wohlstandes in der Republik, der gleiche Genuß der verfügbaren Güter sehr wenig. Er war entsandt, um den Widerstand gegen die Invasion zu organisieren und den Geist des Patriotismus zu heben, und ging so als Beauftragter der Demokratie vor, für den das Volk nur das Element war, das ihm half, die Absichten der Regierung durchzuführen.

Wenn er in den Volksverein des Ortes ging, geschah es, weil die Stadtverwaltung „von der Aristokratie angefressen war“ und der Volksverein ihm helfen sollte, sie zu „säubern“, um die nationale Verteidigung zu organisieren und die Verräter zu ergreifen.

Wenn er den Reichen oft sehr drückende Steuern auferlegte, so geschah es, weil die Reichen, die „vom Wuchergeist angefressen“ waren, mit den Feuillants oder den „Föderalisten“ sympathisierten und dem Feinde halfen. Es geschah auch, weil man, wenn man sie ordentlich anpackte, die Mittel fand, die Armeen zu ernähren und zu bekleiden.

Wenn er in einer Stadt etwa die Gleichheit proklamierte, wenn er verbot, weißes Brot zu backen, und allen nur schwarzes oder Bohnenbrot erlaubte, so geschah es, um die Soldaten ernähren zu können. Und wenn ein Agent des Wohlfahrtsausschusses ein Volksfest veranstaltete und an Robespierre schrieb, er hätte soundso viel Bürgerinnen mit jungen Patrioten zusammengetan, so hatte er auch damit eine Propaganda des kriegerischen Patriotismus gemacht.

So ist man, wenn man die Briefe liest, die die Konventsdelegierten schrieben, erstaunt, darin so wenig über die großen Fragen zu finden, für die sich die Masse der Bauern und der Handwerker und Arbeiter in den Städten leidenschaftlich erregte. Drei oder vier höchstens, unter zweihundert, nehmen Interesse daran.

So hat der Konvent endlich die Feudalrechte abgeschafft und befohlen, die Urkunden darüber zu verbrennen, und diese Operation wird oft nur sehr unlustig vorgenommen; er hat die Erlaubnis gegeben, daß die Dorfgemeinden von den Ländereien, die ihnen unter allerlei Vorwänden im Laufe von zweihundert Jahren weggenommen worden waren, wieder Besitz ergriffen. Es ist klar: diese Maßregeln in die Tat umzusetzen, sie an Ort und Stelle durchzuführen, wäre ein Mittel gewesen, die Begeisterung der Bevölkerungen für die Revolution wachzurufen. Aber man findet in den Briefen der Konventsdelegierten fast nichts darüber. Der junge Jullien erwähnt in seinen so interessanten Briefen, die er an den Wohlfahrtsausschuß oder an seinen Freund und Gönner Robespierre gerichtet hat, ein einziges Mal, daß er Feudalurkunden hat verbrennen lassen.Une mission en Vendée.Ebenso findet sich gelegentlich einmal eine Erwähnung bei Collot d'Herbois.

Auch wenn die Konventsdelegierten von den Lebensmitteln sprechen – und darauf kommen sie oft –, gehen sie der Frage nicht auf den Grund. Es gibt einen einzigen Brief von Jean Bon Saint-André, vom 26. März 1793, der eine Ausnahme von der Regel bildet, und er ist, wie man sieht, vor dem 31. Mai geschrieben, später wandte auch er sich gegen die radikalen Revolutionäre. Jean Bon schrieb aus dem Departement Lot-et-Garonne, das zu denen gehörte, die der Revolution sehr geneigt waren, und bat die Kollegen vom Ausschuß, die Gefahren der Lage nicht zu verkennen: „Sie ist derart“, schrieb er, „daß es, wenn unser Mut nicht eine der außerordentlichen Gelegenheiten schafft, die den öffentlichen Geist in

Frankreich heben und ihm neue Kraft geben, keine Hoffnung mehr gibt. Die Unruhen in der Vendée und den benachbarten Departements sind ohne Zweifel bedenklich; aber sie sind in Wahrheit nur gefährlich, weil die heilige Begeisterung für die Freiheit in allen Herzen erloschen ist. Überall ist man der Revolution müde. Die Reichen verabscheuen sie, die Armen haben kein Brot ..." und „all die Leute, die man früher Gemäßigte nannte und die bis zu gewissem Grade gemeinsame Sache mit den Patrioten machten und wenigstens irgendeine Revolution wollten, wollen heute nichts mehr davon hören ... Sagen wir es gerade heraus, sie wollen die Gegenrevolution ..." Sogar die Gemeindeverwaltungen sind in all den Orten, durch die diese beiden Delegierten kamen, schwach oder verderbt.

Jean Bon Saint-André fordert darum Maßregeln, die groß und streng sein sollen. Und am Ende seines Briefes kommt er in einer Nachschrift auf diese Maßregeln zurück: „Der Arme", sagt er, „hat kein Brot; aber es fehlt nicht an Korn, es ist nur eingeschlossen und wird nicht herausgegeben ... Es ist gebieterische Notwendigkeit, dem Armen zum Leben zu verhelfen, wenn ihr wollt, daß er euch die Revolution vollenden hilft ... Wir sind der Meinung, ein Dekret, das *die allgemeine obligatorische Aushebung alles Getreides* befiehlt, wäre sehr nützlich, besonders wenn es mit einer Verfügung verbunden wäre, die *aus dem Überfluß der Privaten öffentliche Kornspeicher zu errichten* bestimmt." Und Jean Bon Saint-André bittet Barère *flehentlich*, diese Maßregeln in die Hand zu nehmen.

Aber wie sollte man es machen, um den Konvent für diese Fragen zu interessieren!

Die Befestigung des Regiments der Bergpartei interessiert die Konventsdelegierten am meisten. Aber sie gleichen darin allen Regierenden vor ihnen und nach ihnen: sie suchen die Stütze nicht in der Herstellung des allgemeinen Wohlergehens und des Wohlstandes für alle. Sie suchen sie in der Schwächung und, wenn es not tut, der Vernichtung der Feinde dieses Regiments. Es dauert nicht mehr lange, so werden sie sich für den Schrecken begeistern und ihn als Mittel wählen, die Feinde der demokratischen Republik niederzuschlagen, aber niemals werden sie sich für die Maßnahmen einer großen wirtschaftlichen Umgestaltung ins Zeug legen, nicht einmal für die, die sie selbst früher unter dem Druck der Ereignisse beschlossen haben.

58. Die kommunistische Bewegung

Schon in den Wahlheften von 1789 trifft man, wie Chassin gezeigt hat, Anschauungen, die heutzutage als sozialistische bezeichnet würden. Rousseau, Helvetius, Mably, Diderot usw. hatten schon die Ungleichheiten des Vermögens und die Anhäufung des Überflusses in den Händen weniger als das große Hindernis bezeichnet, das der Errichtung der demokratischen Freiheit entgegenstünde. In den ersten Stunden der Revolution tauchten diese Ideen wieder auf.

Turgot, Sieyès, Condorcet betonten, daß die Gleichheit der politischen Rechte *ohne die tatsächliche Gleichheit* noch nichts leistete. Die tatsächliche Gleichheit, sagt Condorcet, stellt „das letzte Ziel der sozialen Kunst“ dar, weil „die Ungleichheit der Vermögen, die Ungleichheit des Standes und die Ungleichheit des Unterrichts die Hauptursache aller Übel sind“. Eben diese Ideen fanden auch ihr Echo in mehreren Heften der Wähler, die das Recht aller auf den Bodenbesitz oder „die Ausgleichung der Vermögen“ forderten.

Man kann sogar sagen, daß schon das Pariser Proletariat seine Forderungen aufstellte und daß es Männer fand, die sie gut zum Ausdruck brachten. Die Anschauung von den verschiedenen Klassen, die entgegengesetzte Interessen haben, ist in dem „Heft der Armen“ des Distrikts Saint-Étienne du Mont von einem gewissen Lambert, „einem Freunde der Habenichtse“, klar zum Ausdruck gebracht. Produktive Arbeit, ausreichender Lohn (das living wage der englischen Sozialisten), der Kampf gegen das laisser faire der bürgerlichen Ökonomisten, die Gegenüberstellung der sozialen und der politischen Frage finden sich darin schon.

Aber insbesondere nach dem Tuileriensturm, und noch mehr nach der Hinrichtung des Königs, das heißt im Februar und März 1793, fingen diese Ideen an, offen verkündet zu werden. Es will sogar scheinen – wenigstens behauptet es Baudot –, daß, wenn die Girondisten sich als fanatische Verteidiger des Eigentums aufspielten, dies hauptsächlich aus Furcht vor dem Einfluß geschah, den die gleichheitliche und kommunistische Propaganda in Paris errang.

Einige Girondisten, insbesondere Rabaut-Saint-Étienne und Condorcet, kamen sogar unter den Einfluß dieser Bewegung. Condorcet entwarf auf seinem Totenbett einen Plan der „Gegenseitigkeit“, der Versicherung zwischen allen Bürgern gegen alles, was den gutstehenden Handwerker in eine Lage bringen kann, in der er genötigt ist, seine Arbeit zu beliebigem Preis verkaufen zu müssen. Und Rabaut forderte, man sollte entweder durch eine progressive Steuer oder dadurch, daß man kraft Gesetzes „das natürliche Abfließen des Überflusses des Reichen“ in Anstalten öffentlichen Nutzens herbeiführte, den Reichen ihre großen Vermögen abnehmen. „Die großen Vermögen sind ein Hindernis für die Freiheit“, sagte er und wiederholte damit eine in jener Epoche sehr allgemein verbreitete Formel. Sogar Brissot versuchte einen Augenblick die bürgerliche Mittelstraße für diese Volksströmung, die er dann bald leidenschaftlich bekämpfte, zu finden.

Mitglieder der Bergpartei gingen noch weiter. So trat Billaud-Varenne in einem Schriftchen, das 1793 erschien, offen gegen das Großeigentum ein. Er empörte sich gegen die Idee Voltaires, der Arbeiter müsse, damit er arbeite, vom Hunger angestachelt werden, und forderte, es sollte erklärt werden, kein Bürger dürfe künftig mehr als eine bestimmte Zahl Morgen Landes besitzen und niemand dürfe mehr erben als 20 000 bis 25 000 Franken. Er sah ein, daß die erste Ursache der sozialen Übel in der Tatsache bestand, daß es Menschen gab, die sich „in unmittelbarer und nicht gegenseitiger Abhängigkeit von einem andern Privaten befanden. Denn damit beginnt das erste Glied in der Kette der Sklaverei.“ Er spottete über die kleinen Stückchen Grundbesitz, die man den Armen geben wollte, „deren Existenz immer dürftig und jammervoll sein wird, solange sie der Willkür preisgegeben ist“. Ein Ruf ist zu vernehmen, sagt er dann im weiteren (S. 129): *“Krieg den Palästen, Friede den Hütten!* Fügen wir diesem Ruf die Weihe folgender Grundregel hinzu: *Kein Bürger darf der Notwendigkeit enthoben sein, einen Beruf auszuüben; kein Bürger darf in der Unmöglichkeit sein, ein Gewerbe zu treiben.“*

Der Gedanke von Billaud-Varenne über die Erbschaft wurde, wie man weiß, von der Internationalen Arbeiter-Assoziation auf ihrem Kongreß von Basel im Jahre 1869 wiederaufgenommen. Aber man muß sagen, daß Billaud-Varenne in der Bergpartei einer der Vorgeschrittensten war.

Andere, wie zum Beispiel Lepeletier, beschränken sich auf die Forderung dessen, was die Internationale unter dem Namen „integrale Erziehung“ forderte, womit gemeint war, daß jeder Heranwachsende ein Handwerk lernen sollte, während wieder andere sich damit begnügten, „die Wiedereinsetzung in das Eigentum“ durch die Revolution (Harmand) und die Beschränkung des Eigentumsrechts zu verlangen.

Aber vor allem außerhalb des Konvents – in den Volksgesellschaften, in einigen Sektionen, wie zum Beispiel bei den Gravilliers und im Klub der Cordeliers, gewiß nicht bei den Jakobinern – muß man die Wortführer der kommunalistischen und kommunistischen Bewegungen von 1793 und 1794 suchen. Es gab sogar einen Versuch zu freier Organisation zwischen denen, die man damals die Enragés nannte, das waren eben die, die die gleichheitliche Revolution in sozialem Sinne propagierten.

Nach dem 10. August 1792 hatte sich, offenbar unter dem Einfluß der Föderierten, die nach Paris gekommen waren, eine Art Bund zwischen den Delegierten der 48 Sektionen von Paris, dem Generalrat der Kommune und den „vereinigten Verteidigern der 84 Departements" gebildet. Und als im Februar 1793 in Paris die Bewegungen gegen die Agioteure anfingen, von denen wir schon (im 43. Kapitel) gesprochen haben, verlangten Delegierte dieser Organisation am 3. Februar vom Konvent entschiedene Maßregeln gegen den Wucher und die Spekulation. In ihren Reden sieht man schon im Keime die Idee, die später die Grundlage des Mutualismus und der Volksbank Proudhons wurde: die Idee, daß alle Gewinne, die aus dem Tausch in den Banken entstehen, wenn überhaupt einer entsteht, der ganzen Nation – nicht Privaten – zukommen müssen, weil sie ein Erzeugnis *des öffentlichen Vertrauens aller zu allen* sind.

Man kennt alle diese verworrenen Bewegungen noch nicht recht, die sich im Volk von Paris und den großen Städten in den Jahren 1793 und 1794 zeigten. Man fängt erst an, sie zu erforschen. Aber so viel steht fest, daß die kommunistische Bewegung, wie sie von Jacques Roux, Varlet, Dolivier, Chalier, Leclerc, L'Ange (oder Lange), Rose Lacombe, Boissel und einigen anderen repräsentiert wurde, von einer tiefgreifenden Bedeutung war, die man anfangs übersehen, aber die schon Michelet vermutet hatte.

Es versteht sich von selbst, daß der Kommunismus von 1793 nicht eine solche Vollständigkeit der Lehre aufzuweisen hat, wie man sie bei den französischen Schülern von Fourier und Saint-Simon, und insbesondere bei Considérant oder auch bei Vidal findet. Im Jahre 1793 konnten die kommunistischen Ideen nicht im Studierzimmer ausgearbeitet werden; sie entsprangen den Bedürfnissen des Augenblicks. Darum stellte sich das soziale Problem während der Großen Revolution hauptsächlich in der Form des Problems der Lebensmittelversorgung und des Problems des Grund und Bodens dar. Aber hier ist auch der Punkt, der die Überlegenheit des *Kommunismus* der Großen Revolution über den *Sozialismus* vor 1848 und den daraus entspringenden späteren Richtungen ausmacht. Er ging gerade aufs Ziel, indem er sich an die *Verteilung* der Produkte hielt.

Dieser Kommunismus muß uns ohne Frage fragmentarisch vorkommen, und dies um so mehr, als verschiedene Personen verschiedene Seiten betonten, und er bleibt immer, was wir einen *teilweisen* Kommunismus nennen könnten, da er den *individuellen Besitz* neben dem *Gemeindebesitz* zuläßt und da er zwar das Recht aller auf alle Erzeugnisse der Produktion verkündet, aber daneben ein individuelles Recht auf „das Überflüssige" neben dem Recht aller auf die Bedürfnisse „erster und zweiter Ordnung" anerkennt. Jedoch finden sich bereits die drei Hauptseiten des Kommunismus: der *Boden*kommunismus, der *industrielle* Kommunismus und der Kommunismus *im Handel und Kredit*. Und darin ist das Ideengebilde von 1793 umfassender als das von 1848. Denn wenn auch verschiedene Agitatoren von 1793 eine dieser Seiten des Kommunismus vorzugsweise und mehr als die andern betonen, so schließen sich diese Seiten einander in keiner Weise aus; im Gegenteil, sie sind aus derselben Idee der Gleichheit geboren und ergänzen sich gegenseitig. Zugleich suchen die Kommunisten von 1793 ihre Ideen durch das Vorgehen der *lokalen Kräfte* an Ort und Stelle und durch die Tat zu verwirklichen, ohne es zu verabsäumen, auf die *direkte Verbindung* der 40 000 Gemeinden hinzuwirken.

Bei Sylvain Maréchal findet man sogar ein unbestimmtes Streben nach dem, was wir heutzutage anarchistischen Kommunismus nennen, wobei alles offensichtlich sehr zurückhaltend ausgedrückt ist, denn man lief Gefahr, eine zu offene Sprache mit dem Kopf zu bezahlen.

Die Idee, durch die Verschwörung, vermittels einer geheimen Gesellschaft, die sich der Macht bemächtigen sollte, zum Kommunismus zu gelangen – Babeuf war der Apostel dieser Idee –, nahm erst später, im Jahre 1795, Gestalt an, als die Reaktion des Thermidor der aufsteigenden Bewegung der Großen Revolution ein Ende gemacht hatte. Sie ist ein Produkt der Erschöpfung – nicht eine Wirkung des aufsteigenden Saftes der Jahre 1789 bis 1793.

Zugegeben, es war in dem, was die Volkskommunisten sagten, viel Deklamation. Das war, darf man sagen, die Mode des Zeitalters, der die Redner unserer Zeit auch ihren Tribut zollen. Aber alles, was man von den Volkskommunisten der Großen Revolution weiß, zeigt, daß sie ihren Ideen tief ergeben waren.

Jacques Roux war Priester gewesen. Er war überaus arm und lebte fast lediglich von seinen zweihundert Franken Rente mit seinem Hund in einem düstern Haus im Zentrum von Paris und predigte in den Arbeitervierteln den Kommunismus. Er war in der Sektion der Gravilliers sehr angesehen und übte auch im Klub der Cordeliers einen großen Einfluß aus, bis dieser Einfluß Ende Juni 1793 durch das Dazwischentreten Robespierres gebrochen wurde. Den Einfluß, den Chalier in Lyon ausübte, haben wir schon kennengelernt, und man weiß durch Michelet, daß dieser mystische Kommunist ein bedeutender Mensch war – noch mehr der „Freund des Volkes" als Marat – und von seinen Jüngern angebetet wurde. Nach seinem Tode ging sein Freund Leclerc nach Paris und setzte dort die kommunistische Propaganda mit Roux, Varlet, einem jungen Pariser Arbeiter, und Rose Lacombe, um die sich die revolutionären Frauen scharten, fort. Über Varlet weiß man fast nichts, außer daß er unter den Armen von Paris populär war. Seine Flugschrift „Déclaration solennelle des droits de l'homme dans l'état social", die 1793 erschien, war sehr gemäßigt. Aber man darf nicht vergessen, daß die vorgeschrittenen Revolutionäre, über deren Häuptern das Dekret vom 10. März 1793 hing, nicht alles, was sie dachten, zu veröffentlichen wagten.

Die Kommunisten hatten auch ihre Theoretiker, wie Boissel, der seinen „Catéchisme du genre humain" („Katechismus der Menschheit") in den Anfängen der Revolution und eine zweite Ausgabe dieses Werkes 1791 veröffentlichte; wie den ungenannten Verfasser eines Werkes, das ebenfalls 1791 erschien und betitelt war: „De la propriété ou la cause du pauvre plaidée au tribunal de la Raison, de la Justice et de la Vérité" („Das Eigentum; oder die Sache des Armen vor dem Richterstuhl der Vernunft, der Gerechtigkeit und der Wahrheit"), wie Dolivier, den Pfarrer von Mauchamp, dessen bemerkenswertes Buch „Essai sur la justice primitive, pour servir de principe générateur au seul ordre social qui peut assurer à l'homme tous ses droits et tous ses moyens de bonheur" („Versuch über die ursprüngliche Gerechtigkeit als fruchtbares Prinzip für die einzige soziale Ordnung, die dem Menschen alle seine Rechte und alle Wege zum Glück sichern kann") von den Bürgern der Gemeinde Auvers im Distrikt d'Etampes im Juli 1793 herausgegeben wurde. Da war ferner L'Ange oder Lange, der, wie schon Michelet bemerkt hat, ein wahrhafter Vorläufer von Fourier gewesen ist. Endlich befand sich im Jahre 1793 Babeuf in Paris. Er war, auf Empfehlung von Sylvain Maréchal, beim Verproviantierungswesen beschäftigt und betrieb dort im geheimen kommunistische Propaganda. Da er genötigt war, sich verborgen zu halten, weil er wegen einer angeblichen

Fälschung verfolgt wurde – grundlos von der Bourgeoisie verfolgt wurde, wie G. Deville, der die Akten des Prozesses wiederaufgefunden hat, bewiesen hat – ,mußte er eine weise Zurückhaltung beachten.

Man hat in der Folgezeit den Kommunismus mit der Verschwörung Babeufs in Verbindung gebracht. Aber Babeuf, wenn man nach seinen Schriften urteilen darf, war nur der Opportunist des Kommunismus von 1793. Seine Anschauungen ebenso wie die Aktionsmittel, die er predigte, brachten die Ideen des Kommunismus auf ein niedrigeres Niveau herunter. Während viele Geister der Zeit einsahen, daß eine Bewegung in der Richtung des Kommunismus das einzige Mittel war, die Errungenschaften der Demokratie zu sichern, suchte Babeuf, wie einer seiner modernen Ehrenretter sehr gut gesagt hat, den Kommunismus in die Demokratie hineinzuschmuggeln. Während es keine Frage mehr war, daß die Demokratie ihre Errungenschaften verlieren mußte, wenn das Volk nicht in die Schranken trat, wollte Babeuf *vor allem die Demokratie,* um dann allmählich den Kommunismus einzuführen. Im großen und ganzen war seine Auffassung vom Kommunismus eine so enge und künstliche, daß er glaubte, man könnte durch die Aktion einer kleinen Zahl Personen, die sich mit Hilfe einer geheimen Gesellschaft der Regierung bemächtigten, zu ihm gelangen. Er ging sogar so weit, sein Vertrauen auf *eine* Person zu setzen, wenn sie den festen Willen hätte, *den Kommunismus einzuführen und die Welt zu retten*. Diese unheilvolle Illusion wurde während des ganzen 19. Jahrhunderts von manchen Sozialisten genährt und gab uns den Cäsarismus – den Glauben an Napoleon oder an Disraëli, den Glauben an einen Retter, der auch in unsern Tagen noch nicht verschwunden ist.

59. Ideen über die Sozialisierung des Bodens, der Industrien, der Lebensmittel und des Handels

Der beherrschende Gedanke in der kommunistischen Bewegung von 1793 war, daß die Erde als gemeinsames Erbe der ganzen Nation betrachtet werden muß, daß jeder Einwohner Recht auf den Boden hat und daß jedem die Existenz dergestalt verbürgt werden muß, daß niemand durch den drohenden Hunger gezwungen werden kann, seine Arbeit zu verkaufen.

Die „tatsächliche Gleichheit“, von der man im 18. Jahrhundert viel gesprochen hatte, drückte sich jetzt in der Forderung eines gleichen Rechtes aller auf den

Boden aus; und die außerordentliche Bewegung im Grundbesitz, wie sie durch den Verkauf der Nationalgüter entstanden war, rief die Hoffnung wach, diese Idee in Wirklichkeit umsetzen zu können.

Es darf nicht vergessen werden, daß zu jener Zeit, wo die Großindustrien erst im Entstehen waren, die Erde noch das Hauptwerkzeug der Ausbeutung war. Durch den Grund und Boden hielt der Grundherr die Bauern in seiner Gewalt, und die Unmöglichkeit, seinen Fetzen Land zu bekommen, zwang den Bauern, in die Stadt auszuwandern, wo er ohne Gnade in der Produktion dem Fabrikanten und für die Konsumtion dem Spekulanten ausgeliefert war.

Unter diesen Umständen bewegte sich notwendigerweise das Denken der Kommunisten in der Richtung dessen, was man „das Ackergesetz" nannte, das heißt in der Richtung der Beschränkung des Grundeigentums auf ein gewisses Maximum Landes und der Anerkennung des Rechtes eines jeden auf den Grund und Boden. Das Aufkaufen der Ländereien, das damals beim Verkauf der Nationalgüter von den Spekulanten vorgenommen wurde, konnte diese Idee nur befestigen. Und während die einen forderten, jeder Bürger, der das Land bestellen wollte, müßte das Recht haben, seinen Anteil an den Nationalgütern zu erhalten oder wenigstens zu günstigen Zahlungsbedingungen ein Stück kaufen zu können, forderten andere, die weiter sahen, das Land sollte zum Gemeindeeigentum gemacht werden und niemand sollte ein anderes als ein zeitliches Recht auf den Besitz des Bodens bekommen dürfen, den er selbst bestellte und solange er ihn bestellte.

So verlangte zwar Babeuf, der sich vielleicht hütete, sich zu sehr zu kompromittieren, die gleiche Teilung der Gemeindeländereien. Aber auch er wollte die „Unveräußerlichkeit" des Grund und Bodens, was heißen sollte, daß die Rechte der Gesellschaft, der Gemeinde oder der Nation auf den Boden bestehen bleiben sollten – daß es einen Grund*besitz*, aber keinen Grund*eigentum* geben sollte.

Andererseits bekämpfte Julien Souhait im Konvent bei der Debatte über die Teilung der Gemeindeländereien die endgültige Teilung, wie sie der Landwirtschaftsausschuß vorgeschlagen hatte, und ohne Frage hatte er dabei Millionen von armen Bauern auf seiner Seite. Er verlangte, die Teilung der Gemeindeländer – zu gleichen Teilen unter alle – sollte *nur für eine bestimmte Zeit* vorgenommen werden und sollte *jeweils* nach *Verlauf einer bestimmten Zeit rückgängig gemacht werden können.* In diesem Fall wäre, wie in der russischen Gemeinde, nur die Nutznießung verliehen worden.

Auf demselben Gebiet der Anschauungen stellte Dolivier, der Pfarrer von Mauchamp, in seinem „Versuch über die ursprüngliche Gerechtigkeit" „zwei unerschütterliche Prinzipien" auf: „das erste, daß der Boden im ganzen allen, und *niemandem zu privatem Eigentum gehört;* das zweite, daß jeder ein ausschließliches Recht auf das Produkt seiner Arbeit hat". Aber da die Bodenfrage in jener Zeit die andern an Bedeutung überragte, sprach er vorzugsweise von ihr.

„Die Erde als Ganzes genommen muß als das große, gemeinsame Gut der Natur betrachtet werden" – als das gemeinsame Eigentum aller; „jedes Individuum muß auf ihr das Recht auf seinen Anteil an das große Gemeinsame finden." „Ein Geschlecht hat nicht das Recht, für das folgende Geschlecht das Gesetz zu machen und über seine Souveränität zu verfügen; mit wieviel stärkerem Grunde hat es also nicht das Recht, über sein Erbe zu verfügen?" Und weiter: „Die Nationen allein und an ihrer Stelle die Gemeinden sind wahrhaft Eigentümer ihres Gebietes."

Im Grunde erkannte Dolivier ein durch Erbschaft übertragbares Recht nur für das bewegliche Eigentum an. Hinsichtlich des Bodens sollte niemand vom gemeinsamen Gut mehr besitzen dürfen, als was er selbst mit seiner Familie bestellen konnte. Und auch das sollte er nur zur Nutznießung haben. Das sollte aber, wie nicht zu übersehen ist, die gemeinsame Bestellung durch die Gemeinde, neben Pachtgütern, die im Privatbetrieb bewirtschaftet werden konnten, nicht ausschließen. Da jedoch Dolivier das Leben auf dem Dorfe kannte, verabscheute er die Pächter ebensosehr wie die Eigentümer. Er verlangte „die völlige Zerschlagung der großen Pachtgüter", „die äußerste Teilung des Bodens unter all die Bürger, die keinen oder nicht genügend Boden haben. Das ist die einzige angemessene Maßregel, die unser Landvolk wieder beleben und den Wohlstand in all die Familien tragen kann, die im Elend seufzen, weil ihnen die Mittel fehlen, ihren Fleiß verwerten zu können." – „Die Erde", fügt er hinzu, „würde dadurch besser bestellt werden, die einheimischen Lebensmittel würden vermehrt, die Märkte infolgedessen reichlicher beschickt werden, und man wäre die abscheulichste Aristokratie los, die der Pächter." Er sah voraus, daß man auf diese Weise zu einem so großen landwirtschaftlichen Reichtum käme, daß man niemals wieder das Gesetz über die Lebensmittelpreise brauchte, „das unter den gegenwärtigen Umständen notwendig, aber trotzdem nicht das richtige ist".

Die Sozialisierung der Industrien fand ebenfalls, hauptsächlich im Bezirk von Lyon, Verkünder. Man forderte dort, die Löhne sollten von der Gemeinde geregelt werden und der Lohn sollte so hoch sein, daß er die Existenz verbürgte. Das ist das living wage der englischen Sozialisten unserer Zeit. Außerdem verlangte man die Nationalisierung gewisser Industrien, wie zum Beispiel der Bergwerke. Es wurde auch der Gedanke geäußert, die Gemeinden sollten sich der Industrien bemächtigen, die von den Gegenrevolutionären aufgegeben worden waren, und sie auf eigene Rechnung weiterführen. Im großen und ganzen war dieser Gedanke von der Gemeinde, die die Produktion in die Hand nahm, 1793 sehr populär. Die Benutzung der großen, unbestellten Ländereien in den Parken der Reichen zu Gemüsebau, den die Gemeinden in die Hand nehmen sollten, war ein Vorschlag, der in Paris viel Anklang gefunden hatte, und Chaumette trat lebhaft für ihn ein.

Es versteht sich von selbst, daß die Industrie in jener Zeit viel weniger interessierte als die Landwirtschaft. Indessen sprach schon der Kaufmann Cusset, den Lyon in den Konvent gewählt hatte, von der Nationalisierung der Industrien, und L'Ange entwickelte den Plan zu einem Phalanstère, in dem die Industrie mit der Landwirtschaft vereinigt sein sollte. Seit 1790 hatte L'Ange in Lyon eine ernsthafte kommunistische Propaganda entfaltet. So brachte er in einer Broschüre, die das Datum 1790 trägt, die folgenden Ideen vor: „Die Revolution" sagte er, „hätte Heil bringen sollen; eine Umkehrung der Ideen hat sie verpestet; durch den abscheulichsten Mißbrauch des Reichtums hat man den Souverän (das Volk) entrechtet. Das Gold . . . ist nur in arbeitsamen Händen nützlich und heilsam; es wird giftig, wenn es sich in den Schränken der Kapitalisten anhäuft . . . Überall, Sire, wohin Eure Majestät seine Blicke lenkt, sieht sie die Erde nur von uns bewohnt; wir sind es, die arbeiten, wir sind die ersten Besitzer, die ersten und letzten tatsächlich Besitzenden. Die Nichtstuer, die sich Eigentümer nennen, können nur den *Überschuß unsrer Subsistenzmittel* sammeln. Das spricht zum mindesten für unser Miteigentum. Aber wenn wir von Natur aus Miteigentümer und die alleinige Ursache jedes Einkommens sind, dann ist das Recht, unsern Unterhalt zu beschränken und uns des Überschusses (surplus) zu berauben, das Recht des Räubers." Das halte ich für eine sehr richtige Art, den „Mehrwert" aufzufassen. Er gründete seine Gedanken immer auf die wirklichen Tatsachen – auf die Krise der Lebensmittelprodukte, die Frankreich durchmachte – und kam so zu dem Vorschlag eines Systems einer Art Abonnement der Konsumenten zum Ankauf der ganzen Ernte zu festgelegten Bedingungen, das Ganze vermittelst der freien Vereinigung, die sich frei und ohne Zwang ausdehnen sollte. Er wollte außerdem den *gemeinsamen Speicher*, in den alle Landwirte ihre Erzeugnisse zum Verkauf bringen könnten. Es war das, wie man sieht, ein System, das für den Handel mit Lebensmitteln das individualistische Monopol und die Staatseinmischung der Revolution ablehnte und das moderne System der landwirtschaftlichen Genossenschaften, deren Mitglieder sich zusammengetan haben, um gemeinsam die Erträge einer ganzen Provinz, wie es in Kanada geschieht, oder einer ganzen Nation, wie es in Dänemark der Fall ist, zu vertreiben, vorwegnahm.

Im großen und ganzen ist es vorwiegend das Lebensmittelproblem, das die Kommunisten von 1793 bewegte und sie dazu brachte, dem Konvent den Maximalpreis abzuringen und das große Prinzip auszusprechen: *Sozialisierung des Tausches, Kommunalisierung des Handels*.

In der Tat stand die Frage des Getreidehandels überall im Vordergrunde des Interesses.

„Die Freiheit des Getreidehandels verträgt sich nicht mit der Existenz unserer Republik", sagten die Wähler von Seine-et-Oise im November 1792 zum Konvent. Dieser Handel liegt in den Händen einer Minderheit, die das Ziel hat, sich zu bereichern, und diese Minderheit ist immer daran interessiert, die Preise künstlich in die Höhe gehen zu lassen und so den Konsumenten immer zu schädigen. Jedes halbe Mittel ist gefährlich und unwirksam, sagten sie; eben die Mittelwege sind es, die uns zugrunde richten. Der Getreidehandel, *die ganze Versorgung mit Lebensmitteln, muß von der Republik in die Hand genommen werden*, und diese wird „das richtige Verhältnis zwischen dem Preis des Brotes und dem Tagelohn für die Arbeit festsetzen". Da der Verkauf der Nationalgüter zu abscheulichen Spekulationen von Seiten derer, die diese Güter wieder verpachteten, Anlaß gegeben hatte, verlangten die Wähler von Seine-et-Oise die Beschränkung der Pachtgüter und die Nationalisierung des Handels.

„Ordnet an", sagten sie, „daß niemand mehr als hundertzwanzig Morgen, die Meßrute zu zweiundzwanzig Fuß gerechnet, übernehmen darf; daß jeder Eigentümer nur ein einziges Pachtgut selbst besitzen darf und daß er verpflichtet ist, die andern zu verpachten." Und sie fügten hinzu: „Übergebt alsdann die Sorge, jeden einzelnen Teil der Republik zu verproviantieren, einer vom Volk erwählten Zentralverwaltung, und ihr werdet sehen, daß der Überfluß an

Getreide und das rechte Verhältnis des Getreidepreises zu dem täglichen Arbeitslohn allen Bürgern Ruhe, Glück und Lebensmöglichkeit verschaffen wird."

Diese Ideen waren, wie man sieht, nicht von Turgot und nicht von Necker genommen. *Das Leben selbst* hatte sie erzeugt.

Besonders bemerkenswert ist, daß diese Ideen von den beiden Ausschüssen für Landwirtschaft und Handel akzeptiert und in ihrem Bericht über die Lebensmittelfrage, den sie dem Konvent vorlegten, vorgebracht wurden und daß sie, auf das Drängen des Volkes, in einigen Departements des Berry und des Orléanais zur Ausführung gebracht wurden. Im Eure-et-Loire hätte man am 3. Dezember 1792 die Konventskommissäre beinahe totgeschlagen, man sagte, „die Bourgeois sind lange genug obenauf gewesen, jetzt ist die Reihe an den armen Arbeitern". Später wurden ähnliche Gesetze von Beffroy (aus dem Aisne) heftig vom Konvent verlangt, und der Konvent – wir haben es gesehen, als wir vom Maximalpreis sprachen – machte für ganz Frankreich einen umfassenden Versuch, den ganzen Handel mit Lebensbedürfnissen erster und zweiter Ordnung vermittelst nationaler Magazine und der Festsetzung „gerechter" Preise für die Lebensmittel zu sozialisieren.

Man sieht so während der Revolution die Idee aufkeimen, daß der Handel eine Funktion der Gesellschaft ist; daß er, wie der Boden selbst und die Industrie, vergesellschaftet werden muß, die Idee, die später von Fourier, Robert Owen, Proudhon und den Kommunisten der vierziger Jahre weiterentwickelt wurde.

Noch mehr. Es ist kein Zweifel für uns, daß Jacques Roux, Varlet, Dolivier, L'Ange und Tausende von Einwohnern in der Stadt und auf dem Land, Bauern und Handwerker, was die Praxis angeht, die Lebensmittelfrage außerordentlich viel besser verstanden als die Abgeordneten des Konvents. Sie verstanden, daß die Festsetzung der Preise allein, ohne die Sozialisierung des Bodens, der Industrien und des Handels, ein toter Buchstabe bleiben müßte, selbst wenn sie mit einem ganzen Arsenal von Zwangsgesetzen und dem Revolutionstribunal verschanzt wäre. Daß das System des Verkaufs der Nationalgüter, wie es die Konstituierende und die Gesetzgebende Versammlung und der Konvent angenommen hatten, jene Großpächter geschaffen hatte, die Dolivier mit Recht als die schlimmste Aristokratie bezeichnete, merkte der Konvent im Jahre 1794 wohl. Aber er wußte keinen anderen Rat, als sie in Massen verhaften zu lassen, um sie zur Guillotine zu schicken. Die drakonischen Gesetze gegen das wucherische Aufkaufen jedoch (wie zum Beispiel das Gesetz vom 26. Juli, das die Durchsuchung der Speicher, der Keller, der Scheuern bei den Pächtern anordnete) säten in den Dörfern nur den Haß gegen die Stadt und insbesondere gegen Paris.

Das Revolutionstribunal und die Guillotine konnten das Fehlen einer aufbauenden kommunistischen Idee nicht ersetzen.

60. Das Ende der kommunistischen Bewegung

Vor dem 31. Mai suchten sich die Revolutionäre der Bergpartei, als sie die Revolution durch den Widerstand der Girondisten auf ihrem Wege gehemmt sahen, auf die Kommunisten und auf die Enragés im ganzen zu stützen. Robespierre, in seinem Entwurf für die Erklärung der Rechte vom 21. April 1793, in dem er sich für die Einschränkung des Eigentumsrechts erklärte, Jean Bon Saint-André, Collot d'Herbois, Billaud-Varenne usw. näherten sich zu der Zeit den Kommunisten, und wenn Brissot in seinen wütenden Angriffen gegen den Berg diesen mit den „Anarchisten", den Zerstörern des Eigentums, zusammenwarf, so geschah es, weil sich damals der Berg tatsächlich noch nicht reinlich von den Enragés zu trennen gesucht hatte.

Unmittelbar jedoch nach den Krawallen vom Februar 1793 nahm der Konvent schon eine drohende Haltung gegen die Kommunisten an. Auf einen Bericht von Barère, in dem er schon die Agitation als das Werk von Priestern und Emigranten hinstellte, beschloß der Konvent am 18. März 1793 (trotz des Widerspruchs Marats) mit Begeisterung „die Todesstrafe gegen jeden, der ein *Ackergesetz oder irgend sonst einen Umsturz des Grundbesitzes der Gemeinden oder Individuen in Vorschlag bringt*".

Trotzdem mußte man die Enragés noch schonen, da man das Volk von Paris gegen die Girondisten brauchte, und in den tätigsten Sektionen waren die Enragés populär. Aber nachdem die Girondisten einmal gestürzt waren, wandte sich der Berg gegen die, die „die Revolution in den Dingen wollten, nachdem sie in den Ideen vollzogen war", und vernichteten sie ihrerseits.

Es ist ein Unglück, daß die kommunistischen Ideen unter den Gebildeten der Zeit keinen gefunden haben, der sie in ihrem großen Zusammenhang formulieren und sich Gehör verschaffen konnte. Marat hätte es können, wenn er gelebt hätte; aber im Juli 1793 lebte er nicht mehr. Hébert war zu sybaritisch, um sich an eine solche Aufgabe zu machen; er gehörte zu sehr zur Gesellschaft der bürgerlichen Lebemänner aus der Schule des Barons von Holbach, um sich zum Verteidiger des kommunistischen Anarchismus, wie er in den Volksmassen hochkam, aufzuwerfen. Er konnte die Sprache der Sansculotten annehmen, wie die Girondisten ihre rote Mütze und ihr Duzen annahmen; aber er war wie diese dem Volke zu entfremdet, als daß er die Bestrebungen des Volkes hätte begreifen und zum Ausdruck bringen können. Und so verband er sich mit der Bergpartei, um Jacques Roux und die Enragés im allgemeinen zu vernichten.

Billaud-Varenne schien besser als die andern Mitglieder der Bergpartei das Bedürfnis nach tiefgehenden Wandlungen in der Richtung des Kommunismus zu verstehen. Er hatte einen Augenblick lang geahnt, daß eine soziale Revolution mit der republikanischen Revolution zusammen vorwärtsgehen müßte. Aber auch er hatte nicht den Mut, ein Kämpfer für diese Idee zu werden. Er trat in die Regierung ein und machte es schließlich wie die andern Mitglieder der Bergpartei, die sagten: *„Zuerst die Republik, die sozialen Maßnahmen können später kommen."* Aber daran gingen sie, daran ging die Republik zugrunde.

Die Revolution hatte durch ihre ersten Maßnahmen zu viele Interessen ins Spiel gebracht, die es dem Kommunismus nicht erlauben konnten, daß er sich entwickelte. Die kommunistischen Ideen über das Grundeigentum hatten all die gewaltigen Interessen der Bourgeoisie gegen sich, die sich begierig daran gemacht hatte, sich die geistlichen Güter anzueignen, die unter dem Namen Nationalgüter zum Verkauf gestellt worden waren, und den mehr oder weniger wohlhabenden Bauern dann einen Teil davon zu verkaufen. Diese Käufer, die im Anfang der Revolution die sichersten Stützen der Bewegung gegen das Königtum gewesen waren, wurden, nachdem sie selbst zu Eigentümern und durch die Spekulation bereichert worden waren, die wütendsten Feinde der Kommunisten, die für die ärmsten Bauern und die Stadtproletarier das Recht auf den Boden forderten.

Die Gesetzgeber der Konstituierenden und der Gesetzgebenden Versammlung hatten in diesen Verkäufen das Mittel gesehen, das Bürgertum auf Kosten der Geistlichkeit und des Adels zu bereichern. An das Volk dachten sie gar nicht. Die Konstituierende Versammlung hatte nicht einmal geduldet, daß die Bauern sich zu kleinen Gesellschaften zusammenschlossen, um dadurch ein bestimmtes Gut kaufen zu können. Aber da man ein dringendes Bedürfnis hatte, sofort Geld in die Hand zu bekommen, „verkaufte man", sagt Avenel, von August 1790 bis Juli

1791 „wütend drauflos“. Man verkaufte an die Bourgeois und die wohlhabenden Bauern, ja sogar an englische und holländische Gesellschaften, die zu Spekulationszwecken kauften. Und als die Käufer, die nur zwanzig oder zwölf Prozent des Verkaufspreises angezahlt hatten, die erste Rate zahlen sollten, taten sie alles mögliche, um nicht zu zahlen, und sehr oft gelang es ihnen.

Da indessen die Beschwerden der Bauern, die von diesen Ländereien nichts hatten bekommen können, nicht zur Ruhe kommen wollten, warf ihnen erst die Gesetzgebende Versammlung, im August 1792, und später der Konvent, durch sein Dekret vom 11. Juni 1793 (siehe Kapitel 48), die Gemeindeländereien zur Beute hin, das heißt das Land, das die einzige Hoffnung der ärmsten Bauern war. Der Konvent versprach außerdem, die Grundstücke, die man den Emigranten konfisziert hatte, sollten in Lose von ein bis vier Morgen geteilt und an die Armen veräußert werden, und zwar durch Pacht, die in Geld zu leisten und immer ablösbar sein sollte; er dekretierte sogar gegen Ende 1793, eine Milliarde Nationalgüter sollte den Sansculotten-Freiwilligen reserviert werden, die in den Armeen kämpften, um ihnen zu günstigen Bedingungen verkauft zu werden. Aber nichts von alledem geschah. Diese Dekrete blieben toter Buchstabe wie Hunderte andere Dekrete der Zeit.

So kam es, daß, als Jacques Roux am 25. Juni 1793 – nicht einmal vier Wochen nach der Bewegung vom 31. Mai – in den Konvent ging, um die Agiotage anzugreifen und Gesetze gegen die Agioteure zu verlangen, seine Rede mit wütenden Unterbrechungen und Geheul von den Konventsmitgliedern aufgenommen wurde. Roux wurde aus dem Konvent verjagt und mußte ihn unter Hohnrufen verlassen. Da er jedoch die Verfassung, die der Berg gemacht hatte, angriff und einen großen Einfluß in der Sektion der Gravilliers und im Klub der Cordeliers hatte, begab sich Robespierre, der diesen Klub sonst nie betrat, am 30. Juni (nach den Krawallen vom 26. und 27. gegen die Seifenhändler) in Begleitung von Hébert und Collot d'Herbois dahin und setzte bei den Cordeliers durch, daß Roux und sein Genosse Varlet von den Listen ihres Klubs gestrichen wurden.

Seitdem wurde Robespierre nicht müde, Jacques Roux zu verleumden. Da der revolutionäre Kommunist es nicht vermeiden konnte, die Resultate der Revolution, die für das Volk null und nichtig waren, zu kritisieren, und da er bei der Kritik der republikanischen Regierung (wie es auch den Sozialisten unserer Tage geht) sagen mußte, unter der Republik litte das Volk mehr als unter dem Königtum, versäumte Robespierre keine Gelegenheit, Roux, auch noch nach seinem Tode, als „elenden Priester“, der sich dem Ausland verkauft hätte, und als „Ruchlosen“ zu behandeln, der „unheilvolle Wirren erregen wollte“, um der Republik zu schaden.

Seit Juni 1793 war Jacques Roux dem Tode geweiht. Man beschuldigte ihn, der Urheber der Seifenkrawalle zu sein. Als er später, im August, mit Leclerc zusammen ein Blatt herausgab, L'Ombre de Marat (Der Schatten Marats), schob man Marats Witwe gegen ihn vor, die gegen diesen Titel protestierte; und schließlich machte man es mit ihm, wie man es mit Babeuf gemacht hatte. Man beschuldigte ihn des Diebstahls – er sollte eine Assignate unterschlagen haben, die er für den Klub der Cordeliers erhalten hatte –, während sich, wie Michelet sehr gut bemerkt hat, „diese Fanatiker durch ihre Uneigennützigkeit auszeichneten“ und während Roux, Varlet und Leclerc sicherlich für alle vorgeschobenen Posten der Revolution Muster der Ehrlichkeit waren. Seine Sektion der Gravilliers reklamierte ihn vergebens von der Kommune, indem sie für ihn bürgte. Der Klub der revolutionären Frauen tat dasselbe und wurde daraufhin von der Kommune aufgelöst.

Roux und seine Freunde, die über diese Anklage empört waren, machten nun eines Abends, am 19. August, in der Sektion der Gravilliers einen Gewaltstreich: sie setzten das Bureau ab und machten Roux zum Präsidenten. Nunmehr denunzierte ihn am 21. Hébert bei den Jakobinern, und als die Sache vor die Kommune gebracht worden war, sprach Chaumette von einem Attentat auf die Souveränität des Volkes und von der Todesstrafe. Es wurde Roux der Prozeß gemacht, aber die Sektion der Gravilliers setzte es durch, daß er gegen Kaution freigelassen wurde. Das geschah am 25. August, aber die Untersuchung ging weiter, erstreckte sich auch auf die Anklage des Diebstahls, und am 23. Nivôse (14. Januar 1794) wurde Roux dem Kriminalpolizeigericht vorgeführt.

Das Gericht erklärte sich wegen *der Schwere der gegen Roux vorgebrachten Anklagen* (Gewaltstreich in der Sektion) für unzuständig und verwies ihn vor das Revolutionstribunal. Jetzt wußte Roux, was ihm bevorstand, und brachte sich vor dem Tribunal drei Dolchstiche bei. Er wurde nach Bicêtre ins Lazarett gebracht und versuchte da, zu verbluten, wie die Agenten von Fouquier-Tinville berichteten, und erstach sich schließlich noch einmal, verletzte sich die Lunge und erlag seinen Wunden. Das Obduktionsprotokoll trägt das Datum des 1. Ventôse (19. Februar 1794).

Das Volk, besonders in den Sektionen des Zentrums von Paris, sah jetzt ein, daß es um seine Träume von „tatsächlicher Gleichheit“ und von Wohlstand für alle geschehen wäre. Gaillard, der Freund Chaliers, der nach der Eroberung Lyons durch die Bergpartei nach Paris gekommen war (während der ganzen Belagerung war er in einem Kerker gewesen), tötete sich gleichfalls, als er die Nachricht von der Verhaftung Leclercs erhielt, der mit Chaumette und den Hébertisten festgesetzt worden war.

Zur Antwort auf all diese Forderungen des Kommunismus und angesichts des Volkes, das im Begriff stand, der Revolution den Rücken zu kehren, erließ der Wohlfahrtsausschuß, der immer darauf bedacht war, sich „den Bauch“ des Konvents („den Sumpf“) und den Jakobinerklub nicht zu entfremden, am 21. Ventôse des Jahres II (11. März 1794) ein hochtrabendes Rundschreiben an die Konventsdelegierten in den Provinzen. Aber dieses Rundschreiben lief ebenso wie die berühmte Rede von Saint-Just, die ihm zwei Tage später (am 23. Ventôse) folgte, auf weiter nichts hinaus als auf die – übrigens sehr magere – Wohltätigkeit des Staates.

„Ein großer Schlag war nötig, um die Aristokratie zu zermalmen“, sagte das Rundschreiben des Ausschusses. „Der Konvent hat ihn geschlagen. Die tugendhafte Armut mußte in den Besitz des Eigentums kommen, das die Verbrechen ihm geraubt hatten . . . Der Schrecken und die Gerechtigkeit müssen ihre Schläge an allen Punkten zugleich niedersausen lassen. Die Revolution ist das Werk des Volkes: es wird Zeit, daß es sich ihrer erfreuen kann.“ Und so fort.

Aber der Konvent tat nichts. Das Dekret vom 13. Ventôse des Jahres II (3. Februar 1794), von dem Saint-Just sprach, beschränkt sich auf folgendes: Jede Gemeinde sollte eine Enquête über die notleidenden Patrioten veranstalten, und alsdann würde der Wohlfahrtsausschuß einen Bericht machen, auf welche Weise alle Unglücklichen mit den Gütern der Feinde der Revolution entschädigt werden sollten. Von diesen Gütern sollte man ihnen einen Morgen als Eigentum abtrennen. Für die Greise und Schwachen beschloß der Konvent später, am 22. Floréal (11. Mai), ein Verzeichnis der nationalen Wohltätigkeit zu eröffnen.

Es braucht kaum gesagt zu werden, daß dieser „Morgen“ den Bauern wie Hohn vorkam. Überdies aber erlebte das Dekret, abgesehen von einigen Ortschaften, die eine Ausnahme bildeten, noch nicht einmal einen Anfang der Ausführung. Wer sich nicht selbst Ländereien genommen hatte, bekam keine.

Es sei noch hinzugefügt, daß manche von den Konventsdelegierten, die in die Provinzen entsandt waren, wie Albitte, Collot d'Herbois und Fouché in Lyon, Jean Bon Saint-André in Brest und in Toulon, Romme in der Charente, im Jahre 1793 bestrebt waren, die Güter zu sozialisieren. Und als der Konvent das Gesetz vom 16. Nivôse des Jahres II (5. Januar 1794) gemacht hatte, das besagte, daß „in den belagerten, blockierten oder eingeschlossenen Städten die Stoffe, Waren und Lebensmittel aller Art gemeinsam sein" sollten, kann man sagen, bemerkt Aulard, „daß eine Tendenz bestand, dieses Gesetz auch auf Städte anzuwenden, die weder belagert noch blockiert noch eingeschlossen waren".Histoire politique, Kap. VIII, Buch II.

Der Konvent, oder vielmehr sein Wohlfahrts- und sein Sicherheitsausschuß unterdrückten im Jahre 1794 die kommunistischen Manifestationen. Aber der Geist des französischen Volkes, der in Revolution gekommen war, drängte trotzdem in dieser Richtung vorwärts, und es setzte sich fast allenthalben im Laufe des Jahres II der Republik ein großes Werk der Ausgleichung durch, und überall äußerte sich das Aufblühen des kommunistischen Geistes.

So faßten am 24. Brumaire des Jahres II (14. November 1793) die drei Konventsvertreter in Lyon, Albitte, Collot d'Herbois und Fouché, einen Beschluß, der auch einen Anfang der Ausführung fand, wonach alle schwächlichen Bürger, alle Greise, Waisen und Notleidenden „auf Kosten der Reichen ihrer jeweiligen Kantone mit Wohnung, Nahrung und Kleidung versorgt werden" und den arbeitsfähigen Bürgern „Arbeit und alle zur Ausübung ihres Berufs und ihres Fleißes nötigen Gegenstände" geliefert werden sollten. Der Genuß der Bürger, sagten sie in ihrem Rundschreiben, muß im Verhältnis zu ihrer Arbeit, ihrem Fleiß und dem Eifer stehen, mit dem sie sich dem Dienst des Vaterlandes widmen. Viele Delegierte, die zu den Armen entsandt waren, kamen zum selben Entschluß, sagt Aulard. So erhob Fouché von den Reichen hohe Steuern, um den Armen Nahrung zu verschaffen. Es ist ferner außer Frage, wie derselbe Verfasser sagt, daß manche Gemeinden kollektivistische Einrichtungen (oder besser gesagt: Einrichtungen des Gemeindekommunismus) schufen.

Die Idee, der Staat müßte die Fabriken in die Hand nehmen, die ihre Unternehmer leer stehen ließen, und sie betreiben, wurde zu wiederholten Malen ausgesprochen. Chaumette vertrat sie im Oktober 1793, als er die Wirkung der Maximalpreise auf manche Industrien feststellte, und Jean Bon Saint-André hatte die Mine Carhaix in der Bretagne in Regie genommen, um den Arbeitern Brot zu verschaffen. Die Idee lag in der Luft.

Aber wenn eine gewisse Zahl der Konventsdelegierten in den Provinzen im Jahre 1793 Maßregeln gleichheitlichen Charakters ergriffen und sich für den Gedanken der *Beschränkung der Vermögen* begeisterten, schützte der Konvent andererseits vor allem die Interessen der Bourgeoisie, und es liegt ohne Frage etwas Wahres in der Bemerkung von Buonarroti, die Furcht, Robespierre könnte sich mit seiner Gruppe auf Maßnahmen einlassen, die die Gleichheitsbestrebungen des Volkes begünstigt hätten, hätte zu dem Sturz dieser Gruppe am 9. Thermidor beigetragen.

61. Die Errichtung der Zentralregierung – Die Gewaltmaßregeln

Nach dem 31. Mai und der Verhaftung der Girondistenführer hatte der Berg während des ganzen Sommers 1793 daran gearbeitet, eine starke Regierung zu gründen, die in Paris konzentriert war und die der Invasion, den Aufständen in der Provinz und den Volksbewegungen, die für Paris selbst durch den Einfluß der Enragés und der Kommunisten gefürchtet wurden, entgegentreten konnte.

Seit April hatte der Konvent, wie wir gesehen haben, die Zentralgewalt seinem Wohlfahrtsausschuß anvertraut, und er verstärkte ihn nach dem 31. Mai noch durch neue Elemente aus der Bergpartei. Als die Inkraftsetzung der neuen Verfassung bis zum Ende des Krieges vertagt wurde, behielten die beiden Ausschüsse, der Wohlfahrts- und der Sicherheitsausschuß, die Gewalt in ihren Händen und verfolgten eine Politik mittlerer Linie: sie hielten sich zwischen den radikalen Parteien (den Enragés, der Kommune von Paris) und den Dantonisten, an die sich die Girondisten angeschlossen hatten, in der Mitte.

Darin wurden die Ausschüsse von den Jakobinern mächtig unterstützt, die ihr Aktionsgebiet in der Provinz ausgedehnt und ihre Reihen fest geschlossen hatten. Hatte die Zahl der dem Pariser Jakobinerklub angeschlossenen Gesellschaften im Jahre 1791 achthundert betragen, so war sie 1793 auf achttausend gestiegen, und jede dieser Gesellschaften wurde für das republikanische Bürgertum ein Stützpunkt: eine Pflanzstätte, aus der sich die zahlreichen Beamten der neuen Bureaukratie rekrutierten, und eine Polizeimacht, derer sich die Regierung bediente, um ihre Feinde zu entdecken und zu vernichten. Außerdem wurden bald in den Gemeinden und Sektionen vierzigtausend revolutionäre Ausschüsse gebildet, und alle diese Ausschüsse, die zum größten Teil, wie schon Michelet bemerkt hat, von Männern mit höherer Bildung, sehr oft von Beamten der früheren Monarchie, geleitet wurden, wurden bald vom Konvent dem Sicherheitsausschuß unterstellt, und auch die Sektionen und die Volksgesellschaften wurden nun schnell Organe der Zentralregierung.

Aber die Lage in Paris war in keiner Weise beruhigend. Die tatkräftigen Männer, die besten Revolutionäre waren in den Jahren 1792 und 1793 als Freiwillige an die Grenzen oder in die Vendée gegangen, und die Royalisten hoben das Haupt wieder in die Höhe. Die machten sich die schwächere Überwachung zunutze und kehrten in großer Zahl zurück. Im August zeigte sich auf den Straßen wieder mit einemmal der Luxus, wie er in der alten Zeit der Monarchie und des unbeschränkten Feudalismus geherrscht hatte. Die öffentlichen Gärten und die Theater wimmelten von den „muscadins“ – den Stutzern. In den Theatern klatschte man den royalistischen Stücken wütenden Beifall und zischte die republikanischen aus. Man brachte sogar in einem Stück das Gefängnis des Temple und die Befreiung der Königin auf die Bühne, und es hätte nicht viel gefehlt, so wäre die Flucht Marie Antoinettes tatsächlich gelungen.

In die Sektionen drängten sich in Massen die girondistischen Gegenrevolutionäre und die Royalisten. Wenn die Arbeiter und Handwerker abends von ihrer langen Tagesarbeit müde nach Hause gingen, begaben sich die jungen Bourgeois mit Knütteln bewaffnet in die allgemeinen Sektionsversammlungen und sorgten dafür, daß die Beschlüsse in ihrem Sinne gefaßt wurden.

Es ist kein Zweifel, daß die Sektionen sich, wie sie es schon einmal getan hatten, dieser Eindringlinge erwehrt hätten, indem sich die Nachbarsektionen gegenseitig Hilfe geleistet hätten. Aber die Jakobiner betrachteten die rivalisierende Macht der Sektionen mit mißgünstigen Blicken. Sie benutzten die erste Gelegenheit, um sie zu lähmen, und diese Gelegenheit sollte sich bald bieten.

Es fehlte in Paris fortwährend an Brot, und am 4. September bildeten sich Zusammenrottungen um das Rathaus, und man hörte die Rufe: Brot! Brot! Die Ansammlungen wurden drohend, und es bedurfte der ganzen Popularität und Gutmütigkeit von Chaumette, der der Lieblingsredner der Armen von Paris war, um sie mit Versprechungen zu besänftigen. Chaumette versprach, er werde für Brot sorgen und die Beamten des Verpflegungsamtes verhaften lassen. Die

Bewegung war also fehlgeschlagen, und am nächsten Tag begnügte sich das Volk damit, Deputationen in den Konvent zu schicken.

Der Konvent wußte nicht, wie er den wahren Ursachen dieser Bewegung abhelfen sollte, und wollte es auch nicht. Er wußte nichts weiter zu tun, als die Gegenrevolutionäre zu bedrohen, den Schrecken zur Tagesordnung zu machen und die Zentralregierung zu verstärken. Weder der Konvent noch der Wohlfahrtsausschuß, noch sogar die Kommune – die überdies vom Ausschuß bedroht war – standen auf der Höhe der Situation. Die gleichheitlichen Ideen, die im Volke keimten, fanden niemanden, der sie mit derselben Kraft, derselben Kühnheit und derselben Schärfe ausgedrückt hätte, wie Danton, Robespierre, Barère und so viele andere die Bestrebungen der Revolution in ihren Anfängen ausgesprochen hatten. Die Männer der Regierung – die Mittelmäßigkeiten des mehr oder weniger demokratischen Bürgertums – bekamen das Oberwasser.

Die Sache ist die, daß das Ancien régime noch eine große Kraft behalten hatte und daß diese Kraft durch die Unterstützung verstärkt worden war, die es eben bei denen fand, die die Revolution mit Wohltaten überschüttet haben. Um diese Kraft zu brechen, wäre eine neue Revolution nötig gewesen – eine Revolution des Volkes mit dem Ziele der Gleichheit; aber davon wollte die große Masse der Revolutionäre von 1791 bis 1792 nichts wissen.

Die meisten Angehörigen des Bürgertums, das von 1789 bis 1792 revolutionär gewesen war, glaubten jetzt, die Revolution wäre „zu weit“ gegangen. Würde sie die „Anarchisten“ verhindern können, „die Vermögen gleichzumachen“? Würde sie nicht den Bauern zu viel Wohlstand verschaffen, so daß sie sich weigern könnten, für die Käufer der Nationalgüter zu arbeiten? Wo sollte man dann die Hände finden, durch deren Arbeit diese Güter Ertrag brächten? Denn wenn die Käufer dem Staatsschatz für die Erwerbung dieser Nationalgüter Millionen gegeben hatten, war es doch einfach darum geschehen, um sie nutzbringend zu bewirtschaften; und was sollte man anfangen, wenn es in den Dörfern keine beschäftigungslosen Proletarier mehr gab?

Die Partei des Hofs und der Adligen hatte jetzt eine ganze Klasse von Käufern der Nationalgüter, von schwarzen Banden, von Militärlieferanten und Spekulanten zu Bundesgenossen. Sie alle hatten es zu Vermögen gebracht und hatten es jetzt eilig, zu genießen und der Revolution ein Ende zu machen; und sie hatten nur noch einen Wunsch: daß die Güter, die sie gekauft hatten, und die Vermögen, die sie aufgehäuft hatten, ihnen nicht genommen wurden. Eine ganze Menge von Kleinbürgern neuen Ursprungs hielt es in den Dörfern mit ihnen. Und alle diese Menschen interessierten sich sehr wenig für die Form der Regierung, *wenn sie nur stark war,* wenn sie nur die Sansculotten im Zaum halten und mit England, Österreich, Preußen fertig werden konnte, die imstande waren, die Güter, die von der Revolution der Geistlichkeit und dem Adel abgenommen worden waren, ihren früheren Besitzern wieder zurückzugeben.

So kam es, daß der Konvent und der Wohlfahrtsausschuß, als sie sich von den Sektionen und der Kommune bedroht sahen, sich beeilten, vor allen Dingen die Zusammenhanglosigkeit dieser Bewegung zu benutzen, um die Zentralregierung zu stärken.

Der Konvent beschloß freilich, dem Handel mit Assignaten ein Ende zu setzen; er verbot ihn bei Todesstrafe; und er richtete eine „Revolutionsarmee" von 6000 Mann unter dem Kommando des Hébertisten Ronsin ein, die mit den Gegenrevolutionären fertig werden und auf dem Lande Lebensmittel zur Ernährung von Paris requirieren sollte. Aber da dieser Maßregel keine organische Aktion folgte, die das Land denen gegeben hätte, die es selbst bestellen wollten, und die sie instand gesetzt hätte, es zu tun, waren diese Requisitionen der Revolutionsarmee nur eine Ursache zum Haß der Landbewohner gegen Paris; und so war ihre Wirkung bald, daß sie die Schwierigkeiten der Verproviantierung von Paris vermehrten.

Im übrigen beschränkte sich der Konvent darauf, mit dem Schrecken zu drohen und die Regierung mit neuen Machtmitteln auszustatten. Danton sprach von der „Nation in Waffen" und drohte den Royalisten. Es sei nötig, sagte er, „daß jeden Tag ein Aristokrat, ein Ruchloser, seine Frevel mit seinem Kopf büße". Der Jakobinerklub verlangte, daß die verhafteten Girondisten in Anklagezustand versetzt wurden. Hébert sprach von der „Guillotine im Umherziehen". Das Revolutionstribunal wurde verstärkt, die Haussuchungen waren von jetzt an auch bei Nacht zulässig.

Während man so sich dem Schreckensregiment näherte, ergriff man zugleich Maßregeln, um die Kommune zu schwächen. Da die revolutionären Ausschüsse, die die Polizeigerichtsbarkeit und die Verhaftungen besorgten, verschiedener Mißbräuche angeschuldigt worden waren, erlangte Chaumette den Auftrag, sie zu säubern und unter die Aufsicht der Kommune zu stellen; aber zwölf Tage später, am 17. September 1793, nahm der Konvent der Kommune dieses Recht ab, und die revolutionären Ausschüsse wurden unter die Aufsicht des

Sicherheitsausschusses gestellt – dieser düsteren Macht der Geheimpolizei, die neben dem Wohlfahrtsausschuß immer mehr heranwuchs und ihn zu verschlingen drohte. Hinsichtlich der Sektionen beschloß der Konvent unter dem Vorwand, sie ließen immer mehr Gegenrevolutionäre in sich eindringen, am 9. September, die Zahl ihrer allgemeinen Versammlungen sollte auf zwei in der Woche eingeschränkt werden, und um die Pille zu versüßen, bewilligte er solchen Sansculotten, die von ihrer Hände Arbeit lebten und die Sitzungen besuchten, vierzig Sous für jede Sitzung. Man hat diese Maßregel oft als etwas sehr Revolutionäres hingestellt, aber die Sektionen scheinen anders darüber geurteilt zu haben. Einige von ihnen (Contrat social, Halle aux blés, Droits de l'homme, unter dem Einfluß Varlets) lehnten es ab, die Entschädigung anzunehmen, und tadelten das Prinzip; und die andern machten, wie Ernest Mellié gezeigt hat, nur sehr mäßigen Gebrauch davon.

Am 19. September schließlich vermehrte der Konvent das Arsenal der Unterdrückungsmaßregeln durch das Gesetz über die Verdächtigen, das gestattete, alle ehemaligen Adligen, alle, die sich als „Anhänger der Tyrannei oder des Föderalismus“ zeigten, alle, die „ihre Bürgerpflichten nicht erfüllten“, mit einem Wort, jeden, der nicht fortwährend seine Anhänglichkeit für die Revolution bekundet hatte, als verdächtig zu verhaften! Louis Blanc und die Staatler im allgemeinen geraten angesichts dieser Maßregel einer „furchteinflößenden Politik“ in Verzückung, während sie weiter nichts bedeutete als die Unfähigkeit des Konvents, auf dem Wege der Revolution geradeaus weiterzumarschieren. Sie führte auch zu der entsetzlichen Überfüllung der Gefängnisse, die später die Massenertränkungen durch Carrier in Nantes, das Niederkartätschen durch Collot in Lyon, die Massenguillotinierungen vom Juni und Juli 1794 in Paris herbeiführten und den Sturz der Herrschaft der Bergpartei vorbereitete.

Je mehr sich so in Paris eine furchteinflößende Regierung festsetzte, um so mehr wurde es unvermeidlich, daß sich schreckliche Kämpfe zwischen den verschiedenen politischen Richtungen entspinnen mußten, um die Entscheidung herbeizuführen, wem dieses Werkzeug der Macht gehören sollte. Das erlebte der Konvent am 25. September, wo zwischen allen Parteien ein allgemeiner Streit entstand: der Sieg gehörte, wie zu erwarten stand, der Partei der revolutionären Mittelstraße: den Jakobinern und Robespierre, ihrem getreuen Repräsentanten. Das Revolutionstribunal wurde unter ihrem Einfluß gegründet.

Acht Tage später, am 3. Oktober, befestigte sich die neue Macht. An diesem Tage wurde Amar vom Sicherheitsausschuß, nachdem man lange gezögert hatte, genötigt, einen Bericht zu machen, wonach die am 2. Juni aus dem Konvent gestoßenen Girondisten vor das Revolutionstribunal gestellt wurden; und er verlangte, sei es aus Furcht, sei es aus irgend sonst einer Erwägung, außer den einunddreißig, die er anklagte, die Aburteilung von dreiundsiebzig girondistischen Abgeordneten, die am 2. Juni gegen die Vergewaltigung des Konvents protestiert und fortgefahren hatten, zu tagen. Dem widersetzte sich Robespierre zum großen Erstaunen aller sehr entschieden. Es tat, sagte er, nicht not, die Soldaten zu vernichten; es genügte, die Führer zu treffen. Er wurde zugleich von der Rechten und von den Jakobinern unterstützt und setzte so beim Konvent seinen Willen durch. Auf diese Weise trug er den Heiligenschein der ausgleichenden Gerechtigkeit; er schien der Mann, der zugleich den Konvent und die Ausschüsse beherrschen konnte.

Schon nach wenigen Tagen verlas sein Freund Saint-Just im Konvent einen Bericht, in dem er erst über die Verderbnis und die Tyrannei der neuen Bureaukratie klagte und schon auf die Kommune von Paris, Chaumette und seine Partei, abzielte, wonach er schließlich „die revolutionäre Regierung bis zum Friedensschluß“ verlangte.

Der Konvent schloß sich seinen Forderungen an. Die revolutionäre Zentralregierung war begründet.

Während diese Kämpfe sich in Paris abspielten, stand es erschreckend traurig um die militärische Lage. Im August war eine allgemeine Aushebung angeordnet worden, und Danton, der seine Tatkraft und sein Erfassen des Volksgeistes wiederfand, machte den prachtvollen Vorschlag, das ganze Musterungsgeschäft nicht der revolutionären Bureaukratie, sondern den achttausend Föderierten zu übertragen, die von den Urwählerversammlungen nach Paris entsandt worden waren, um die Annahme der Verfassung zu notifizieren. Dieser Plan wurde am 25. August angenommen.

Da jedoch die Hälfte Frankreichs von dem Krieg nichts wissen wollte, ging die Aushebung sehr langsam vor sich; es fehlte an Waffen und Munition.

Im August und September gab es zunächst eine Reihe Schicksalsschläge. Toulon war in den Händen der Engländer, Marseille und die Provence in Empörung gegen den Konvent; die Belagerung von Lyon dauerte noch fort und ging bis zum 8. Oktober, und in der Vendée wollte die Lage in keiner Weise besser werden. Erst am 16. Oktober errangen die Armeen der Republik bei Wattignies ihren ersten Sieg, und am 18. überschritten die Vendéer, die bei Chollet geschlagen worden waren, die Loire, um nach Norden zu ziehen. Die Ermordung der Patrioten aber ging immer noch weiter. Bei Noirmoutiers ließ Charette, wie wir gesehen haben, alle, die sich ergeben hatten, erschießen.

Man kann verstehen, daß angesichts all dieses vergossenen Blutes, der unerhörten Anstrengungen und Leiden, die die große Masse des französischen Volkes durchmachte, sich der Brust der Revolutionäre der Schrei entrang: *Nieder mit allen Feinden der Revolution, mit allen, oben und unten!* Man bringt eine Nation nicht zum äußersten, ohne daß schließlich die Empörung sich aufbäumt.

Am 3. Oktober erging der Befehl an das Revolutionstribunal, Marie Antoinette abzuurteilen. Seit Februar war in Paris fortwährend von Fluchtversuchen der Königin die Rede. Mehrere davon waren, wie man heute weiß, sehr nahe am Gelingen gewesen. Die Offiziere der städtischen Garde, die die Kommune mit der Überwachung des Temple betraute, ließen sich fortgesetzt von den Anhängern der königlichen Familie gewinnen. Foulon, Brunot, Moelle, Vincent, Michonis gehörten zu ihnen. Lepître, ein glühender Royalist, stand in den Diensten der Kommune und machte sich durch seine radikalen Ideen in den Sektionen bemerkbar. Ein anderer Royalist, Bault, erlangte die Stelle des Pförtners in der Conciergerie, wo man jetzt die Königin gefangenhielt. Ein Fluchtversuch war im Februar gescheitert; ein anderer, den Michonis und der Baron von Batz unternommen hatten, war sehr nahe am Gelingen gewesen; daraufhin (am 11. Juli) wurde Marie Antoinette zuerst von ihrem Sohn getrennt, der unter die Bewachung des Schuhmachers Simon gestellt wurde, und dann (am 8. August) in die Conciergerie verbracht. Aber die Versuche, sie zu entführen, hörten nicht auf, und einem Ritter des Ordens vom heiligen Ludwig, Rougeville, gelang es sogar, bis zu ihr zu dringen, während Bault, der ihr Pförtner geworden war, Beziehungen nach außen unterhielt. Und jedesmal, wenn ein Plan zur Befreiung der Königin vorbereitet wurde, rührten sich die Royalisten und stellten einen Staatsstreich und die bevorstehende Niedermachung des Konvents und der Patrioten im allgemeinen in Aussicht.

Es ist wahrscheinlich, daß der Konvent nicht bis Oktober damit gewartet hätte, Marie Antoinette vor Gericht zu stellen, wenn nicht die Hoffnung bestanden hätte, die Invasion der koalierten Könige unter der Bedingung, daß man die Königin in Freiheit setzte, zu beendigen. Man weiß sogar, daß der

Wohlfahrtsausschuß (im Juli) seinen Kommissaren Semonville und Maret, die in Italien vom Gouverneur von Mailand verhaftet wurden, Instruktionen in diesem Sinne gegeben hatte, und man weiß auch, daß die Verhandlungen über die Freilassung der Tochter des Königs noch im Gange waren.

Die Bemühungen Marie Antoinettes, die deutsche Invasion nach Frankreich zu rufen, und ihre Verrätereien, um dem Feind seine Eroberungen leichter zu machen, sind jetzt, wo man ihre Korrespondenz mit Fersen kennt, zu gut bewiesen, als daß es der Mühe verlohnte, die Märchen ihrer modernen Verteidiger zu widerlegen, die fast eine Heilige aus ihr machen wollen. Die öffentliche Meinung hat sich 1793 nicht getäuscht, als sie die Tochter Maria Theresiens bezichtigte, noch schuldiger zu sein als Ludwig XVI. Am 16. Oktober starb sie auf dem Schafott.

Die Girondisten folgten ihr schnell. Man erinnert sich, daß die einunddreißig von ihnen, deren Verhaftung am 2. Juni beschlossen worden war, die Erlaubnis erhalten hatten, in Paris unter der Bewachung eines Gendarmen herumzugehen. Man hatte sowenig die Absicht, ihnen ein Leid anzutun, daß mehrere Mitglieder der Bergpartei sich erboten hatten, sich als Geiseln in die Departements der verhafteten Girondisten zu begeben. Die meisten dieser verhafteten Girondisten waren jedoch aus Paris geflohen, um in der Provinz den Bürgerkrieg zu predigen. Die einen hatten die Normandie und die Bretagne zur Erhebung gebracht, die andern hatten Bordeaux, Marseille, die Provence zum Aufstand gerufen, und allenthalben waren sie die Bundesgenossen der Royalisten geworden.

In diesem Augenblick waren von den einunddreißig, deren Verhaftung am 2. Juni beschlossen worden war, nur noch zwölf in Paris. Man fügte ihnen zehn andere hinzu, und am 3. Brumaire (22. Oktober) begann der Prozeß. Die Girondisten verteidigten sich mutig, und da ihre Reden selbst die sicheren Geschworenen des Revolutionstribunals zu beeinflussen drohten, ließ der Wohlfahrtsausschuß in aller Eile ein Gesetz „zur Beschleunigung der Verhandlungen" beschließen. Am 9. Brumaire (29. Oktober) ließ Fouquier-Tinville dieses neue Gesetz vor dem Tribunal verlesen. Die Verhandlungen wurden geschlossen, und die einundzwanzig wurden verurteilt. Valazé erstach sich; die andern wurden am Tag darauf hingerichtet.

Frau Roland wurde am 18. Brumaire (8. November) hingerichtet; der frühere Bürgermeister von Paris, Bailly, über dessen Einverständnis mit Lafayette bei dem Gemetzel vom 17. Juli 1791 auf dem Marsfeld kein Zweifel erlaubt war, Girey-

Dupré, der Feuillant Barnave, der die Königin von Varennes nach Paris begleitet hatte, folgten ihnen bald. Im Dezember bestiegen der Girondist Kersaint, Rabaut-Saint-Étienne und auch Madame Dubarry, königlichen Angedenkens, das Schafott.

Der Schrecken hatte angehoben und sollte nun seinen unvermeidlichen Gang nehmen.

62. Der Unterricht – Das metrische System – Der neue Kalender – Antireligiöse Versuche

In all diesen Kämpfen verloren die Revolutionäre die große Frage des öffentlichen Unterrichts nicht aus dem Auge. Sie versuchten, dazu die gleichheitliche Grundlage zu legen. Eine außerordentliche Arbeit wurde in dieser Richtung geleistet, wie man sich an Hand der in neuerer Zeit veröffentlichten Dokumente des Ausschusses für öffentlichen Unterricht überzeugen kann. Man verlas im Konvent den wundervollen Bericht von Michel Lepeletier über den Unterricht, der nach seinem Tode aufgefunden wurde, und der Konvent nahm eine Reihe von Maßregeln für den Unterricht in drei Stufen an: die écoles primaires (unsere Elementar- und Mittelschulen umfassend), die écoles centrales (unsern Hochschulen entsprechend) und die écoles speciales (Schulen zu besonderer Ausbildung, vornehmlich in technischen Wissenschaften und Betätigungen).

Das schönste Denkmal des Geistes aber in der Epoche der Revolution war das metrische System. Dieses System tat viel mehr, als daß es in die Einteilung der Längen-, Flächen- und Hohlmaße und der Gewichte das Dezimalsystem einführte, das die Grundlage unseres Zahlensystems ist – obwohl das schon viel war, um den Unterricht in den mathematischen Fächern zu vereinfachen und den mathematischen Geist zu entwickeln. Es gab außerdem dem Grundmaß, dem Meter, eine Länge, die immer annähernd gleich nach dem Umfang der Erde wiedergefunden werden konnte – und das eröffnete dem Denken neue Horizonte. Überdies aber bereitete das metrische System, indem es zwischen den Einheiten der Länge, der Fläche, des Volumens und des Gewichtes einfache Beziehungen herstellte, den großen, genialen Sieg der Naturwissenschaften im neunzehnten Jahrhundert vor – die Einsicht in die Einheit der physischen Kräfte, in die Einheit der Natur.

Der neue republikanische Kalender war die notwendige Konsequenz daraus. Er wurde vom Konvent auf Grund von zwei Berichten von Romme, die am 20. September und 5. Oktober verlesen wurden, und einem andern Bericht von Fabre d'Eglantine, der am 24. November 1793 zur Verlesung kam, angenommen. Er eröffnete in der Zählung der Jahre eine neue Ära, die mit der Verkündung der Republik in Frankreich, am 22. September 1792 (das war auch die Herbst-Tagundnachtgleiche), begann, und gab die christliche Woche auf. Der Sonntag verschwand – der Decadi wurde zum Feiertag.

Dieser Beschluß des Konvents, der den christlichen Kalender aus unserm Leben entfernte, mußte alle die ermutigen, die in der christlichen Kirche und ihren Dienern die stärkste Stütze der Knechtschaft sahen. Die Erfahrung, die man mit der Geistlichkeit gemacht hatte, die den Eid auf die Verfassung geleistet hatte, hatte bewiesen, wie unmöglich es war, die Geistlichkeit für die Sache des Fortschritts zu gewinnen. Daher drängte sich notwendig der Gedanke auf, das Kultusbudget zu unterdrücken und es den Gläubigen zu überlassen, die Geistlichen für ihren Gottesdienst selbst zu unterhalten. Cambon brachte den Vorschlag schon im November 1792 im Konvent vor. Aber dreimal beschloß der Konvent, so streng er auch gegen die reaktionären Priester vorging, die dem Staat unterstellte Nationalkirche beizubehalten.

Gegen die reaktionären Priester erließ man sehr strenge Gesetze: Die Deportation für die, die den Eid verweigerten, und seit dem 18. März 1793 die Todesstrafe für die, die sich an den Unruhen aus Anlaß der Truppenaushebungen beteiligten, oder die hätten deportiert werden sollen und sich auf dem Gebiet der Republik ergreifen ließen. Am 21. Oktober 1793 dekretierte man noch entschiedenere Gesetze, und die Deportation traf auch die verfassungsmäßigen und vereidigten Geistlichen, wenn sie von sechs Bürgern ihres Kantons des Mangels an Bürgertugend bezichtigt wurden. Das hing damit zusammen, daß man sich mehr und mehr überzeugte, daß die „Schwörer“ oft ebenso gefährlich waren wie die „Nichtschwörer“ oder „Papisten“.

Die ersten Versuche der „Entchristlichung“ wurden in Abbeville und in Nevers gemacht. Der Konventsdelegierte Fouché, der nach Nevers entsandt war und ohne Frage im Einverständnis und vielleicht unter dem Einfluß von Chaumette handelte, den er in dieser Stadt traf, erklärte am 26. September 1793 „den abergläubischen und heuchlerischen Kulten“ den Krieg, um an ihre Stelle „den Kultus der Republik und der natürlichen Moral“ zu setzen. Einige Tage nach der Annahme des neuen Kalenders erließ er (am 10. Oktober) eine neue Verfügung, nach der die gottesdienstlichen Zeremonien nur im Innern ihrer jeweiligen Tempel ausgeübt werden durften; alle „religiösen Abzeichen, die sich auf den Straßen“ usw. finden, sollten vernichtet werden, die Priester sollten sich nur noch in ihren Tempeln in ihren Trachten zeigen dürfen, und schließlich sollten die Beerdigungen ohne irgendeine religiöse Zeremonie auf Feldern, die mit Bäumen bepflanzt sein sollten, vor sich gehen, „unter deren Schatten sich eine Statue erheben soll, die den Schlaf vorstellt. Alle andern Zeichen und Denkmäler sollen zerstört werden“, und „auf dem Tor zu diesem Felde, das in frommer Scheu den Manen der Toten gewidmet sein soll, soll die Inschrift stehen: Der Tod ist ein ewiger Schlaf“. Er erklärte auch der Bevölkerung mit Hilfe von Vorträgen über den Materialismus den Sinn dieser Dekrete.

Zur gleichen Zeit verwandelte Laignelot, ein anderer in die Provinz entsandter Konventsdelegierter, in Rochefort die Pfarrkirche in einen „Tempel der Wahrheit“, in dem acht katholische Priester und ein protestantischer Geistlicher sich am 31. Oktober 1793 „entpriesterten“.

Am 14. Oktober wurde in Paris unter dem Einfluß von Chaumette der Gottesdienst außerhalb der Kirchen verboten, und am 16. wurde die Verfügung Fouchés über die Beerdigungen im Prinzip von der Kommune angenommen.

Daß diese Bewegung keineswegs überraschend kam und daß sie durch die Revolution selbst und ihre Vorgänger in den Geistern vorbereitet war, ist fraglos. Jetzt warf sich, durch die Akte des Konvents ermutigt, die Provinz auf die „Entchristlichung“. Auf Grund der Initiative des Fleckens Ris-Orangis entsagte die ganze Landschaft des Corbeil dem Christentum und wurde im Konvent, als ihre Delegierten es dort am 30. Oktober verkündeten, gut aufgenommen.

Sechs Tage später fanden sich Delegierte der Gemeinde Mennecy, mit Chorröcken bekleidet, im Konvent ein. Sie wurden ebensogut aufgenommen, und der Konvent erkannte das „Recht aller Bürger“ an, „den Kultus zu wählen, der ihnen zusagt, um die Zeremonien zu unterdrücken, die ihnen mißfallen“. Eine Deputation des Departements Seine-et-Oise, die verlangte, der Bischof von Versailles, der kürzlich gestorben war, sollte keinen Nachfolger erhalten, wurde gleichfalls mit ehrenvoller Erwähnung empfangen.

Der Konvent ermutigte also die Bewegung gegen das Christentum – nicht nur durch die Art, wie er die Entchristlichung aufnahm, sondern auch durch die Bestimmung, die er den Gerätschaften der Kirchen gab – den Heiligenschrein der Sainte-Geneviève inbegriffen, den er in die Münze zu bringen befahl.

Durch diese Haltung der Regierung wahrscheinlich ermutigt, gingen Anacharsis Cloots und Chaumette noch einen Schritt weiter vor.

Cloots, ein preußischer Baron, der sich von ganzem Herzen der Revolution angeschlossen hatte und der mit Mut und vielem Gefühl die Internationale der Völker verkündete, und der Prokurator der Kommune, Chaumette, dieser wahrhafte Repräsentant des Geistes der Pariser Arbeiterschaft, bestimmten den Bischof von Paris, Gobel, seine kirchlichen Funktionen niederzulegen. Und so erschien Gobel, nachdem er die Billigung der Ratsversammlung des Bistums erhalten und dem Departement und der Kommune seine Amtsniederlegung mitgeteilt hatte, am 17. Brumaire (7. November 1793) in Begleitung von elf Vikaren und gefolgt vom Bürgermeister Pache, dem Prokurator Chaumette und zwei Mitgliedern des Departements, Momoro und Lulier, im Konvent, um seine Attribute und seine Titel niederzulegen.

Er hielt eine für diese Gelegenheit sehr würdige Rede. Immer „den ewigen Prinzipien der Gleichheit und der Moral zugetan, die die unumgänglichen Grundlagen jeder wahrhaft republikanischen Verfassung sind", gehorchte er der Stimme des Volkes und verzichtete darauf, „die Funktionen des Geistlichen des katholischen Kultus" auszuüben. Er legte sein Kreuz und seinen Ring ab und setzte sich die rote Mütze auf, die ihm eines der Mitglieder überreichte.

Nunmehr ergriff die Versammlung eine Begeisterung, die man nur mit dem Enthusiasmus der Nacht des 4. August vergleichen kann. Zwei andere Bischöfe, Thomas Lindet und Gay de Vernon, und ebenso andere geistliche Mitglieder des Konvents eilten auf die Tribüne, um dem Beispiel Gobels zu folgen. Der Abbé Grégoire lehnte es ab, sich ihnen anzuschließen. Sieyès erklärte, er hätte seit einer großen Zahl Jahre jedes geistliche Abzeichen von sich getan, er hätte keinen andern Kultus als den der Freiheit und Gleichheit, und seine Wünsche riefen seit langem den Triumph der Vernunft über den Aberglauben und den Fanatismus herbei.

Diese Konventsszene übte eine ungeheure Wirkung aus. Ganz Frankreich, alle Nachbarnationen erfuhren davon, und überall in den herrschenden Klassen brach wilder Haß gegen die Republik aus.

In Frankreich verbreitete sich die Bewegung mit großer Schnelligkeit in den Provinzen. Binnen weniger Tage hatten mehrere Bischöfe und eine große Zahl Priester Amt und Titel niedergelegt, und diese Abdankungen waren manchmal mit ergreifenden Szenen verbunden. Es ist in der Tat rührend, zum Beispiel die folgende Beschreibung über die Abdankung der Priester in Bourges zu lesen, die ich in einer lokalen Flugschrift der Zeit finde.

Nach Erwähnung eines Geistlichen, J. Baptiste Patin, und des Benediktiners Julien-de-Dieu, die ihre kirchlichen Attribute niederlegen, fährt der Verfasser fort: „Privat, Brisson, Patrou, Rouen und Champion, frühere erzbischöfliche Vikare, waren nicht die letzten, die herzutraten; Eupic und Calende, Dumantier, Veyreton, frühere Benediktiner, Ranchon und Collardot folgen ihnen; ihnen schließen sich der frühere Domherr Désormeaux und sein Amtsbruder Dubois, beide von der Last der Jahre gebeugt, mit langsamen Schritten an." Da ruft Lefranc: „Verbrennt, verbrennt unsere Priesterurkunden! Möge das Andenken unsres früheren Standes in den Flammen, die sie verzehren sollen, verschwinden! Ich lege diese silberne Medaille auf den Altar des Vaterlandes nieder; auf ihr ist der letzte der Tyrannen abgebildet, die der interessierte Ehrgeiz der Geistlichkeit „die allerchristlichsten" nannte." Man verbrennt alle Priesterdiplome auf einem Scheiterhaufen, und tausend Rufe ertönen: „Nieder mit dem Andenken an die Priester für immer! Nieder mit dem christlichen Aberglauben! Es lebe die erhabene Religion der Natur!" Darauf folgt die Aufzählung der patriotischen Gaben. Sie ist rührend. Sehr zahlreich sind Gaben von Leinwand und silbernen Schuhschnallen. Die Patrioten und die „Brüder" sind arm: sie geben, was sie haben.

Im allgemeinen scheint die antikatholische Stimmung, in der sich eine „Naturreligion" mit der patriotischen Begeisterung vermengte, viel tiefergehend gewesen zu sein, als man ohne Kenntnis der Dokumente der Zeit angenommen hat. Die Revolution verhalf zum Denken und gab dem Denken Kühnheit.

Inzwischen beschlossen in Paris das Departement und die Kommune, den folgenden Decadi, den 20. Brumaire (10. November), in Notre-Dame zu begehen und da ein Fest der Freiheit und der Vernunft zu veranstalten, bei dem vor der Statue der Freiheit patriotische Gesänge gesungen werden sollten. Cloots, Momoro, Hébert und Chaumette machten in den Volksgesellschaften lebhafte Propaganda dafür, und das Fest war ein völliger Erfolg. Dieses Fest ist so oft beschrieben worden, daß wir uns bei seinen Einzelheiten nicht aufhalten wollen. Bemerkt werden muß jedoch, daß man zur Darstellung der Freiheit ein lebendes Wesen einer Statue vorzog, weil, wie Chaumette sagte, „eine Statue immer noch dem Götzendienst zu nahe gewesen wäre". Wie schon Michelet (Buch XIV, Kap. III) hervorgehoben hat, empfahlen die Gründer des neuen Kultus, „zur Darstellung einer so hehren Rolle Personen zu wählen, *deren Charakter die*

Schönheit achtbar macht, deren Sittenstrenge und hoheitsvoller Blick die leichtfertige Lüsternheit zurückweist". Die Zeremonie war weit entfernt, parodistisch zu sein, sie war vielmehr, sagt Michelet, der, wie man weiß, für die Entchristlichung von 1793 viel Sympathie hatte, „züchtig, düster, trocken, langweilig". Die Revolution, sagt er, war schon „alt und müde, zu alt, um fruchtbar zu sein". Der Versuch von 1793 entsprang nicht dem flammenden Schoß der Revolution, „sondern den vernünftelnden Gelehrtenschulen aus den Zeiten der Enzyklopädie". In der Tat sah er der modernen Bewegung der Ethischen Gesellschaften (Ethical societies) zum Verwechseln ähnlich, die geradeso außerhalb der Volksmassen bleiben.

Was uns heute vor allem auffällt, ist die Tatsache, daß es der Konvent trotz der Aufforderungen, die von verschiedenen Seiten an ihn gerichtet wurden, ablehnte, an die große Frage der Abschaffung der Besoldung der Priester heranzugehen. Dagegen setzten die Kommune von Paris und die Sektionen die Entchristlichung offen in die Praxis um. In jeder Sektion wurde mindestens eine Kirche dem Kultus der Vernunft geweiht. Der Generalrat der Kommune wagte es sogar, den Ereignissen zu trotzen. Als Antwort auf die religiöse Rede Robespierres vom 1. Frimaire (siehe weiter unten) faßte er am 3. Frimaire (23. November) unter dem Einfluß Chaumettes einen Beschluß, der anordnete, es sollten in Paris sofort die Kirchen und Tempel aller Religionen geschlossen werden, der alle Priester persönlich für religiöse Unruhen verantwortlich machte, die Revolutionsausschüsse aufforderte, die Priester zu überwachen, und den Konvent aufforderte, die Priester jeder Art öffentlicher Ämter zu entkleiden. Zugleich richtete man einen „Moralunterricht" ein, um die Prediger des neuen Kultus vorzubereiten; man beschloß, die Glockentürme einzureißen, und in verschiedenen Sektionen veranstaltete man Feste der Vernunft, bei denen der katholische Kultus verspottet wurde. Eine Sektion verbrannte die Meßbücher, und Hébert verbrannte in der Kommune Reliquien.

In der Provinz, sagt Aulard, schienen sich fast alle Städte, insbesondere im Südwesten, dem neuen nationalistischen Kultus anzuschließen.

Die Regierung jedoch, das heißt der Wohlfahrtsausschuß, machte der Bewegung von Anfang an geheime Opposition. Robespierre war geradezu dagegen, und als Cloots ihm mit Begeisterung von der Abdankung Gobels sprach, gab er seine Feindseligkeit scharf zu erkennen; er fragte, was die Belgier, deren Vereinigung mit Frankreich Cloots wollte, dazu sagen sollten.

Er verhielt sich indessen noch einige Tage schweigend. Aber am 20. November kehrte Danton nach einem langen Aufenthalt in Arcis-sur-Aube, wohin er sich mit seiner jungen Frau, die er, unmittelbar nach dem Tode seiner ersten Frau – in der Kirche – geheiratet hatte, zurückgezogen hatte, nach Paris zurück. Und gleich am Tag darauf, am 1. Frimaire (21. November) hielt Robespierre im Jakobinerklub eine erste Rede, die sehr heftig war, gegen den Kultus der Vernunft. Der Konvent, sagte er, würde niemals den verwegenen Schritt tun, den katholischen Kultus zu ächten. Er werde die Freiheit der Kulte aufrechterhalten und nicht erlauben, daß man die friedlichen Geistlichen verfolge. Dann betonte er, daß die Idee „eines großen Wesens, das über die unterdrückte Unschuld wacht und das Verbrechen bestraft", durchaus volkstümlich sei, und er behandelte die Christentumsfeinde *als Verräter, als Agenten der Feinde Frankreichs,* die solche Ausländer zurückstoßen wollten, die Moral und gemeinsames Interesse zur Republik zögen!

Fünf Tage später sprach sich Danton im Konvent ungefähr im selben Sinne aus und griff die antireligiösen Maskeraden an. Er verlangte, daß man ihnen ein Ende machte.

Was war in diesen wenigen Tagen geschehen, um Robespierre und Danton einander so zu nähern? Was für neue Kombinationen, diplomatischer oder anderer Natur, boten sich in diesem Augenblick, daß Danton sich veranlaßt sah, nach Paris zu kommen und sich der antichristlichen Bewegung in den Weg zu stellen – gerade er, der ein wahrer Jünger Diderots war und seinen materialistischen Atheismus auch auf dem Schafott nicht verleugnete? Diese Taktik Dantons ist um so auffallender, als der Konvent in der ersten Hälfte des Monats Frimaire nicht aufhörte, die Bekämpfer des Christentums wohlwollend zu behandeln. Noch am 14. Frimaire (4. Dezember) brachte der Robespierrist Couthon Reliquien auf die Tribüne des Konvents und machte sich über sie lustig.

Man muß also sich fragen, ob Robespierre nicht irgendeine neue Wendung in den Verhandlungen mit England benutzte, um Danton zu beeinflussen und seinen religiösen Ideen freien Ausdruck zu geben: denn diesem Deisten, dem Schüler Rousseaus, war die Religion immer am Herzen geblieben.

Gegen die Mitte des Monats entschloß sich Robespierre, den die Unterstützung Dantons stark machte, zu handeln, und am 16. Frimaire (6. Dezember) verlangte der Wohlfahrtsausschuß vom Konvent ein Dekret über die Freiheit der Kulte, dessen erster Artikel „alle Gewalttätigkeiten und die Freiheit der Kulte beeinträchtigenden Maßnahmen“ verbot. War dieser Schritt von der Furcht eingegeben, das Landvolk könnte sich erheben? Denn auf dem Lande war die Schließung der Kirchen im allgemeinen sehr übel aufgenommen worden. Fest steht jedenfalls, daß von diesem Tage an der Katholizismus triumphierte. Die robespierristische Regierung hatte ihn unter ihren Schutz genommen. Er wurde wieder Staatsreligion.

Später, im Frühjahr, ging man weiter. Man versuchte, dem Kultus der Vernunft einen neuen Kultus, den des höchsten Wesens, entgegenzustellen, das nach Rousseaus savoyardischem Vikar aufgefaßt war. Jedoch vermischte sich dieser Kultus trotz der Unterstützung der Regierung und der Androhung der Guillotine für seine Gegner mit dem Kultus der Vernunft, auch wenn er sich Kultus des höchsten Wesens nannte, und unter diesem Namen verbreitete sich ein halb deistischer und halb rationalistischer Kultus noch weiter, bis die Reaktion des Thermidor die Oberhand gewann.

Das Fest des höchsten Wesens, das mit großem Gepränge am 20. Prairial (8. Juni 1794) in Paris gefeiert wurde und auf das Robespierre, der sich als Gründer einer neuen Staatsreligion gebärdete, die den Atheismus bekämpfte, viel Wert legte, scheint als volkstümliche theatralische Darstellung schön gewesen zu sein, aber es fand kein Echo im Herzen des Volkes. Da es überdies auf Grund des Beschlusses des Wohlfahrtsausschusses gefeiert wurde – nachdem Chaumette und Gobel, die der Masse des Volkes sympathisch waren, wegen ihrer irreligiösen Anschauungen guillotiniert worden waren –, hatte dieses Fest zu sehr das Gepräge des blutigen Triumphes der jakobinischen Regierung über die radikalen Elemente des Volkes und der Kommune an sich, als daß es dem Volke hätte sympathisch sein können. Durch die unverhohlen feindselige Haltung mehrerer Konventsmitglieder gegen Robespierre während des Festes selbst war es das Vorspiel zum 9. Thermidor – das Vorspiel des Endes.

Aber wir wollen den Ereignissen nicht vorgreifen.

63. Die Vernichtung der Sektionen

Zwei rivalisierende Gewalten standen zu Ende des Jahres 1793 nebeneinander: die beiden Ausschüsse, der Wohlfahrtsausschuß und der Sicherheitsausschuß, die den Konvent beherrschten, einerseits und die Kommune von Paris andrerseits. Die wahre Kraft der Kommune jedoch bestand weder in ihrem

Bürgermeister Pache noch in ihrem Prokurator Chaumette oder seinem Substituten Hébert, noch in ihrem Generalrat. Sie beruhte in den Sektionen. Daher bemühte sich denn auch die Zentralregierung ohne Unterlaß, die Sektionen ihrer Autorität zu unterwerfen.

Als der Konvent den Sektionen von Paris die „Permanenz", das heißt das Recht entzogen hatte, ihre allgemeinen Versammlungen einzuberufen, so oft sie wollten, fingen die Sektionen an, „Volksgesellschaften" oder „Sektionsgesellschaften" zu begründen. Aber diese Gesellschaften wurden von den Jakobinern, an die nun die Reihe gekommen war, Regierungsmänner zu sein, sehr scheel angesehen, und zu Ende des Jahres 1793 und im Januar 1794 sprach man im Jakobinerklub viel gegen diese Gesellschaften – um so mehr, als die Royalisten einen wohlorganisierten Versuch machten, in sie zu dringen und sich ihrer zu bemächtigen. „Aus dem Leichnam der Monarchie", sagte Simond, einer der Jakobiner, „ist eine Menge giftiger Insekten hervorgegangen, die nicht so dumm sind, die Auferstehung der Monarchie ins Werk setzen zu wollen", aber die versuchen, die Krämpfe des politischen Körpers zu verewigen. Besonders in der Provinz haben diese „Insekten Erfolg. Eine Unmenge Emigranten", fuhr Simond fort, „Juristen, Finanzmänner, Agenten der früheren Regierung" überschwemmten das Land, drangen in die Volksgesellschaften ein und wurden ihre Präsidenten und Sekretäre.

Es ist kein Zweifel, daß die Volksgesellschaften, die in Paris nichts anderes waren als Sektionsversammlungen, die unter einem andern Namen veranstaltet wurden, sich bald „gesäubert" hätten, um die verkappten Royalisten auszuschließen, und sie hätten das Werk der Sektionen fortgesetzt. Aber ihre ganze Tätigkeit war den Jakobinern, die den Einfluß dieser „Neulinge", die sie „an Patriotismus überflügeln wollten", mit eifersüchtigen Augen betrachteten, mißliebig. – „Wenn man sie hört", sagt derselbe Simond, „sind die Patrioten von 89 . . . nichts weiter als abgerackerte oder sieche Lasttiere, die man totschlagen muß, weil sie diesen Kiekindiewelt nicht mehr auf der politischen Bahn der Revolution folgen können." Und er verriet die Befürchtungen des jakobinischen Bürgertums, wenn er von der „vierten Gesetzgebenden Versammlung" sprach, die diese Neulinge zu bilden versucht hätten, um weiterzugehen als der Konvent. „Unsere ärgsten Feinde", fügte Jean Bon Saint-André hinzu, „sind nicht draußen; wir sehen sie; sie sind mitten unter uns; *sie wollen die revolutionären Maßnahmen weiter führen als wir.*"

Danach spricht Dufourny gegen alle Sektionsgesellschaften, und Deschamps nennt sie „Vendéen im kleinen“.

Robespierre seinerseits beeilt sich, sein Lieblingsargument anzubringen – die Umtriebe des Auslandes. „Meine Besorgnisse“, sagte er, „waren nur zu begründet. Ihr seht, die gegenrevolutionäre Tartüfferie herrscht in ihnen. Die Agenten Preußens, Englands und Österreichs wollen durch dieses Mittel *die Macht des Konvents und den patriotischen Einfluß der Jakobinergesellschaft vernichten.*“

Die Feindseligkeit der Jakobiner gegen die Volksgesellschaften ist offenbar eine Feindseligkeit gegen die Sektionen von Paris und die gleichartigen Organisationen in der Provinz, und diese Feindseligkeit ist nur der Ausdruck der Feindschaft der Zentralregierung. Und so wurde den Sektionen sofort, nachdem die revolutionäre Zentralregierung durch das Dekret vom 14. Frimaire (4. Dezember 1793) begründet worden war, das Recht, die Friedensrichter und ihre Sekretäre zu wählen – das sie schon 1789 erobert hatten –, entzogen. Die Richter und ihre Sekretäre sollten künftighin vom Generalrat des Departements ernannt werden (Dekrete vom 8. Nivôse, 28. Dezember 1793, und vom 23. Floréal, 12. Mai 1794). Selbst die Ernennung der Sektionsausschüsse für die öffentliche Wohltätigkeit wurde im Dezember 1793 den Sektionen genommen, um dem Wohlfahrts- und dem Sicherheitsausschuß übertragen zu werden. Der volkstümliche Organismus der Revolution war damit an der Wurzel getroffen.

Hauptsächlich jedoch aus der Konzentration der Funktionen der Polizei ersieht man das Vorgehen der jakobinischen Regierung. Wir haben (im vierundzwanzigsten Kapitel) die Bedeutung der Sektionen als Organe des Gemeindelebens, des revolutionären Lebens von Paris kennengelernt; wir haben gezeigt, was sie für die Verproviantierung der Hauptstadt, für die Musterung der Freiwilligen, für die Aushebung, Bewaffnung und Verschickung der Bataillone, die Fabrikation des Salpeters, für die Organisation der Arbeit, die Sorge für die Bedürftigen usw. getan haben. Aber neben diesen Funktionen erledigten die Sektionen von Paris und die Volksgesellschaften der Provinz auch die Geschäfte der Polizei. Das hatte in Paris schon am 14. Juli 1789 begonnen, als sich Distriktsausschüsse gebildet hatten, die die Polizei übernahmen. Das Gesetz vom 6. September 1789 bestätigte sie in dieser Tätigkeit, und im folgenden Oktober gab sich die damals noch provisorische Gemeindeverwaltung von Paris ihre Geheimpolizei unter dem Namen Fahndungsausschuß. So hatte die aus der

Revolution entsprungene Gemeindeverwaltung eine der schlimmsten Traditionen aus der Zeit der Feudalmonarchie übernommen.

Nach dem 10. August bestimmte die Gesetzgebende Versammlung, daß die ganze „allgemeine Sicherheitspolizei“ den Departements-, Distrikts- und Gemeinderäten übertragen wurde, und es wurde ein Überwachungsausschuß gebildet, dem in jeder Sektion besondere Ausschüsse unterstanden. Bald aber, je heftiger der Kampf zwischen den Revolutionären und ihren Feinden tobte, waren diese Ausschüsse immer mehr mit Arbeit überbürdet; und so wurden am 21. März 1793 in jeder Gemeinde und in jeder Sektion der Gemeinden der großen Städte, die wie Paris in Sektionen eingeteilt waren, Revolutionsausschüsse gebildet, deren jeder zwölf Mitglieder hatte.

Auf diese Weise wurden die Sektionen vermittelst ihrer Revolutionsausschüsse zu Polizeiabteilungen. Die Geschäfte dieser Ausschüsse waren allerdings zunächst auf die Überwachung der Fremden beschränkt; aber bald bekamen sie Rechte, die ebenso weitgehend waren wie die der Abteilungen der Geheimpolizei in den monarchischen Staaten.

Und zugleich sieht man, wie die Sektionen, die anfangs Organe der Volksrevolution waren, sich von den Polizeigeschäften ihrer Ausschüsse aufsaugen ließen und wie diese letztern immer weniger Organe der Gemeinde blieben und sich in einfache untergeordnete Organe der Polizei verwandelten, die dem Sicherheitsausschuß unterstellt waren.

Der Wohlfahrts- und der Sicherheitsausschuß lösten diese Ausschüsse mehr und mehr von der Kommune – ihrer Nebenbuhlerin, die sie auf diese Weise schwächten – ab und verwandelten sie, indem sie sie an Disziplin und Botmäßigkeit gewöhnten, *in Räder des Staatsmechanismus*. Und schließlich machte der Konvent unter dem Vorwand, Mißbräuche zu unterdrücken, *bezahlte Beamte* aus ihnen; er unterstellte zugleich die 44 000 Revolutionsausschüsse dem allgemeinen Sicherheitsausschuß, dem er sogar das Recht beilegte, sie zu „säubern“ und ihre Mitglieder selbst zu ernennen.

Der Staat also suchte, wie es die Monarchie im siebzehnten Jahrhundert getan hatte, alles in seinen Händen zu zentralisieren; er nahm der Reihe nach den Organen des Volks das Recht der Ernennung der Richter, der Verwaltung der Einrichtungen für die öffentliche Wohltätigkeit (ohne Frage ebenso ihre andern Verwaltungsgeschäfte) ab; er unterwarf sie in Sachen der Polizei seiner

Bureaukratie: das war der Tod der Sektionen und der revolutionären Gemeindeverwaltungen.

In der Tat waren, nachdem das vollbracht war, die Sektionen in Paris und die Volksgesellschaften in der Provinz völlig tot. Der Staat hatte sie verschlungen. *Und ihr Tod war der Tod der Revolution.* Seit Januar 1794, sagt Michelet, war das öffentliche Leben in Paris vernichtet. „Die allgemeinen Versammlungen der Sektionen waren nicht mehr, und die Gewalt war in die Hände ihrer Revolutionsausschüsse übergegangen, die selber, da sie nicht mehr gewählt wurden, sondern schlechtweg von der Zentralgewalt ernannte Beamte waren, nicht mehr viel Leben hatten."

Wenn es der Regierung beliebte, die Kommune von Paris zu vernichten, konnte sie es jetzt tun, ohne fürchten zu müssen, gestürzt zu werden.

Das tat sie im März 1794 (Ventôse des Jahres II).

64. Der Kampf gegen die Hébertisten

Schon im Dezember 1793 sprach Robespierre von dem bevorstehenden Ende der revolutionären Republik. „Wachen wir", sagte er, „denn der Untergang ist nahe." Und er war nicht der einzige, der ihn voraussah. Der nämliche Gedanke kehrte in den Reden der Revolutionäre immer öfter wieder.

Die Sache ist in der Tat so, daß eine Revolution, die auf halbem Wege stehenbleibt, notwendig ihrem Untergang entgegengeht. Frankreich war Ende 1793 in der Lage, daß die Revolution in dem Augenblick, wo sie auf dem Wege zu großen sozialen Umgestaltungen ein neues Leben gesucht hatte, zum Stillstand gekommen war: sie stürzte sich nunmehr in innere Kämpfe und in das ebenso unfruchtbare wie unpolitische Bemühen, ihre Feinde zu vernichten, – dabei aber sorgsam über das Eigentum dieser Feinde zu wachen.

Die Kraft der Ereignisse selbst hätte Frankreich auf eine neue Bahn in der Richtung des Kommunismus drängen müssen. Aber die Revolution hatte eine „starke Regierung" sich bilden lassen, und diese Regierung vernichtete die Enragés und knebelte alle die, die wie sie zu denken wagten.

Was die Hébertisten angeht, die im Klub der Cordeliers und in der Kommune herrschten und denen es gelungen war, mit der Person Bouchottes ins Kriegsministerium einzudringen, so machten ihre Anschauungen von der

Regierung sie zu einer wirtschaftlichen Revolution unfähig. Hébert hatte wohl in seinem Blatt manchmal in kommunistischem Sinne gesprochen, aber terrorisieren und sich seinerseits der Regierung bemächtigen schien ihm viel wichtiger als die Frage des Brotes, des Bodens oder der Organisation der Arbeit. Die Kommune von 1871 hat diesen Typus des Revolutionärs auch hervorgebracht. Chaumette, mit seinen Sympathien fürs Volk und seiner Lebensart, hätte sich eher den Kommunisten anschließen können. Einen Augenblick lang hatte er auch unter ihrem Einfluß gestanden. Aber die Partei der Hébertisten, mit der er verknüpft war, begeisterte sich nicht für diese Art Ideen. Sie suchte im Volk durchaus nicht eine große Kundgebung seines *sozialen* Willens hervorzurufen. Ihr Plan war, sich vermittelst einer neuen Säuberung des Konvents der Gewalt zu bemächtigen. Man wollte sich, wie Momoro sagte, „der Memmen und der gebrochenen Beine entledigen, die in der Revolution ihren Dienst getan hatten und jetzt verbraucht waren". Man wollte den Konvent durch einen neuen 31. Mai, der sich aber diesmal auf die militärische Macht der „Revolutionsarmee" stützen sollte, der Kommune von Paris unterwerfen. Nachher könnte man sehen, was sich tun ließe.

Hierin aber hatten die Hébertisten schlecht gerechnet. Sie bedachten nicht, daß sie mit einem Wohlfahrtsausschuß zu tun hatten, der es seit sechs Monaten verstanden hatte, eine Regierungsgewalt zu werden, und der sich durch die tüchtige Art, wie er den Krieg geführt hatte, Anerkennung erworben hatte, und mit einem Sicherheitsausschuß, der sehr mächtig geworden war, weil er eine umfassende Geheimpolizei in seinen Händen konzentriert und dadurch das Mittel hatte, jeden, wer es auch sei, auf die Guillotine zu schicken. Überdies begannen die Hébertisten den Krieg auf einem Gebiet, auf dem sie besiegt werden mußten, auf dem des Schreckens. Hier hatten sie eine ganze Welt der Regierungsgewalt bis zu denen, die den Schrecken zur Führung des Krieges für notwendig hielten, zu Konkurrenten. Der Schrecken ist immer eine Waffe *der Regierung*, und die Regierung, die sich festgesetzt hatte, wandte ihn gegen sie an.

Es wäre ermüdend, hier die Intrigen der verschiedenen Parteien zu erzählen, die sich im Laufe des Monats Dezember und der ersten Monate des Jahres 1794 gegenseitig um die Gewalt stritten. Es muß genügen, wenn hier gesagt wird, daß sich zu dieser Zeit vier Gruppen oder Parteien gegenüberstanden: die robespierristische Gruppe, die aus Robespierre und seinen Freunden Saint-Just, Couthon usw. bestand; die Partei der „Müden", die sich um Danton gebildet hatte (Fabre d'Eglantine, Philippeaux, Bourdon, Camille Desmoulins usw.); die Kommune, die mit den Hébertisten zusammenfiel, und schließlich diejenigen Mitglieder des Wohlfahrtsausschusses (Billaud-Varenne und Collot d'Herbois), die man die Terroristen nannte und um die sich die Männer gruppierten, die nicht wollten, daß die Revolution die Waffen niederlegte, aber die ebensowenig den Einfluß Robespierres, den sie im stillen bekämpften, oder den Einfluß der Kommune und der Hébertisten wollten.

Danton war in den Augen der Revolutionäre, die in ihm eine Gefahr sahen, weil die Girondisten sich hinter ihn scharten, völlig „verbraucht". Wir haben jedoch gesehen, wie Ende November Robespierre und Danton Hand in Hand gingen, um die antireligiöse Bewegung zu bekämpfen. Im Jakobinerklub, der damals mit seiner Säuberung beschäftigt war, reichte Robespierre Danton, als an ihn – der schon sehr angegriffen wurde – die Reihe gekommen war, sich dem Säuberungsurteil des Klubs zu unterwerfen, die Hand. Er tat mehr, er identifizierte sich mit ihm.

Als andererseits Camille Desmoulins am 15. und 20. Frimaire (5. und 10. Dezember) die beiden ersten Nummern seines Vieux Cordelier herausgab, in denen dieser Journalist, der im Verleumden groß war, Hébert und Chaumette aufs niedrigste angriff und einen Feldzug zugunsten größerer Milde in der Verfolgung der Feinde der Revolution begann, hatte Robespierre diese beiden Nummern vorher gelesen und gebilligt. Während des Reinigungsprozesses bei den Jakobinern verteidigte er auch Desmoulins. Das wollte besagen, daß er in dem Augenblick bereit war, den Dantonisten Zugeständnisse zu machen, vorausgesetzt, daß sie ihm halfen, die Partei der Linken, die Hébertisten, anzugreifen.

Das taten sie gern und mit großer Heftigkeit durch die Feder Desmoulins in seinem Vieux Cordelier, und durch die Stimme Philippeaux' bei den Jakobinern, wo dieser das Verfahren der hébertistischen Generale in der Vendée leidenschaftlich angriff. Robespierre arbeitete in derselben Richtung gegen einen einflußreichen Hébertisten (die Jakobiner hatten ihn sogar zu ihrem Präsidenten gewählt), nämlich gegen Anacharsis Cloots, über den er mit einem ganz religiösen Hasse herfiel. Als die Reihe an Cloots war, sich im Jakobinerklub dem Reinigungsurteil zu unterwerfen, hielt Robespierre eine Rede voller Gift und Galle gegen ihn, in der dieser reine Idealist, der glühende Verehrer der Revolution und der begeisterte Verkünder der Internationale der Sansculotten, des Verrats bezichtigt wurde, und zwar weil er geschäftliche Beziehungen zu den

Bankiers Vandenyver gehabt und sich für sie interessiert hatte, als sie als verdächtig verhaftet worden waren. Cloots wurde am 22. Frimaire (12. Dezember) aus dem Jakobinerklub ausgeschlossen: er war damit als Opfer der Guillotine gezeichnet.

Der Aufstand im Süden zog sich inzwischen in die Länge, und Toulon blieb in den Händen der Engländer. Man beschuldigte den Wohlfahrtsausschuß der Unfähigkeit. Man behauptete sogar, der Ausschuß hätte die Absicht, den Süden der Gegenrevolution zu überlassen. Es gab, scheint es, Tage, wo es nahe daran war, daß der Wohlfahrtsausschuß gestürzt und „auf den Tarpejischen Felsen geschickt" wurde – und das hätte den Girondisten, den Gemäßigten, das heißt der Gegenrevolution, genützt.

Die Seele des Feldzugs gegen den Wohlfahrtsausschuß unter den Politikern war Fabre d'Eglantine, einer der Gemäßigten, der von Bourdon (aus dem Oise) unterstützt wurde, und zwischen dem 22. und 27. Frimaire (12. bis 17. Dezember) gab es sogar einen auf geheimem Einverständnis beruhenden Versuch, den Konvent gegen seinen Wohlfahrtsausschuß zur Empörung zu bringen.

Aber wenn die Dantonisten so gegen die Robespierristen intrigierten, so waren die beiden Parteien im Kampf gegen die Hébertisten einig. Am 27. Frimaire (17. Dezember) verlas Fabre d'Eglantine im Konvent einen Bericht, in dem er die Verhaftung von drei Hébertisten verlangte: von Ronsin, dem General der Pariser Revolutionsarmee, Vincent, dem Generalsekretär des Kriegsministeriums, und Maillard, dem nämlichen, der am 5. Oktober 1789 den Zug der Frauen nach Versailles geführt hatte. Das war ein erster Versuch der „Partei der Milde", um einen Staatsstreich zugunsten der Girondisten und eines friedlicheren Verfahrens zu machen. Alle, die von der Revolution Nutzen gehabt hatten, hatten es, wie wir gesagt haben, eilig, zur „Ordnung" zurückzukehren, und um zu ihr zu gelangen, waren sie bereit, die Republik zu opfern, wenn es not tat, und sich eine konstitutionelle Monarchie zu geben. Viele, wie Danton, waren der Menschen müde und sagten sich: „Man muß ein Ende machen." Andere schließlich – und diese sind in allen Revolutionen die gefährlichste Partei – sorgten jetzt schon, da sie angesichts der Gewalten, die die Revolution zu bekämpfen hatte, den Glauben an sie verloren, dafür, sich mit der Reaktion, deren Nahen sie schon merkten, gut zu stellen.

Diese Verhaftungen hätten jedoch zu sehr an die von Hébert im Jahre 1793 (siehe 39. Kapitel) erinnert, als daß man nicht hätte merken müssen, daß ein

Staatsstreich zugunsten der girondistischen Partei, die der Reaktion als Stufe diente, in Vorbereitung war. Das Erscheinen der dritten Nummer des alten „Cordelier", in der Desmoulins unter Formen, die er der römischen Geschichte entlehnte, die ganze revolutionäre Regierung angriff, trug auch dazu bei, die Intrigen zu entlarven, weil alles, was es in Paris an gegenrevolutionären Elementen gab, beim Lesen dieser Nummer, die jedem, der es hören wollte, das bevorstehende Ende der Revolution ankündigte, mit einem Male den Kopf wieder erhob.

Die Cordeliers stellten sich sofort auf die Seite der Hébertisten, aber sie fanden keinen andern Grund, das Volk aufzurufen, als die Notwendigkeit weiteren Wütens gegen die Feinde der Revolution. Auch für sie fiel die Revolution mit dem Schrecken zusammen. Sie trugen den Kopf Chaliers in Paris herum und wollten das Volk zu einem neuen 31. Mai treiben, um so eine neue „Säuberung" des Konvents herbeizuführen und die „Verbrauchten" und die „gebrochenen Beine" aus ihm zu entfernen. Aber sie gaben in keiner Weise zu erkennen, was sie täten, wenn sie zur Macht gelangten, welche Richtung sie der Revolution gäben.

Nachdem der Kampf einmal auf dieser Grundlage entsponnen war, war es für den Wohlfahrtsausschuß leicht, den Streich zu parieren. Er verwarf den Schrecken in keiner Weise. In der Tat erstattete am 5. Nivôse (25. Dezember) Robespierre seinen Bericht über die revolutionäre Regierung, und wenn der Hauptinhalt dieses Berichtes von der Notwendigkeit sprach, das *Gleichgewicht* zwischen den zu radikalen und den zu gemäßigten Parteien zu bewahren, so war dafür seine Schlußfolgerung: *den Tod für die Feinde des Volkes*. Am Tag darauf verlangte er die Beschleunigung der Urteile des Revolutionstribunals.

Zur selben Zeit, am 4. Nivôse (24. Dezember), hatte man in Paris erfahren, daß Toulon den Engländern wieder abgenommen war. Am 5. und 6. (25. und 26. Dezember) erlitten die Vendéer eine entscheidende Niederlage bei Saveny. Am 10. nahm die Rheinarmee, die zur Offensive übergegangen war, dem Feinde die Linie von Weißenburg ab; die Belagerung Landaus wurde am 12. Nivôse (1. Januar 1794) abgebrochen, und die Deutschen gingen über den Rhein zurück.

Eine ganze Reihe entscheidender Siege stärkten so die Republik. Sie gaben auch dem Wohlfahrtsausschuß seine Autorität zurück, und Camille Desmoulins gab ihm jetzt in seiner fünften Nummer eine Ehrenerklärung – ohne jedoch seine heftigen Angriffe gegen Hébert einzustellen; und dadurch wurden die Sitzungen des Jakobinerklubs in der zweiten Dekade des Nivôse (vom 31. Dezember bis zum 10. Januar 1794) zu wahren Handgemengen voll persönlicher Angriffe. Am 10. Januar verkündeten die Jakobiner den Ausschluß Desmoulins aus ihrem Klub, und Robespierre mußte seine ganze Popularität aufwenden, um die Gesellschaft zu zwingen, diesem Ausschluß keine Folge zu geben.

Am 24. Nivôse (13. Januar) jedoch entschlossen sich die Ausschüsse, den Streich zu führen, und warfen in das Lager ihrer Gegner den Schrecken, indem sie Fabre d'Eglantine verhaften ließen. Der Vorwand war eine Anklage auf Fälschung, und man kündigte mit großem Lärm an, die Ausschüsse hätten eine große Verschwörung entdeckt, die darauf ausginge, die Nationalvertretung herabzuwürdigen.

Man weiß heutzutage, daß die Anschuldigung, die der Verhaftung Fabres zum Vorwand diente, er hätte zugunsten der mächtigen Indischen Kompagnie ein Konventsdekret gefälscht, falsch war. Das Dekret in Sachen der Indischen Kompagnie war in der Tat gefälscht, aber von einem andern Abgeordneten, nämlich Delaunay. Die Urkunde existiert noch in den Archiven, und seit Michelet sie entdeckt hat, weiß man, daß das gefälschte Schriftstück von der Hand Delaunays geschrieben ist. Aber da der öffentliche Ankläger des Revolutionstribunals, Fouquier-Tinville – der Vertrauensmann des Sicherheitsausschusses –, nicht erlaubte, daß das Schriftstück gezeigt wurde, weder vor dem Prozeß noch in der Verhandlung, starb Fabre als Fälscher, obschon sich die Regierung lediglich eines gefährlichen Gegners entledigen wollte. Robespierre hütete sich, sich einzumischen.

Drei Monate später wurde Fabre d'Eglantine zusammen mit Chabot, Delaunay, dem Abbé d'Espagnac und den beiden Brüdern Frey, österreichischen Bankiers, hingerichtet.

So ging der blutige Kampf zwischen den verschiedenen Fraktionen der revolutionären Partei weiter; man kann sich leicht denken, wie die Invasion und die Greuel des Bürgerkrieges diese Kämpfe immer erbitterter machen mußten. Hier drängen sich indessen Fragen auf: Was war schuld, daß der Kampf der Parteien nicht schon im Anfang der Revolution den Charakter der Heftigkeit annahm? Was machte es Männern, deren politische Anschauungen so verschieden waren, wie die der Girondisten, Dantons, Robespierres und Marats, möglich, sich zu dem gemeinsamen Vorgehen gegen die absolute Königsgewalt zusammenzutun?

Es ist sehr wahrscheinlich, daß die Beziehungen der Traulichkeit und Brüderlichkeit, die sich in Paris und der Provinz um die Zeit der Revolution herum zwischen den hervorragenden Männern der Zeit in den Freimaurerlogen gebildet hatten, dazu beigetragen haben, diese Verständigung zu erleichtern. Man weiß tatsächlich durch Louis Blanc, Henri Martin und die treffliche Monographie des Professors Ernest Nys, daß fast alle namhaften Revolutionäre Freimaurer gewesen sind. Mirabeau, Bailly, Danton, Robespierre, Marat, Condorcet, Brissot, Lalande usw. gehörten dem Freimaurerorden an, und der Herzog von Orléans, Philippe Egalité, war bis zum 13. Mai 1793 der Großmeister der französischen Logen. Andererseits steht ebenfalls fest, daß Robespierre, Mirabeau, Lavoisier und wahrscheinlich viele andere den Logen der Illuminaten angehörten, die Weishaupt gegründet hatte und deren Ziel war, „die Völker von der Tyrannei der Fürsten und Priester zu erlösen und unmittelbar dazu vorzuschreiten, die Bauern und Arbeiter von der Leibeigenschaft, den Fronden und den Zünften zu befreien".

Es ist sicher, wie Nys sagt, daß die Freimaurerei „durch ihre humanitären Bestrebungen, durch das unerschütterliche Gefühl von der Menschenwürde, durch die Prinzipien der Freiheit, Gleichheit und Brüderlichkeit" stark dazu beigetragen hat, die öffentliche Meinung für die neuen Ideen empfänglich zu machen. Ihr Einfluß konnte um so stärker sein, als dank ihr „überall in Frankreich Versammlungen stattfanden, in denen die Ideen des Fortschritts auseinandergesetzt und freudig begrüßt wurden und in denen - dieser Punkt ist wichtiger, als mancher denkt - sich viele im Diskutieren und Beschlüssefassen übten". Die Vereinigung der drei Stände im Juni 1789 und die Nacht des 4. August waren sehr wahrscheinlich in den Logen vorbereitet worden (E. Nys, S. 82, 83).

Diese Vorbereitungsarbeit mußte auch zwischen den Männern der Tat persönliche Beziehungen und die Gewohnheit der gegenseitigen Achtung herstellen, die sich trotz den Parteiinteressen, die ja immer engherzig sind, durchsetzten. Und das machte es den Revolutionären möglich, vier Jahre lang in einer gewissen Gemeinschaft zusammenzuwirken, um die absolute Königsgewalt zu Boden zu schlagen. Da jedoch später dieses Zusammenhalten auf harte Proben gestellt wurde, besonders als sich die Freimaurer über die Frage des Königtums und noch mehr über die der kommunistischen Bestrebungen selbst teilten, konnten diese Beziehungen nicht bis zum Ende der Revolution bestehenbleiben. Der Kampf brach mit voller Wut los.

65. Der Sturz der Hébertisten – Die Hinrichtung Dantons

Der Winter verging so in dumpfen Kämpfen zwischen den Revolutionären und den Gegenrevolutionären, die mit jedem Tag das Haupt kühner erhoben.

Im Anfang des Monats Februar machte sich Robespierre zum Wortführer einer Bewegung gegen gewisse in die Provinzen entsandte Konventsdelegierte, die, wie Carrier in Nantes und Fouché in Lyon, mit einer verzweifelten Wut gegen die aufständischen Städte vorgegangen waren, ohne zwischen den Rädelsführern dieser Erhebungen und den Menschen aus dem Volke, die sich hatten fortreißen lassen, zu unterscheiden. Er forderte Berichterstattung von seiten dieser Delegierten. Er bedrohte sie mit Verfolgungen. Diese Bewegung führte jedoch zu nichts. Am 5. Ventôse (23. Februar) wurde Carrier vom Konvent amnestiert, und das bedeutete, daß alle Akte aller in die Provinzen entsandten Konventsdelegierten, wie groß auch ihre Fehler gewesen sein mochten, verziehen sein sollten. Die Hébertisten triumphierten; Robespierre und Couthon waren krank und nicht zu sehen.

Mittlerweile war Saint-Just von den Armeen zurückgekehrt und hielt am 8. Ventôse (26. Februar) eine große Rede, die einen starken Eindruck machte und alle Karten durcheinanderbrachte. Weit entfernt, von Milde zu sprechen, eignete sich Saint-Just das terroristische Programm der Hébertisten an. Auch er drohte, und stärker als sie. Er versprach ausdrücklich, die Partei der „Verbrauchten" anzugreifen und zeigte damit die Dantonisten, die „politische Sekte", die „mit langsamen Schritten geht", die „alle Parteien an der Nase führt" und die Rückkehr der Reaktion vorbereitet, die von Milde spricht, „weil diese Männer sich zum Schrecken nicht tugendhaft genug fühlen", als nächste Opfer der Guillotine an. Hier hatte er leichtes Spiel, da er im Namen der republikanischen Sittlichkeit sprach, während die Hébertisten – wenigstens in Worten – sich darüber lustig machten und so ihren Feinden die Möglichkeit gaben, sie mit dem Schwarm der „Profitmacher" der Bourgeoisie zu verwechseln, die in der Revolution nur das Mittel sahen, reich zu werden.

Hinsichtlich der wirtschaftlichen Fragen war es Saint-Justs Taktik, in seinem Bericht vom 8. Ventôse einige der Ideen der Enragés in sehr unbestimmter

Weise zu übernehmen. Er gestand, daß er bisher an diese Fragen noch nicht gedacht hatte. „Die Macht der Tatsachen“ sagte er, „führt uns vielleicht zu Resultaten, an die wir nicht gedacht hatten.“ Aber heute, wo er daran denkt, will er trotzdem nicht den Reichtum an sich antasten; er will ihn nur darum antasten, weil die Feinde der Revolution ihn in Händen haben: *„Das Eigentum der Patrioten ist heilig,* aber die Güter der Verschwörer sind für die Unglücklichen da.“ Er entwickelt trotzdem einige Ideen über das Grundeigentum. Er will, daß die Erde dem gehört, der sie bestellt, daß man dem, der ein Grundstück zwanzig oder fünfzig Jahre lang nicht bestellt hat, das Land wegnimmt. Er träumt von einer Demokratie tugendhafter kleiner Besitzer, die in einem bescheidenen Wohlstand leben. Und er verlangt endlich, man solle die Ländereien der Verschwörer konfiszieren, um sie „den Unglücklichen“ zu geben. Es kann keine Freiheit geben, solange es Unglückliche und Notleidende gibt und solange die bürgerlichen (wirtschaftlichen) Beziehungen zu Bedürfnissen führen, die im Gegensatz zur Regierungsform stehen. „Ich glaube nicht“, sagte er, „daß die Freiheit sich einbürgert, *wenn es möglich ist, daß man die Armen gegen den neuen Stand der Dinge aufwiegeln kann;* ich glaube nicht, daß man der Not ein Ende machen kann, wenn man nicht dafür sorgt, daß jeder Grundbesitz hat . . . Man muß die Armut durch die Verteilung der Nationalgüter an die Armen abschaffen.“ Er spricht auch von einer Art nationaler Versicherung: von einem „Nationaleigentum, das eingerichtet werden soll, um die Mißgeschicke im Körper der Gesellschaft wiedergutzumachen“. Es wird dazu dienen, die Tugend zu belohnen, das Unglück der einzelnen Personen wiedergutzumachen, es wird zur Erziehung verwandt werden können. – Und mit alledem vermischt ist viel vom Schrecken die Rede. Es ist der hébertistische Schrecken, der leicht mit Sozialismus gefärbt ist. Aber dieser Sozialismus ist zusammenhangslos. Es sind eher Grundsätze als Entwürfe zur Gesetzgebung. Man sieht, daß Saint-Just nur eins im Auge hat: zu beweisen, wie er selbst gesagt hat, daß „der Berg immer der Gipfel der Revolution bleibt“. Der Berg wird nicht dulden, daß ihn jemand überflügelt. Er wird die Enragés und die Hébertisten guillotinieren, aber er wird das und jenes von ihnen entlehnen.

Durch diesen Bericht erlangte Saint-Just vom Konvent zwei Dekrete. Das eine entsprach denen, die Milde verlangten. Dem Sicherheitsausschuß wurde die Erlaubnis gegeben, „die gefangenen Patrioten“ in Freiheit zu setzen. Das andere schien dazu bestimmt, den Hébertisten den Rang abzulaufen und zugleich die Käufer der Nationalgüter zu beruhigen. Das Eigentum der Patrioten wurde für geheiligt erklärt; aber die Güter der Feinde der Revolution sollten zugunsten der Republik eingezogen werden, und diese Feinde selbst sollten bis zum Friedensschluß gefangen bleiben und dann verbannt werden. Die also, die wollten, daß die Revolution vorwärtsmarschierte, waren betrogen. Es waren von dieser Rede nur Worte übriggeblieben.

Nunmehr beschlossen die Cordeliers zu handeln. Am 14. Ventôse (4. März) verhüllten sie die Tafel, auf der die Menschenrechte standen, mit einem schwarzen Schleier. Vincent sprach von der Guillotine, und Hébert sprach gegen Amar vom Sicherheitsausschuß, der zögerte, einundsechzig Girondisten vor das Revolutionstribunal zu schicken. Mit versteckten Worten bezeichnete er sogar Robespierre – nicht als ein Hindernis für ernsthafte Umgestaltungen, sondern als Verteidiger Desmoulins. Es drehte sich also immer nur um den Schrecken. Carrier sprach das Wort Aufstand aus.

Aber Paris rührte sich nicht, und die Kommune lehnte es ab, die hébertistischen Cordeliers anzuhören. Dann wurden in der Nacht des 23. Ventôse (13. März) die hébertistischen Führer – Hébert, Momoro, Vincent, Ronsin, Ducroquet und Laumur – verhaftet, und der Wohlfahrtsausschuß ließ durch Billaud-Varenne alle möglichen Märchen und Verleumdungen über sie verbreiten. Sie wollten, sagte Billaud, in den Gefängnissen die Royalisten allgemein niedermachen lassen; sie wollten die Münze plündern; sie hatten Lebensmittel aufspeichern lassen, um Paris auszuhungern!

Am 28. Ventôse (18. März) verhaftete man Chaumette, den der Wohlfahrtsausschuß am Tag vorher abgesetzt und durch Cellier ersetzt hatte. Der Bürgermeister Pache war ebenfalls von diesem Ausschuß seines Amtes entsetzt worden. Anacharsis Cloots war schon am 8. Nivôse (28. Dezember) unter der Anschuldigung, sich erkundigt zu haben, ob eine Dame auf der Verdächtigtenliste stand, verhaftet worden. Leclerc, der aus Lyon gekommen war, der Freund Chaliers und Mitarbeiter von Roux, wurde ebenfalls in den Prozeß verwickelt.

Die Regierung triumphierte.

Die wahren Gründe dieser Verhaftungen der Mitglieder der radikalen Partei kennen wir noch nicht. Hatten sie eine Verschwörung vorbereitet, um mit Hilfe von Ronsins Revolutionsarmee die Macht in die Hand zu bekommen? Es ist möglich, aber wir wissen nichts Genaues darüber.

Die Hébertisten wurden vor das Revolutionstribunal gestellt, und man trieb die Ungerechtigkeit so weit, daß man das machte, was man ein „Amalgam“ nannte. Man verhandelte gleichzeitig gegen Bankiers, deutsche Agenten und gegen Momoro – der sich schon 1789 durch seine kommunistischen Ideen ausgezeichnet hatte und der alles, was er besaß, der Revolution gab –, gegen Leclerc, den Freund Chaliers, und Anacharsis Cloots, „den Redner der Menschheit“, der schon 1793 die Republik der Menschheit ins Auge gefaßt und davon zu sprechen gewagt hatte.

Am 4. Germinal (24. März) wurden alle nach einem Prozeß, der drei Tage dauerte, aber nur pro forma stattfand, guillotiniert.

Man kann sich denken, welches Fest dieser Tag für das Lager der Royalisten war, deren es eine Menge in Paris gab. Die Straßen waren voll von Stutzern, die sich aufs köstlichste ausstaffiert hatten und die die Verurteilten verhöhnten, während man sie zum Revolutionsplatz führte. Die Reichen zahlten verrückte Preise, um ganz nahe bei der Guillotine Platz zu bekommen und sich am Sterben des Verfassers des „Père Duchesne“ zu erquicken. „Der Platz wurde zum Theater“, sagt Michelet. Und „ringsherum eine Art von Jahrmarkt, die Champs Elysées voll lachender Menschen mit allerlei Gauklern und kleinen Händlern“. Das Volk blieb düster zu Hause und zeigte sich nicht. Es wußte, daß man seine Freunde tötete.

Chaumette wurde später, am 24. Germinal (13. April) zusammen mit dem früheren Bischof Gobel guillotiniert – das Verbrechen, dessen sie beide beschuldigt wurden, war Irreligion. Die Witwe Desmoulins' und die Witwe Héberts wurden gleichzeitig hingerichtet. Pache wurde geschont, aber an seine Stelle als Bürgermeister kam der unbedeutende Fleuriot-Lescaut, und der Prokurator Chaumette wurde zuerst durch Cellier und dann durch Claude Payan ersetzt, der Robespierre ganz und gar ergeben war und sich mehr um das höchste Wesen kümmerte als um das Volk von Paris.

Der Sicherheits- und der Wohlfahrtsausschuß hatten endlich den Sieg über die Kommune von Paris errungen. Der lange Kampf, den dieser Herd der Revolution seit dem 9. August 1792 gegen die offiziellen Vertreter der Revolution geführt hatte, war zu Ende. Die Kommune, die seit neunzehn Monaten für das revolutionäre Frankreich eine Fackel gewesen war, sollte jetzt ein Rad in der Staatsmaschine werden. Damit war der Zusammenbruch unausbleiblich geworden.

Der Triumph der Royalisten war jedoch nach diesen Hinrichtungen so groß, daß die Ausschüsse sich schon von der Gegenrevolution überschwemmt sahen. Man ging schon so weit, daß man jetzt sie für Brissots geliebten „Tarpejischen Felsen" bestimmte. Desmoulins, dessen Verhalten bei der Hinrichtung Héberts unwürdig gewesen war (er selbst hat es erzählt), bereitete eine siebente Nummer seines Blattes vor, die ganz und gar gegen die revolutionäre Regierung gerichtet war. Die Royalisten überließen sich tollen Freudenausbrüchen und drängten Danton zum Angriff gegen die Ausschüsse. Die ganze Masse der Girondisten, die sich mit Dantons Namen deckten, war im Begriff, das Fehlen der hébertistischen Revolutionäre zu benutzen, um einen Staatsstreich zu machen, und dann war die Guillotine Robespierre, Couthon, Saint-Just, Billaud-Varenne, Collot d'Herbois und so vielen andern gewiß. Es war der Triumph der Gegenrevolution schon im Frühjahr 1794. Nunmehr entschlossen sich die Ausschüsse, einen großen Streich nach rechts zu führen und Danton zu opfern.

In der Nacht vom 30. zum 31. März (9. zum 10. Germinal) erfuhr Paris mit Schaudern, daß Danton, Philippeaux und Lacroix verhaftet worden waren. Auf einen Bericht, den Saint-Just im Konvent erstattete (der nach einem Entwurf von Robespierre, der sich bis zum heutigen Tag erhalten hat, verfaßt war), beschloß die Nationalversammlung unverzüglich den Prozeß. Der gehorsame „Sumpf" stimmte, wie man es ihn hieß. Die Ausschüsse machten wiederum ein „Amalgam" und schickten gemeinsam Danton, Desmoulins, Basire, Fabre, der der Fälschung, Lacroix, der der Plünderung angeklagt war, Chabot, der zugestand, hunderttausend Franken für irgendeine Sache von Royalisten erhalten zu haben (ohne sie übrigens auszugeben), den Fälscher Delaunay und den Unterhändler Julien (von Toulouse) vor das Revolutionstribunal.

Der Prozeß wurde kurz abgebrochen. In dem Augenblick, wo die machtvolle Verteidigungsrede Dantons einen Aufstand des Volkes hervorzurufen drohte, wurde den Angeklagten das Wort abgeschnitten.

Alle wurden am 16. Germinal (5. April) hingerichtet.

Man versteht, welche Wirkung der Sturz der revolutionären Kommune von Paris und die Hinrichtung von Männern wie Leclerc, Momoro, Hébert und Cloots, denen Danton und Camille Desmoulins und schließlich Chaumette folgten, auf die Bevölkerung von Paris machen mußte. Diese Hinrichtungen wurden in Paris und den Provinzen als das Ende der Revolution aufgefaßt. In den politischen Kreisen wußte man, daß Danton der Sammelpunkt für die

Gegenrevolutionäre geworden war. Aber für Frankreich im allgemeinen war er der Revolutionär geblieben, der immer im Vordertreffen der Volksbewegungen gestanden hatte. – „Wenn diese Verräter sind, wem soll man trauen?" fragten sich die Männer aus dem Volke. – „Aber sind sie Verräter?" fragten sich die andern. „Ist es nicht ein sicheres Zeichen, daß die Revolution zu Ende geht?"

Gewiß, das war es. Nachdem einmal der Aufstieg der Revolution ins Stocken gekommen war, nachdem sich einmal eine Macht gefunden hatte, die ihr sagte: „Bis hierher und nicht weiter!", und zwar in einem Augenblick, wo ungemein volkstümliche Forderungen nach ihrem Ausdruck suchten, nachdem einmal diese Macht den Männern die Köpfe hatte abschlagen können, die für diese Forderungen den Ausdruck zu finden gesucht hatten, sahen die wahren Revolutionäre, daß das den Tod der Revolution bedeutete. Sie ließen sich nicht von den Worten Saint-Justs fangen, der ihnen erzählte, daß er auch anfinge, so wie die zu denken, die er auf die Guillotine schickte. Sie merkten, es war der Anfang vom Ende.

In der Tat, der Sieg der Ausschüsse über die Kommune von Paris war der Sieg der Ordnung, und in der Revolution bedeutet der Sieg der Ordnung den Schluß der revolutionären Periode. Jetzt gibt es noch einige Zuckungen, aber die Revolution ist zu Ende.

Das Volk, das die Revolution gemacht hatte, fing schließlich an, das Interesse an ihr zu verlieren. Es stieg nicht mehr auf die Straße und überließ sie den Stutzern.

66. Robespierre und seine Gruppe

Man hat von Robespierre oft als von einem Diktator gesprochen. Seine Feinde im Konvent nannten ihn „den Tyrannen". Und je mehr sich in der Tat die Revolution ihrem Ende nähert, einen um so größeren Einfluß erlangt Robespierre, so daß man ihn schließlich in Frankreich und im Ausland als die bedeutendste Persönlichkeit der Republik betrachtet.

Es wäre jedoch gewiß falsch, Robespierre als Diktator hinzustellen. Daß viele seiner Bewunderer eine Diktatur gewünscht haben, ist sicher. Aber man weiß auch, daß Cambon auf seinem Spezialgebiet, im Finanzausschuß, einen großen Einfluß ausübte und daß Carnot für den Krieg, trotz dem Übelwollen

Robespierres und Saint-Justs gegen ihn, sehr weitgehende Vollmachten hatte. Der Sicherheitsausschuß klammerte sich zu sehr an seine Polizeigewalt, als daß er sich nicht einer Diktatur widersetzt hätte, und einige seiner Mitglieder haßten Robespierre. Und wenn es schließlich im Konvent eine Anzahl Mitglieder gab, die den überwiegenden Einfluß Robespierres nicht ungern sahen, so hätten sie sich doch nicht der Diktatur eines Mannes vom Berg unterworfen, der so streng wie er in seinen Prinzipien war.

Und doch besaß Robespierre in Wirklichkeit eine ungeheure Macht. Noch mehr: fast alle fühlten, und seine Feinde wie seine Bewunderer erkannten es an, daß das Verschwinden von Robespierres Gruppe den sicheren Sieg der Reaktion bedeuten müßte, – wie es ja auch in der Tat dann der Fall war.

Wie also soll man sich die Macht dieser Gruppe erklären?

Sie kam daher, daß Robespierre inmitten so vieler anderer, die sich von den Anlockungen der Macht oder des Reichtums verführen ließen, *unbestechlich* blieb – und das ist in einer Revolution etwas überaus Wichtiges. Während die meisten unter ihnen nach der Beute der Nationalgüter, der Spekulation usw. begierig waren und Tausende Jakobiner sich beeilten, Stellen in der Regierung zu ergattern, blieb er als gestrenger Richter vor ihnen stehen, erinnerte sie an die Prinzipien und drohte denen mit der Guillotine, die am lüsternsten nach der Beute waren. Aber noch mehr. In allem, was er in den fünf Jahren des revolutionären Sturmes gesagt und getan hat, fühlt man noch heute – und seine Zeitgenossen müssen es noch mehr gefühlt haben –, daß er einer der sehr seltenen Politiker der Zeit war, die in ihrem Glauben an die Revolution und in ihrer Liebe zur demokratischen Republik nie gewankt haben. In dieser Hinsicht stellte Robespierre eine wahrhafte Macht dar, und hätten ihm die Kommunisten eine ebenbürtige Macht des Geistes und des Willens entgegenstellen können, hätten sie sicher der Großen Revolution den Stempel ihrer Ideen viel tiefer aufprägen können.

Diese Eigenschaften Robespierres jedoch, die auch seine Feinde ihm zuschreiben müssen, hätten für sich allein nicht genügt, um die ungeheure Macht, die er gegen das Ende der Revolution besaß, zu erklären.

Diese kam daher, daß er, mit dem Fanatismus ausgerüstet, den ihm die Reinheit seiner Absichten inmitten so vieler „Profitmacher" gab, geschickt daran arbeitete, seine Macht über die Geister zu befestigen, selbst wenn er dafür über die Leichen seiner Gegner schreiten mußte, und daß er darin von der entstehenden Bourgeoisie, sowie sie in ihm den Mann der revolutionären Mittelstraße erkannt hatte, der gleich weit von den „Exaltierten" und den „Gemäßigten" entfernt war, mächtig unterstützt wurde. Die Bourgeoisie sah in ihm den Mann, der ihr die beste Garantie gegen die „Maßlosigkeiten" des Volkes bot. Sie begriff, daß er der Mann war, der durch die Achtung, die er dem Volke einflößte, durch seinen gemäßigten Geist und sein Verlangen nach der Macht am geeignetsten war, die Begründung einer *Regierung* vorzubereiten – der *revolutionären* Periode ein Ende zu machen, – und sie ließ ihn gewähren, solange sie die radikalen Parteien zu fürchten hatte. Aber nachdem Robespierre ihr geholfen hatte, diese Parteien zu vernichten, stürzte sie nunmehr ihn, um das girondistische Bürgertum wieder in den Konvent einzusetzen und die reaktionäre Orgie des Thermidor zu beginnen.

Robespierres Geistesbeschaffenheit machte ihn zu dieser Rolle überaus geeignet. Man lese nur in der Tat den Entwurf, den er für die Anklage gegen die Gruppe von Fabre d'Eglantine und Chabot geschrieben hat und der nach dem 9. Thermidor unter seinen Papieren gefunden wurde. Dieses Schriftstück charakterisiert den Mann besser als alle Erörterungen.

„Zwei feindliche Gruppen kämpfen seit einiger Zeit zum Ärgernis" – so beginnt er. „Die eine neigt zur Mäßigung, die andere zu Maßlosigkeiten, die tatsächlich gegenrevolutionär wirken. Die eine erklärt allen tatkräftigen Patrioten den Krieg, predigt Nachsicht gegen die Verschwörer; die andere bringt schleichende Verleumdungen gegen die Verteidiger der Freiheit vor und will jeden Patrioten, der sich einmal verirrt hat, bis ins kleinste verfolgen, während sie zugleich vor den verbrecherischen Umtrieben unserer gefährlichsten Feinde die Augen schließt ... Die eine sucht ihr Ansehen oder ihre Anwesenheit im Nationalkonvent [die Dantonisten], die andere ihren Einfluß in den Volksgesellschaften zu mißbrauchen [die Kommune, die Enragés]. Die eine will den Konvent überrumpeln und ihn zu gefährlichen Dekreten oder Unterdrückungsmaßregeln gegen ihre Widersacher bringen; die andere läßt gefährliche Rufe in den öffentlichen Versammlungen ertönen ... Der Triumph der einen wie der anderen Partei wäre für die Sache der Freiheit und der *Autorität der Nation* in gleicher Weise verhängnisvoll." – Und nun erklärt er, wie die beiden Parteien den Wohlfahrtsausschuß seit seiner Gründung angegriffen haben.

Nachdem er Fabre beschuldigt hat, er rufe nach Milde, um seine Verbrechen zu verdecken, fährt er fort:

„Der Augenblick war ohne Zweifel günstig gewählt, um eine feige und erbärmliche Lehre selbst Männern guten Willens zu verkünden: alle Feinde der Freiheit drängten zu einer höchst schädlichen Maßlosigkeit; eine feile Philosophie, die sich der Tyrannei verkauft hat, bekämpfte die Altäre statt der Throne, brachte die Religion in einen Gegensatz zum Patriotismus, die Moral in Widerspruch mit sich selbst, identifizierte die Sache des Kultus mit der des Despotismus, die Katholiken mit den Verschwörern und wollte das Volk zwingen, in der Revolution nicht den Triumph der Tugend, sondern des Atheismus, nicht die Quelle seines Glückes, sondern die Zerstörung seiner moralischen und religiösen Überzeugungen zu sehen."

Man sieht aus diesen Auszügen, daß Robespierre zwar in der Tat nicht die Weite des Blicks und die Kühnheit des Denkens hatte, die notwendig sind, um ein „Führer" in einer Revolution zu werden, daß er dafür aber die Kunst, die Mittel zu handhaben, durch die man eine Versammlung gegen einen bestimmten Menschen aufbringt, in Vollendung besaß. Jeder Satz dieser Anklagerede ist ein vergifteter Pfeil, der treffen muß.

Besonders muß uns die Tatsache auffallen, daß Robespierre und seine Freunde nicht merken, welche Rolle „die Gemäßigten" sie spielen lassen, solange diese sie noch nicht für reif zum Sturze halten. „Es gibt ein System, das das Volk dazu bringen will, alles gleichzumachen", schreibt sein Bruder an ihn, „wenn man sich nicht vorsieht, wird alles durcheinanderkommen." Maximilien Robespierre hat keinen weiteren Horizont als sein Bruder. Er sieht in den Bestrebungen der radikalen Parteien nur ihre Angriffe gegen die Regierung, der er angehört. Wie Brissot beschuldigt er sie, Werkzeuge der Kabinette von London und Wien zu sein. Die Versuche der Kommunisten sind für ihn nur Erzeugung des Durcheinanders. Man muß „sich vorsehen", sie vernichten – durch den Schrecken.

„Was gibt es für Mittel, dem Bürgerkrieg ein Ende zu machen?" fragt er sich in einer Notiz. Und er antwortet:

„Die Verräter und Verschwörer, hauptsächlich die schuldigen Abgeordneten und Mitglieder der Verwaltung, zu bestrafen, patriotische Truppen unter patriotischen Befehlshabern hinzuschicken, um die Aristokraten von Lyon, Marseille, Toulon, der Vendée, des Jura und all der anderen Gegenden, in denen die Fahne der Empörung und des Royalismus aufgepflanzt worden ist, zu unterwerfen, und an allen Frevlern, die sich gegen die Freiheit vergangen und das Blut der Patrioten verspritzt haben, schreckliche Exempel zu statuieren.“

Man sieht, hier spricht ein Regierungsmann die Sprache aller Regierungen, aber es spricht kein Revolutionär. So bleibt denn auch seine ganze Politik vom Sturz der Kommune bis zum 9. Thermidor völlig unfruchtbar. Sie hindert die Katastrophe, die sich vorbereitet, in keiner Weise; sie tut viel, um sie zu beschleunigen. Sie wendet die Dolche nicht ab, die im Dunkel geschliffen werden, um die Revolution zu treffen; sie tut alles, um ihre Stöße tödlich zu machen.

67. Der Schrecken

Nach dem Sturz ihrer Feinde zur Linken und Rechten fuhren die Ausschüsse fort, die Gewalt mehr und mehr in ihren Händen zu vereinigen. Bis dahin hatte es sechs Ministerien gegeben, die dem Wohlfahrtsausschuß nur mittelbar, durch Vermittlung des Ausschusses der Exekutive, der aus sechs Ministern zusammengesetzt war, unterstellt waren. Am 12. Germinal (1. April) wurden die Ministerien abgeschafft und durch zwölf Exekutivkommissionen ersetzt, von denen jede unter die Kontrolle einer Sektion des Ausschusses gestellt wurde. Überdies bekam der Wohlfahrtsausschuß das Recht, von sich aus die in die Provinzen und zu den Armeen entsandten Konventsdelegierten zurückzurufen. Weiter wurde beschlossen, daß das oberste Revolutionstribunal in Paris unter den Augen der Ausschüsse tagen sollte. Wer an irgendeinem Orte in Frankreich der Verschwörung beschuldigt wurde, sollte nach Paris gebracht werden, um hier abgeurteilt zu werden. Zugleich wurden Maßregeln getroffen, um Paris von feindlichen Elementen zu säubern. Alle früheren Adligen und alle Ausländer, die zu den Nationen gehörten, die gegen Frankreich Krieg führten, sollten, mit wenigen unausweichlichen Ausnahmen, aus Paris ausgewiesen werden (Dekrete vom 26. und 27. Germinal).

Die andere große Sorge war der Krieg. Im Januar 1793 hatte man noch gehofft, die Partei der Opposition im englischen Parlament, die von einem beträchtlichen Teil der Londoner Bevölkerung und von mehreren einflußreichen Mitgliedern des Oberhauses unterstützt wurde, könnte das Ministerium Pitt verhindern, den Krieg fortzusetzen. Danton muß diesen Irrtum geteilt haben; es war eines der Verbrechen, die man ihm vorwarf. Aber Pitt riß die Mehrheit des

Parlaments gegen die „ruchlose Nation“ mit sich fort, und schon zu Beginn des Frühjahrs betrieben England und Preußen, das im Solde Englands stand, aufs eifrigste den Krieg. Bald wurden vier Armeen, die 315 000 Mann stark waren, an die Grenzen Frankreichs geworfen. Ihnen standen vier Armeen der Republik gegenüber, die nur 294 000 Mann zählten. Aber es waren schon republikanische und demokratische Armeen, die ihre besondere Taktik ausgebildet hatten, und bald hatten sie über die Verbündeten die Oberhand erlangt.

Der dunkelste Punkt war jedoch die Stimmung in der Provinz, insbesondere im Süden. Das unterschiedlose Massengemetzel gegen die gegenrevolutionären Führer wie gegen die Verführten, zu dem die lokalen Jakobiner und die Konventsdelegierten nach dem Siege gegriffen hatten, hatte einen so tiefgehenden Haß gesät, daß es jetzt allenthalben ein Krieg bis aufs Messer war. Und die Lage wurde dadurch nur immer schwieriger, daß niemand, weder an Ort und Stelle noch in Paris, zu etwas anderem zu raten wußte als zu den äußersten Mitteln der Rache. Hier ein Beispiel dafür.

Das Vaucluse stand unter dem Einflusse der Royalisten und Priester, und so kam es, daß in Bédouin, einem der zurückgebliebenen Dörfer am Fuße des Mont Ventoux, das immer für das alte Regierungssystem gewesen war und kein Hehl daraus machte, „das Gesetz schändlich verletzt“ worden war! Am ersten Mai war der Freiheitsbaum umgestürzt, „und die Dekrete des Konvents in den Kot geschleift worden!“ Das militärische Oberhaupt der Gegend (Suchet, der später ein Kaiserlicher wurde) will ein „schreckliches Exempel“. Er verlangt die Zerstörung des Dorfes. Maignet, der Konventsdelegierte, zögert und wendet sich nach Paris, und von da befiehlt man ihm, mit größter Strenge zu verfahren. Nunmehr steckte Suchet das Dorf in Brand, und 433 Häuser oder Baulichkeiten wurden zerstört. Man sieht leicht, daß bei diesem System nichts anderes übrigblieb, als „streng vorzugehen“, immer weiter streng vorzugehen.

Das tat man denn auch. Einige Tage später schlug Couthon angesichts der Unmöglichkeit, alle verhafteten Bürger nach Paris zu transportieren (man hätte, sagte Maignet, dazu ein Armeekorps und Proviantierungsstellen unterwegs gebraucht), den Ausschüssen vor – und diese nahmen den Vorschlag an –, es sollte eine Spezialkommission von fünf Mitgliedern zusammentreten und in Orange tagen, um die Feinde der Revolution in den Departements Vaucluse und Bouches-du-Rhône abzuurteilen. Robespierre schrieb eigenhändig die Instruktion für diese Kommission, und diese Instruktion gab bald das Muster ab für sein Gesetz vom 22. Prairial über den Schrecken.

Einige Tage später trug Robespierre dem Konvent dieselben Grundsätze vor. Er sagte, bis jetzt sei man gegen die Feinde der Freiheit schonend vorgegangen, man müsse sich über die *Formen* der Urteile hinwegsetzen, müsse sie vereinfachen. Und zwei Tage nach dem Fest des höchsten Wesens beantragte er mit Zustimmung seiner Kollegen vom Wohlfahrtsausschuß das berüchtigte Gesetz vom 22. Prairial (10. Juni) über die Reorganisation des Revolutionstribunals. Auf Grund dieses Gesetzes wurde das Revolutionstribunal in Sektionen geteilt, deren jede aus drei Richtern und neun Geschworenen zusammengesetzt war. Sieben von ihnen genügten für das Urteil. Die Prinzipien der Urteile sollten so sein, wie sie Robespierre in der Instruktion an die Kommission von Orange dargelegt hatte; nur nahm man noch in die Zahl der Verbrechen, die mit dem Tod bestraft werden sollten, die Verbreitung falscher Nachrichten zu dem Zweck, das Volk zu spalten oder zu verwirren, die Sitten zu verderben oder das öffentliche Gewissen zu vergiften, auf.

Dieses Gesetz erlassen hieß nichts anderes, als den Bankerott der revolutionären Regierung erklären. Damit war unter dem Anschein der Gesetzlichkeit getan, was das Volk von Paris auf revolutionäre Weise und gerade drauflos in einem Augenblick der Panik und der Verzweiflung in den Septembertagen getan hatte. Und so war denn auch die Wirkung dieses Gesetzes vom 22. Prairial die, daß es in sechs Wochen die Gegenrevolution zum Reifen brachte.

War, wie einige Historiker beweisen wollen, die Absicht Robespierres bei der Vorbereitung dieses Gesetzes nur, solche Mitglieder des Konvents zu treffen, die er für die schädlichsten Feinde der Revolution hielt? Die Tatsache, daß er sich von den Geschäften zurückzog, nachdem die Debatten im Konvent ihm bewiesen hatten, daß der Nationalkonvent sich nicht länger von den Ausschüssen zur Ader lassen wollte, ohne seine Mitglieder zu schützen, gibt dieser Hypothese einen Anschein der Wahrscheinlichkeit. Aber die gutbelegte Tatsache, daß die Instruktion an die Kommission von Orange ebenfalls von Robespierre stammte, bringt diese Hypothese zu Falle. Es ist wahrscheinlicher, daß Robespierre einfach dem Gang der Ereignisse folgte und daß er, Couthon und Saint-Just – im Einklang mit vielen anderen, darunter selbst Cambon – den Schrecken ebensosehr als Kampfeswaffe im großen wie als Drohung gegen einige Konventsmitglieder wollten. Im Grunde – ganz abgesehen von Hébert – war man schon seit den Dekreten über die Vereinigung der Gewalten vom 19. Floréal (8. Mai) und 9. Prairial (28. Mai) unterwegs zu diesem Gesetz.

Es ist auch sehr wahrscheinlich, daß der Anschlag von Ladmiral gegen Collot d'Herbois und die seltsame Angelegenheit von Cécile Renault dazu beitrugen, daß das Gesetz vom 22. Prairial angenommen wurde.

Gegen Ende April hatten in Paris eine Reihe Hinrichtungen stattgefunden, die den Haß der Royalisten hatten erwecken müssen. Nach den Hinrichtungen vom 24. Germinal (von Chaumette, Gobel, Lucile Desmoulins, der Witwe Héberts und fünfzehn andern) hatte man d'Eprémesnil, Le Chapelier, Thouret, den alten Malesherbes (den Verteidiger Ludwigs XVI. bei dem Prozeß gegen ihn), den großen Chemiker und guten Republikaner Lavoisier und schließlich die Schwester Ludwigs XVI., Madame Elisabeth, hingerichtet, die man ohne jede Gefahr für die Republik ebensowohl wie ihre Nichte hätte in Freiheit setzen können.

Die Royalisten kamen in Bewegung, und am 7. Prairial (25. Mai) ging ein gewisser Ladmiral, ein Bureaubeamter von fünfzig Jahren, in den Konvent, um Robespierre zu töten. Er schlief dort während einer Rede Barères ein und verfehlte den „Tyrannen". Dann zielte er auf Collot d'Herbois in dem Augenblick, wo dieser auf der Treppe war, um nach Hause zu gehen. Es entstand ein heftiger Kampf zwischen den beiden, und Collot entwaffnete Ladmiral.

Am nämlichen Tage erschien ein junges Mädchen von zwanzig Jahren, Cécile Renault, die Tochter eines sehr royalistischen Papierhändlers, im Hof des Hauses, in dem Robespierre bei Duplay wohnte, und bestand darauf, ihn zu sehen. Man mißtraute ihr, nahm sie fest und fand zwei kleine Messer in ihren Taschen. Ihre unzusammenhängenden Äußerungen konnten den Verdacht entstehen lassen, daß sie ein Attentat gegen Robespierre, das übrigens in jedem Falle sehr kindisch gewesen wäre, beabsichtigt hatte.

Es ist wahrscheinlich, daß diese beiden Attentate ein Argument zugunsten des Gesetzes über den Schrecken waren.

Auf jeden Fall nutzten die Ausschüsse sie aus, um ein großes "Amalgam" zu machen. Sie ließen den Vater und den Bruder des jungen Mädchens und mehrere Personen, deren ganzes Verbrechen darin bestand, Ladmiral mehr oder weniger gut gekannt zu haben, verhaften. Man brachte Madame Saint-Amaranthe, die ein Spielhaus gehalten hatte, in dem ihre wegen ihrer Schönheit bekannte Tochter, Frau von Sartine, anzutreffen war, zur Haft. Und da dieses Haus von allen möglichen Leuten, unter anderem von Chabot, Desfieux und Hérault de Séchelles und, wie es scheint, auch von Danton besucht worden war, machte man eine royalistische Verschwörung daraus und versuchte auch diese Sache mit Robespierre in Verbindung zu bringen. In denselben Prozeß brachte man auch den alten Sombreuil (den nämlichen, den Maillard während der Septembermorde gerettet hatte), die Schauspielerin Grand-Maison, die Freundin des Barons von Batz, Sartine, einen der „Ritter vom Dolche", und neben all diesen eine arme unschuldige Schneiderin von siebzehn Jahren, namens Nicolle.

Der Prozeß wurde auf Grund des Gesetzes vom 22. Prairial schnell geführt. Es wurden diesmal vierundfünfzig Personen auf einmal hingerichtet, denen man wie Vatermördern rote Hemden angezogen hatte, und die Hinrichtungen dauerten zwei Stunden. So fing das neue Gesetz, das überall das Gesetz Robespierres genannt wurde, seine Tätigkeit an. Es machte sofort das Schreckensregiment in Paris verhaßt.

Man kann sich denken, in welche Geistesverfassung die Personen kommen mußten, die als verdächtig verhaftet worden waren und in den Gefängnissen der Hauptstadt saßen, als sie von den Bestimmungen des Gesetzes vom 22. Prairial und von seiner Anwendung auf vierundfünfzig Rothemden erfuhren. Man machte sich auf ein allgemeines Gemetzel „zur Entleerung der Gefängnisse" gefaßt, wie es in Nantes oder in Lyon stattgefunden hatte, und rüstete sich zum Widerstand. Es ist sehr wahrscheinlich, daß Pläne zur Empörung geschmiedet wurden. Und nunmehr gab es Massenprozesse gegen hundertfünfzig Angeklagte auf einmal, die in drei Abteilungen hingerichtet wurden; man führte Zuchthäusler und Royalisten zusammen aufs Schafott.

Es ist unnütz, sich bei diesen Hinrichtungen länger aufzuhalten. Es genügt, wenn gesagt wird, daß vom 17. April 1793, dem Tag der Begründung des Revolutionstribunals, bis zum 22. Prairial des Jahres II (10. Juni 1794), das heißt im Lauf von vierzehn Monaten, das Tribunal in Paris schon 2 607 Personen hatte hinrichten lassen, aber daß seit dem neuen Gesetz das nämliche Gericht im Lauf von nur sechsundvierzig Tagen, vom 22. Prairial bis zum 9. Thermidor (27. Juni 1794), 1 351 Personen zum Tode brachte.

Dem Volk von Paris schauderte bald vor all diesen Henkerkarren, auf denen die Verurteilten zur Guillotine gefahren wurden und die fünf Henker kaum jeden Tag leeren konnten. Man fand kaum mehr Friedhöfe, um die Opfer zu beerdigen, weil sich jedesmal, wenn man für diesen Zweck einen neuen Friedhof in einem Arbeiterviertel eröffnete, heftige Proteste erhoben.

Die Sympathien der Arbeiterbevölkerung von Paris wandten sich jetzt den Opfern zu, und dies um so mehr, als die Reichen ausgewandert waren oder sich in Frankreich verborgen hielten und die Guillotine hauptsächlich die Armen traf. In der Tat waren unter 2 750 Guillotinierten, deren Stand Louis Blanc feststellen konnte, nur 650, die zu den begüterten Klassen gehörten. Man flüsterte sich sogar ins Ohr, im Sicherheitsausschuß säße ein Royalist, ein Agent von Batz, der zu den Hinrichtungen aufstachelte, um die Republik verhaßt zu machen.

Sicher ist, daß jede neue Massenhinrichtung dieser Art den Sturz des jakobinischen Regiments beschleunigte.

Das ist eine Sache, die die Staatsmänner nicht begreifen können: der Schrecken hatte aufgehört zu schrecken.

68. Der neunte Thermidor – Der Sieg der Reaktion

Wenn Robespierre viele Bewunderer hatte, die bis zur Anbetung gingen, so fehlte es ihm noch weniger an Feinden, die ihn aufs äußerste haßten. Diese benutzten jede Gelegenheit, um ihn verhaßt zu machen, indem sie ihm die Greuel des Schreckens zur Schuld gaben, und sie versäumten auch nicht die Gelegenheit, ihn lächerlich zu machen, indem sie ihn mit den Reden einer alten mystischen Närrin namens Catharine Théot in Verbindung brachten, die sich die „Mutter Gottes" nannte.

Es ist jedoch keine Frage, daß nicht diese persönlichen Feindseligkeiten Robespierre gestürzt haben. Sein Sturz war unvermeidlich geworden, weil er ein Regiment vertrat, das am Zusammenbrechen war. Die Revolution, die bis zum August oder September 1793 ihr aufsteigendes Stadium gehabt hatte, war dann auf die absteigende Linie gekommen. Sie machte jetzt das Stadium der jakobinischen Regierung durch, deren bester Ausdruck Robespierre war, aber dieses Regiment mußte notwendigerweise andern Ordnungs- und Regierungsmännern Platz machen, die es eilig hatten, dem revolutionären Aufruhr ganz einfach ein Ende zu machen, und die auf den Augenblick lauerten, wo sie die terroristische Bergpartei stürzen konnten, ohne eine Erhebung in Paris hervorzurufen.

Man konnte jetzt das ganze Übel kennenlernen, das daher kam, daß die Revolution sich in wirtschaftlicher Hinsicht auf die persönliche Bereicherung gestützt hatte. Eine Revolution muß *den Wohlstand für alle* als Ziel haben, sonst wird sie mit Notwendigkeit eben von denen erstickt, die sie auf Kosten der Nation bereichert hat. Jedesmal, wenn eine Revolution eine Veränderung im Besitzstand hervorbringt, darf sie es nicht zugunsten von *Individuen*, sondern muß es immer zugunsten von *Gemeinschaften* tun. Und das ist der Punkt, worin die Große Revolution gesündigt hat. Die Ländereien, die sie bei den Priestern und Adligen konfisziert hatte, gab sie Privatpersonen, während sie sie Dörfern und Städten hätte geben müssen, weil sie früher Ländereien des Volkes gewesen waren – Ländereien, deren sich die Privatpersonen zum Vorteil des Feudalwesens bemächtigt hatten. Es hat niemals Ländereien gegeben, die ursprünglich den Grundherren oder der Kirche gehört hätten. Abgesehen von einigen Mönchsgemeinschaften hat niemals ein Herr oder ein Priester in Person auch nur einen einzigen Morgen Landes urbar gemacht; das Volk, die Menschen, die sie verächtlich Bauernlümmel nannten, haben jeden Quadratmeter Boden der Kultur erschlossen. Sie haben ihn zugänglich und bewohnbar gemacht. Sie haben diesem Boden seinen Wert gegeben, *und ihnen hätte er zurückgegeben werden müssen*.

Aber, in staatlichen und bürgerlichen Anschauungen befangen, erkannten die Konstituierende und Gesetzgebende Versammlung und der Konvent an, daß die Ländereien, die der Grundherr, das Kloster, die Kathedrale, die Kirche sich ehemals angeeignet hatten, diesen Staatsstützen von Rechts wegen gehörten. Sie nahmen von diesen Ländereien Besitz und verkauften sie den Bürgern.

Man kann sich denken, welche Gier erzeugt wurde, als Ländereien, deren Gesamtwert zehn bis fünfzehn Milliarden betrug, binnen wenigen Jahren zum Verkauf gestellt wurden, und zwar unter Bedingungen, die für die Erwerber überaus vorteilhaft waren und die man noch vorteilhafter machen konnte, wenn man sich um die Protektion der neuen Ortsbehörden bemühte. Auf diese Weise bildeten sich überall die „schwarzen Banden“, gegen die alle Energie der in die Provinzen entsandten Konventsdelegierten vergebens war.

Allmählich reichte der verderbliche Einfluß dieser Plünderer, zu denen noch die Agioteure von Paris und die Armeelieferanten kamen, bis in den Konvent, in dem die ehrenhaften Mitglieder der Bergpartei sich mehr und mehr vereinzelt sahen; sie waren nicht imstande, die „Profitmacher“ in Schranken zu halten. Was konnten sie ihnen denn auch entgegenhalten? Nachdem die Enragés vernichtet und die Sektionen von Paris gelähmt waren – was war ihnen geblieben, als „der Sumpf“ im Konvent?

Der Sieg bei Fleuris, der am 26. Juni (8. Messidor) über die vereinigten Engländer und Österreicher gewonnen wurde – ein entscheidender Sieg, der im Norden für dieses Jahr dem Feldzug ein Ende machte –, und die Erfolge, die die Armeen in den Pyrenäen, an der Grenze der Alpen und des Rheins errungen hatten, ferner die Ankunft eines Getreidetransports aus Amerika (der mehrere Kriegsschiffe gekostet hatte) – gerade diese Erfolge dienten den „Gemäßigten", die es eilig hatten, zur „Ordnung" zurückzukehren, als mächtige Argumente. – „Wozu noch die revolutionäre Regierung", sagten sie, „da der Krieg zu Ende geht? Es ist Zeit, zum gesetzlichen Zustand zurückzukehren und der Regierung der Revolutionsausschüsse und der patriotischen Gesellschaften in der Provinz ein Ende zu machen. Es ist Zeit, zur Ordnung zurückzukehren, die revolutionäre Periode zu beschließen."

Aber der Schrecken, den man allgemein Robespierre zuschrieb, wollte nicht gelinder werden, wollte nicht abrüsten. Am 3. Messidor (21. Juni) hatte Herman, „Kommissär der Zivilverwaltung, der Polizei und Gerichte", der mit Robespierre sehr nah verbunden war, dem Wohlfahrtsausschuß einen Bericht überreicht, in dem er die Erlaubnis verlangte, die Verschwörungen in den Gefängnissen aufzuspüren, und in diesen Bericht hatte er die Drohung geschleudert, es würde vielleicht „nötig sein, in einem Augenblick die Gefängnisse zu säubern". Die Erlaubnis zu diesen Nachforschungen wurde ihm vom Wohlfahrtsausschuß gegeben, und nunmehr begannen die entsetzlichen Massenhinrichtungen, die Karren voll Männer und Frauen, die zur Guillotine geschickt wurden, welche die Pariser gräßlicher fanden als die Septembermorde – und die um so gräßlicher waren, als man kein Ende absehen konnte und als sie inmitten von Bällen, von Konzerten und Festlichkeiten der reichen Emporkömmlinge und der Hohnrufe der royalistischen jeunesse dorée stattfanden, die von Tag zu Tag aggressiver wurde.

Es gab niemanden, der sich nicht sagen mußte, daß dieser Zustand nicht weitergehen konnte, und die Gemäßigten im Konvent machten sich diese Stimmung zunutze. Dantonisten, Girondisten, die Männer des „Sumpfs" schlossen ihre Reihen und konzentrierten ihre Kräfte auf den Sturz Robespierres – das sollte der Anfang sein. Die Stimmung in Paris begünstigte ihre Pläne, seit es dem Wohlfahrtsausschuß gelungen war, die wahrhaften Mittelpunkte der Volksbewegungen, die Sektionen, ihrer Kraft zu berauben.

Am 5. Thermidor (23. Juli) fügte der Generalrat der Kommune, in dem jetzt Payan, ein intimer Freund Robespierres, herrschte, seiner Popularität eine schwere Schädigung zu, indem er einen völlig ungerechten Beschluß gegen die Arbeiter faßte. Er ließ in den achtundvierzig Sektionen den Maximalpreis verkünden, auf den die Löhne der Arbeiter beschränkt sein sollten. Der Wohlfahrtsausschuß andererseits hatte sich, wie wir gesehen haben, bei den Sektionen schon unpopulär gemacht, indem er ihre Selbständigkeit zerstört und für mehrere von ihnen selbst die Mitglieder der Ausschüsse ernannt hatte.

Der Augenblick war also günstig, um einen Staatsstreich zu versuchen.

Am 21. Messidor (9. Juli) hatte sich Robespierre endlich entschlossen, mit dem Angriff gegen die Verschwörer zu beginnen. Schon acht Tage vorher hatte er sich bei den Jakobinern über den persönlichen Krieg, den man gegen ihn führte, beschwert. Jetzt wurde er deutlicher. Er griff, übrigens noch leicht, Barère an – den nämlichen Barère, der bis dahin das gefügige Werkzeug seiner Gruppe gewesen war, wenn im Konvent etwas Großes durchgesetzt werden sollte. Und zwei Tage später entschloß er sich, immer bei den Jakobinern, Fouché wegen seines schrecklichen Vorgehens in Lyon offen anzugreifen. Er setzt es sogar beim Klub durch, daß über ihn Gericht gehalten werden sollte.

Am 26. Messidor (14. Juli) war es schon ein offener Krieg, da Fouché es abgelehnt hatte, zu erscheinen. Und mit dem Angriff gegen Barère waren auch zugleich Collot d'Herbois und Billaud-Varenne und ebenso zwei mächtige Mitglieder des Sicherheitsausschusses, Vadier und Voulland, angegriffen, die oft mit Barère zusammenkamen und sich mit ihm über die Angelegenheit der Gefängnisverschwörungen besprachen.

Jetzt verbanden sich alle die Mitglieder der Linken, die sich bedroht fühlten – Tallien, Barère, Vadier, Voulland, Billaud-Varenne, Collot d'Herbois, Fouché –, gegen die „Triumvirn" Robespierre, Saint-Just und Couthon. Die Gemäßigten – Barras, Rovère, Thirion, Courtois, Bourdon usw. –, die alle radikalen Mitglieder der Bergpartei, Collot, Billaud, Barère, Vadier und die andern eingeschlossen, hatten stürzen wollen, mußten sich sagen, daß es zum Anfang besser wäre, nur die Gruppe Robespierre anzugreifen. War dieser erst gestürzt, so wären sie mit den andern schnell fertig.

Das Gewitter brach am 8. Thermidor (26. Juli 1794) im Konvent los. Man schien es erwartet zu haben, denn der Saal war gesteckt voll. Robespierre griff in einer sorgfältig ausgearbeiteten Rede den Sicherheitsausschuß an und sprach von einer Verschwörung gegen den Konvent. Er mußte den Konvent und sich selbst gegen die Verleumdungen schützen. Er verwahrte sich gegen die Behauptung, er strebe nach der Diktatur, aber er schonte seine Gegner nicht – Cambon einbegriffen, von dem er ebenso wie von Mallarmé und Ramel in Ausdrücken sprach, die er den Enragés entlehnt hatte, indem er sie als Feuillants, als Aristokraten und Schurken bezeichnete.

Man war begierig, seine Schlußfolgerungen zu hören, und als er so weit war, merkte man, daß er im Grunde nichts weiter verlangte als mehr Macht für sich und seine Gruppe. Kein neuer Gesichtspunkt, kein neues Programm. Nichts als ein Mann der Regierung, der mehr Gewalt verlangt, um streng vorzugehen.

„Was ist das Mittel, um dem Übel abzuhelfen?“ fragte er, als er schloß. – „Die Verräter zu bestrafen; die Abteilungen des Sicherheitsausschusses zu erneuern, diesen Ausschuß zu säubern und ihn dem Wohlfahrtsausschuß unterstellen; den Wohlfahrtsausschuß selbst zu säubern; *die Einheit der Regierung* unter der Autorität des Konvents, der der Mittelpunkt und der Richter ist, herzustellen.“

Man merkte, er verlangte weiter nichts als mehr Macht für sein Triumvirat, um sie gegen Collot und Billaud, Tallien und Barère, Cambon und Carnot, Vadier und Voulland zu brauchen. Die Verschwörer der Rechten durften sich die Hände reiben. Sie brauchten nur Tallien, Billaud-Varenne und die anderen Verschworenen der Bergpartei gewähren zu lassen.

Am Abend des nämlichen Tages überschüttete der Jakobinerklub Robespierre wegen seiner Rede mit Beifall und zeigte sich wütend gegen Collot d'Herbois und Billaud-Varenne. Es war sogar die Rede davon, gegen den Wohlfahrts- und den Sicherheitsausschuß einzuschreiten. Aber es beschränkte sich alles auf Worte. Der Jakobinerklub war nie der Ausgangspunkt für Taten gewesen.

Noch in der Nacht erlangten Bourdon und Tallien den Beistand der Konventsmitglieder von der Rechten. Es wurde, wie es scheint, der Plan verabredet, weder Robespierre noch Saint-Just zum Sprechen kommen zu lassen.

Als am Tag darauf, am 9. Thermidor, Saint-Just seinen Bericht verlesen wollte – der übrigens sehr maßvoll war, er verlangte nur eine Revision des Vorgehens der Regierung –, ließen Billaud-Varenne und Tallien ihn nicht zu Wort kommen. Sie verlangten, daß man den „Tyrannen“, das heißt Robespierre, verhaftete, und der Ruf „Nieder mit dem Tyrannen!“ wurde vom ganzen Sumpf wiederholt. Man ließ auch Robespierre nicht zu Worte kommen und beschloß, ihn, seinen Bruder, Saint-Just, Couthon und Le Bas in Anklagezustand zu versetzen. Sie wurden in vier verschiedene Gefängnisse geführt.

Inzwischen galoppierte Hanriot, der Kommandant der Nationalgarde, mit zwei Adjutanten und einer Schar Gendarmen durch die Straßen auf den Konvent zu; aber zwei Abgeordnete, die ihn durch die Rue Saint-Honoré reiten sahen, ließen ihn von sechs Gendarmen – die unter denen gewesen waren, die er selbst geführt hatte – verhaften.

Der Generalrat der Kommune versammelte sich erst um sechs Uhr abends. Er erließ einen Aufruf ans Volk, in dem er es aufforderte, sich gegen Barère, Collot, Bourdon, Amar zu erheben, und schickte Coffinhal in den Sicherheitsausschuß, wo er glaubte, daß Robespierre und seine Freunde gefangensäßen. Coffinhal fand dort aber nur Hanriot, den er tatsächlich befreite. Robespierre war ins Luxembourg geführt worden, um dort eingesperrt zu werden, war aber nicht aufgenommen worden und blieb, anstatt sofort in die Kommune zu gehen und sich dort in den Aufstand zu werfen, untätig in der Polizeiverwaltung am Quai des Orfèvres. Saint-Just und Le Bas wurden aus den Gefängnissen befreit und begaben sich in die Kommune, aber Coffinhal, den die Kommune entsandt hatte, um Robespierre zu holen, mußte ihn gewaltsam zwingen, mit ihm (gegen acht Uhr) ins Rathaus zu gehen.

Der Generalrat der Kommune trat in den Aufstand ein, aber es wurde offenbar, daß die Sektionen keine Lust hatten, zugunsten derer, die Chaumette und Hébert hatten hinrichten lassen, die Jacques Roux getötet, Pache abgesetzt und die Selbständigkeit der Sektionen vernichtet hatten, sich gegen den Konvent zu erheben. Überdies mußte Paris merken, daß die Revolution im Sterben lag und daß die Männer, für die der Gemeinderat das Volk zur Empörung rief, keinerlei Prinzip der Volksrevolution vertraten.

Um Mitternacht hatten sich die Sektionen noch nicht gerührt. Alle waren geteilt, sagt Louis Blanc, ihre Bürgerausschüsse waren nicht einig mit den Revolutionsausschüssen und den allgemeinen Versammlungen. Die vierzehn Sektionen, die zuerst der Kommune gehorsam waren, taten nichts; und achtzehn Sektionen, worunter sechs dem Rathaus benachbarte, waren ihr feindlich. Die Männer der Sektion von Jacques Roux, der Gravilliers, bildeten sogar den Hauptkern einer der beiden Kolonnen, die auf Befehl des Konvents gegen das Rathaus marschierten.

Der Konvent erklärte inzwischen die Aufständischen und die Kommune für „außerhalb des Gesetzes gestellt", und als dieses Dekret auf dem Grèveplatz verlesen worden war, gingen die Kanoniere Hanriots, die auf dem Platz aufgestellt waren, aber nichts taten, einer nach dem andern fort. Der Platz blieb verlassen, und bald drang die Kolonne der Gravilliers und der Arcis ins Rathaus ein. Ein junger Gendarm, der als erster in den Saal kam, in dem Robespierre und seine Freunde beisammen waren, schoß eine Pistole auf ihn ab und zerschmetterte ihm die Kinnlade. Das Zentrum des Widerstandes, das Rathaus, war ohne Kampf erstürmt. Nunmehr tötet sich Le Bas; der jüngere Robespierre versucht sich durch einen Sprung aus dem dritten Stock zu töten; Coffinhal wird mit Hanriot, den er der Feigheit beschuldigt, handgemein und wirft ihn zum Fenster hinaus; Saint-Just und Couthon lassen sich verhaften.

Am nächsten Morgen wurde lediglich ihre Identität festgestellt, und darauf wurden sie alle – insgesamt einundzwanzig –, nachdem man sie im Zuge unter den Beschimpfungen der gegenrevolutionären Menge zum Revolutionsplatz geführt hatte, hingerichtet. Die „elegante Welt", die herbeieilte, um sich an diesem Schauspiel zu ergötzen, machte – noch mehr als am Tage der Hinrichtung der Hébertisten – ein Fest daraus. In den Straßen, über die der Zug ging, wurden die Fenster zu märchenhaften Preisen vermietet. Die Damen saßen in großer Toilette an den Fenstern.

Die Reaktion triumphierte. Die Revolution war an ihrem Ende angelangt. –

Hier wollen auch wir aufhören, ohne die Orgien des weißen Schreckens, die nach dem Thermidor begannen, und die zwei Aufstandsversuche gegen die neue Regierung: die Bewegung vom Prairial des Jahres III und die Verschwörung Babeufs im Jahre IV, zu berichten.

Die Gegner des Schreckens, die Männer, die immer von Milde gesprochen hatten, hatten sie nur für sich und die Ihrigen begehrt. Sie beeilten sich, vor allem die Anhänger der Bergpartei hinzurichten, die sie gestürzt hatten. In drei Tagen, am 10., 11. und 12. Thermidor (28., 29. und 30. Juli), fanden hundertunddrei Hinrichtungen statt. Es regnete Denunziationen aus dem Mittelstand, und die Guillotine bekam von neuem zu tun – dieses Mal zugunsten der Reaktion. Vom 9. Thermidor bis zum 1. Prairial, in weniger als zehn Monaten, wurden 73 Abgeordnete der Bergpartei zum Tode verurteilt oder verhaftet, während die 73 Girondisten wieder in den Konvent zurückkehrten.

Jetzt waren die wahren „Staatsmänner" ans Ruder gekommen. Der Maximalpreis wurde bald abgeschafft – woraus eine furchtbare Krise entstand, während derer die Agiotage und Spekulation ins Riesenhafte wuchsen. Die Bourgeoisie feierte Feste – wie sie es später nach dem Juni 1848 und nach dem

Mai 1871 tat. Die „goldene Jugend“, die Fréron organisiert hatte, beherrschte Paris, während die Handwerker und Arbeiter, da sie sahen, daß die Revolution besiegt war, in ihre Behausungen zurückgekehrt waren und über die Aussichten der nächsten großen Bewegung sprachen.

Sie versuchten am 12. Germinal des Jahres III (1. April 1795) und am 1. Prairial (20. Mai) einen Aufstand und verlangten Brot und die Verfassung von 1793. Die Vorstädte erhoben sich dieses Mal mit Begeisterung. Aber die Macht des Bürgertums hatte Zeit gehabt, sich zu organisieren. Die „letzten Männer vom Berg“ – Romme, Bourbotte, Duroy, Soubrany, Goujon und Duquesnoy – wurden von einer Militärkommission – das Revolutionstribunal war abgeschafft worden – zum Tode verurteilt und hingerichtet.

Von nun an war das Bürgertum alleiniger Herr der Revolution, und es ging weiter auf der absteigenden Linie. Die Reaktion wurde bald offen royalistisch. Die „goldene Truppe“ versteckte sich nicht mehr: sie trug offen den grauen Rock mit dem grünen oder schwarzen Kragen der Chouans und ging gegen alle die vor, die sie „Terroristen“ nannte, das heißt gegen alle Republikaner. Es war ein Kampf im großen und im kleinen. Jeder, der mit der Hinrichtung des Königs oder seiner Verhaftung bei der Flucht nach Varennes etwas zu tun gehabt hatte, jeder, der irgendwie am Tuileriensturm teilgenommen hatte, wurde allen Royalisten denunziert, und das Leben wurde ihm unmöglich gemacht.

In den Departements, insbesondere im Süden, betrieben die „Gesellschaften Jesu“, die „Gesellschaften der Sonne“ und andere royalistische Organisationen die Rache im großen. In Lyon, in Aix, in Marseille brachte man in den Gefängnissen die Männer um, die an der früheren Regierung teilgenommen hatten. „Fast der ganze Süden hatte seinen 2. September“, sagt Mignet, natürlich seinen royalistischen 2. September. Und neben den Massenermordungen betrieben die Gesellschaft Jesu und die Gesellschaft der Sonne die Menschenjagd im kleinen. Wenn sie in Lyon einen Revolutionär trafen, den sie für das Gemetzel bestimmt gehabt hatten und der ihnen entwischt war, töteten sie ihn ohne weitere Prozeßformalität und warfen ihn in die Rhône. Ebenso geschah es in Tarascon.

Die Reaktion nahm immer mehr zu, und endlich, am 4. Brumaire des Jahres IV (26. Oktober 1795) ging der Konvent auseinander. Ihm folgte das Direktorium, die Vorbereitung erst auf das Konsulat und dann auf das Kaiserreich. Das Direktorium war das Bacchanal der Bourgeoisie, die in einem zügellosen Luxus die Vermögen, die sie während der Revolution und insbesondere während der Reaktion des Thermidor erworben hatte, verschwendete. Denn hatte die Revolution bis zum 9. Thermidor ungefähr acht Milliarden Assignaten ausgegeben, so hatte die Reaktion des Thermidor die Schnelligkeit verzehnfacht: Sie hatte im Laufe von *fünfzehn Monaten* die furchtbare Summe von *dreißig Milliarden Assignaten* ausgegeben. Man kann sich denken, was für Vermögen bei diesen Emissionen die „Profitmacher" verdienten.

Noch einmal versuchten die kommunistischen Revolutionäre unter der Führung Babeufs im Jahre IV (Mai 1796) einen Aufstand, den ihre geheime Gesellschaft vorbereitete; aber sie wurden verhaftet, ehe der Aufstand ausbrechen konnte. Der Versuch, in der Nacht des 23. Fructidor des Jahres IV (9. September 1796) das Lager von Grenelle zur Erhebung zu bringen, scheiterte ebenfalls. Babeuf und Darthé wurden zum Tode verurteilt und erdolchten sich alle beide (am 7. Prairial des Jahres V). Aber die Royalisten hatten am 18. Fructidor des Jahres V (4. September 1797) ebenfalls ihre Niederlage, und das Direktorium hielt sich noch bis zum 18. Brumaire des Jahres VIII (9. November 1799).

Da machte Napoleon Bonaparte seinen Staatsstreich, und an diesem Tage wurde die Nationalvertretung ohne weiteres von dem früheren Sansculotten, der die Armee für sich hatte, endgültig abgeschafft. Der Krieg, der schon sieben Jahre dauerte, war zu seinem logischen Schlusse gekommen. Am 28. Floréal des Jahres XII (18. Mai 1804) ließ sich Napoleon zum Kaiser proklamieren, und der Krieg fing wieder an, um mit kurzen Unterbrechungen bis zum Jahre 1815 zu dauern.

Schluß.

Wenn man sieht, wie dieser schreckliche, dieser mächtige Konvent in den Jahren 1794 und 1795 zusammenbricht, wie die stolze, kraftvolle Republik verschwindet und Frankreich 1799 nach der demoralisierenden Wirtschaft des Direktoriums unter das militärische Joch eines Bonaparte kommt, muß man sich fragen: „Was nützt die Revolution, wenn die Nation von neuem unters Joch kommen muß?" Und so haben denn im Verlauf des ganzen neunzehnten Jahrhunderts viele, insbesondere die Ängstlichen und die Zufriedenen, die das

Losbrechen neuer Revolutionen befürchteten, diese Frage immer wieder aufgeworfen.

Die vorstehenden Seiten geben die Antwort. Nur wer in der Revolution lediglich eine Änderung im Regierungssystem gesehen hat, nur wer nichts von ihrer wirtschaftlichen und ihrer erzieherischen Arbeit weiß, kann eine solche Frage stellen.

Das Frankreich, das wir in den letzten Tagen des achtzehnten Jahrhunderts, im Augenblick des Staatsstreiches des achtzehnten Brumaire vor Augen haben, ist nicht mehr dasselbe Frankreich, wie es vor 1789 gewesen war. Hätte dieses entsetzlich arme Land, in dem jedes Jahr der dritte Teil der Bevölkerung der Hungersnot preisgegeben war, jemals die napoleonischen Kriege aushalten können, die den furchtbaren Kriegen, wie sie die Republik von 1792 bis 1799, wo sie sich ganz Europas zu erwehren hatte, führen mußte, unmittelbar folgten?

Ein neues Frankreich ist in den Jahren 1792, 1793 entstanden. Wohl herrscht noch in vielen Departements die Hungersnot, und sie macht sich mit all ihren Schrecknissen nach dem Staatsstreich des Thermidor fühlbar, als der Maximalpreis für die Lebensmittel abgeschafft worden war. Es gibt noch immer Departements, die nicht genügend Getreide für ihre Ernährung produzieren, und da der Krieg fortdauert und die Transportmittel von ihm mit Beschlag belegt sind, herrscht in diesen Departements die Hungersnot. Aber durch vielerlei Zeugnisse wird bewiesen, daß Frankreich bereits *viel mehr Lebensmittel* aller Art hervorbrachte als im Jahre 1789.

Nie ist so energisch gepflügt worden, sagt Michelet, als im Jahre 1792, wo der Bauer den Pflug über die Länder gehen ließ, die er den Herren, den Klöstern, den Kirchen wieder abgenommen hatte, wo er, wenn er seine Ochsen antrieb, rief: Hüh, Preuß! Hüh, Österreich! Niemals ist so viel Land urbar gemacht worden – auch die royalistischen Schriftsteller räumen es ein –, als in diesen Jahren der Revolution. Die erste gute Ernte, im Jahre 1794, brachte über zwei Drittel Frankreichs den Wohlstand. Allerdings nur in den Dörfern; in den Städten drohte es in all der Zeit immer noch an Lebensmitteln zu fehlen. Aber nicht, weil in Frankreich Mangel daran war oder weil die sansculottischen Gemeindeverwaltungen keine Maßregeln zur Ernährung derer, die keine Arbeit fanden, ergriffen hätten, sondern weil alles Zugvieh, das nicht zum Pflügen gebraucht wurde, requiriert war, um den vierzehn Armeen der Republik Proviant und Munition zuzuführen. Es gab damals keine Eisenbahnen, und die Sekundärstraßen waren im nämlichen Zustand wie heutzutage in Rußland.

Ein neues Frankreich war in diesen vier Jahren Revolution heraufgekommen. Der Bauer *aß sich satt* – zum ersten Male seit Jahrhunderten. Er richtete seinen gebückten Rücken wieder auf! Er wagte zu reden! Man lese die ausführlichen Berichte über die Rückkehr Ludwigs XVI., wie er im Juni 1791 als Gefangener von Varennes nach Paris gebracht wurde, und man sage selbst: War etwas der Art, war dieses Interesse an den öffentlichen Angelegenheiten, diese Hingabe an sie und diese Unabhängigkeit des Urteils, – war das alles vor 1789 möglich? Eine neue Nation war geboren, ganz wie wir in diesem Augenblick in Rußland, in der Türkei eine neue Nation zur Welt kommen sehen.

Und nur durch diese Wiedergeburt war Frankreich imstande, die Kriege der Republik und Napoleons auszuhalten und die Prinzipien der Großen Revolution nach der Schweiz, nach Italien, Spanien, Belgien, Holland, Deutschland – bis in den Bereich Rußlands zu tragen. Und wie all diese Kriege vorbei sind, die die französischen Heere bis nach Ägypten und Moskau geführt haben, könnte man wohl erwarten, im Jahre 1815 ein verarmtes, dem Elend preisgegebenes, verwüstetes Land zu finden; aber nein! das Land, selbst im Osten und im Jura, ist noch blühender, als es in der Zeit war, wo Pétion Ludwig XVI. die üppigen Ufergelände der Marne zeigte und ihn fragte, ob es ein schöneres Reich in der Welt gäbe als das, das der König hatte verlassen wollen. Diese Dörfer bergen eine solche innere Spannkraft, daß Frankreich binnen wenigen Jahren das Land der wohlhabenden Bauern wird, und bald entdeckt man, daß es trotz allen Aderlässen, trotz allen Verlusten *durch seine Produktivität* das reichste Land Europas ist. Es zieht seine Reichtümer nicht aus Indien oder dem Außenhandel, sondern aus seinem Boden, seiner Liebe zum Boden, seiner Geschicklichkeit und seinem Fleiß. Es ist durch die Verteilung seiner Reichtümer unter viele das reichste Land; und noch reicher ist es an Möglichkeiten, die es für die Zukunft bietet.

Das ist die Wirkung der Revolution. Und wenn der oberflächliche Blick in dem napoleonischen Frankreich nur die Ruhmsucht sieht, so kommt der Historiker dahinter, daß auch die Kriege, die Frankreich in dieser Periode führt, nur geführt werden, *um die Früchte der Revolution sicherzustellen:* das Land, das man den Herren, den Priestern, den Reichen abgenommen hat, die Freiheiten, die man dem Despotismus, dem Hof abgerungen hat. Wenn Frankreich den letzten Blutstropfen hergibt, nur damit die Deutschen, die Engländer und Russen ihm keinen Ludwig XVIII. aufzwingen, so geschieht es, damit die Rückkehr der royalistischen Emigranten nicht die Zurücknahme des Landes, das sie den ehemaligen Herren abgenommen und das sie schon mit ihrem Schweiße gedüngt haben, nicht die Zurücknahme der Freiheiten bedeutet, die sie schon mit dem Blute der Patrioten begossen haben. Und der Kampf wird dreiundzwanzig Jahre lang so gut geführt, daß Frankreich, als man es zwingt, die Bourbonen wieder anzunehmen, ihnen seine Bedingungen stellen kann: die Bourbonen dürfen herrschen, aber das Land bleibt in den Händen derer, die es den Feudalherren abgenommen haben; auch der weiße Schrecken der Bourbonen wagt es nicht, daran zu rühren. Das Ancien régime kann nicht wiederhergestellt werden.

Das war der Gewinn aus der Revolution.

Noch etwas anderes muß hervorgehoben werden.

Es kommt in der Geschichte der Völker eine Periode, in der eine tiefgehende Veränderung im ganzen Leben der Nation vor sich geht. Das absolute Königtum und der Feudalismus mußten im Jahre 1789 untergehen: es war nicht möglich, sie aufrechtzuerhalten; sie mußten aufgegeben werden.

Aber zwei Wege zeigten sich damals: die Reform oder die Revolution.

Es gibt immer einen Augenblick, wo die Reform noch möglich ist. Hat man aber diesen Augenblick nicht benutzt, hat man sich darauf versteift, sich den Erfordernissen des neuen Lebens zu widersetzen, läßt man es zu dem Augenblick kommen, wo das Blut in den Straßen fließt, wie es am 14. Juli 1789 geflossen ist – so ist die Revolution da. Und ist die Revolution einmal da, muß sie sich mit Notwendigkeit bis in ihre letzten Konsequenzen entwickeln, das heißt, bis zu dem Punkt, den sie bei der jeweiligen Verfassung des Geistes in diesem Moment der Geschichte, *und wäre es auch nur vorübergehend*, erreichen kann.

Wenn wir den langsamen Fortschritt einer Entwicklungsperiode mit einer Linie auf dem Papier bezeichnen, so sehen wir, wie diese Linie allmählich und langsam in die Höhe geht. Aber dann kommt eine Revolution, und die Kurve schnellt plötzlich in die Höhe. Sie steigt in England bis zur puritanischen Republik Cromwells, in Frankreich bis zur sansculottischen Republik von 1793. Aber der Fortschritt kann sich auf dieser Höhe nicht halten; die Kräfte, die ihm feindlich sind, verbünden sich, um ihn zu stürzen, und die Republik muß, nachdem sie sich zu dieser Höhe erhoben hat, wieder weichen; die Kurve sinkt.

Es kommt die Reaktion. In der Politik zum wenigsten fällt die Kurve des Fortschritts sehr tief. Aber allmählich hebt sie sich wieder, und wenn der Friede wiederhergestellt ist – 1815 in Frankreich, 1688 in England –, sind die beiden Länder schon auf einem viel höheren Niveau als vor der Revolution.

Die Evolution beginnt wieder; unsere Linie fängt wieder an, langsam zu steigen; aber dieses Steigen geht auf einem viel höheren Niveau vor sich als vor dem Sturm; fast immer ist ihr Steigen ein schnelleres.

Das ist ein Gesetz des menschlichen Fortschritts, auch des Fortschritts jedes Individuums. Die Geschichte Frankreichs in unserer Zeit, das durch die Kommune hindurchgeht, um zur dritten Republik zu kommen, ist wiederum eine Bestätigung dieses Gesetzes.

Das Werk der französischen Revolution beschränkt sich nicht auf das, was sie erreicht hat und was sich in Frankreich gehalten hat; es ist auch in den Prinzipien enthalten, die sie dem kommenden Jahrhundert vermacht hat, in dem Markzeichen, das sie für die Zukunft gesteckt hat.

Eine Reform bleibt immer ein Kompromiß mit der Vergangenheit; aber ein Fortschritt, der auf dem Wege der Revolution vollzogen wurde, ist immer ein Versprechen neuer Fortschritte. Die Große Französische Revolution zieht das Ergebnis aus einem Jahrhundert der Evolution und stellt zugleich das Programm der Evolution auf, die sich im ganzen Lauf des neunzehnten Jahrhunderts vollziehen wird. Es ist ein Gesetz der Geschichte, daß die Periode von etwa hundert bis hundertdreißig Jahren, die zwischen zwei großen Revolutionen verstreicht, ihren Stempel von der Revolution aufgedrückt erhält, mit der diese Periode eingesetzt hat.

Die Völker bemühen sich, das Erbe, das ihnen die letzte Revolution vermacht hat, in ihren Einrichtungen zu verwirklichen. Alles, was sie nicht in Wirklichkeit umsetzen konnte, alle die großen Ideen, die während des Sturms in Umlauf gesetzt wurden und die die Revolution aus den oder jenen Gründen nicht lebendig machen konnte, all die Versuche zu sozialem Aufbau, die während der Revolution an den Tag gekommen sind – all das ist in der Epoche, die der Revolution folgt, der Inhalt der Evolution. Es kommen nur all die neuen Ideen hinzu, die diese Evolution wieder bei dem Versuch gebiert, das ererbte Programm des letzten Sturmes in Wirklichkeit zu verwandeln. Dann entsteht in einer andern Nation eine neue große Revolution, und diese stellt wiederum das Problem für das folgende Jahrhundert auf.

So war bis heute der Gang der Geschichte.

Zwei große Errungenschaften bezeichnen in der Tat das Jahrhundert, das seit 1789 bis 1793 verstrichen ist. Beide haben ihren Ursprung in der französischen Revolution, die ihrerseits wieder das Werk der englischen Revolution aufgenommen und es erweitert und um den ganzen Fortschritt bereichert und belebt hatte, der vollbracht worden war, seit das englische Bürgertum seinen König enthauptet und die öffentliche Gewalt in die Hände des Parlaments gelegt hatte. Diese beiden großen Errungenschaften sind die Abschaffung der Leibeigenschaft und die Abschaffung der absoluten Monarchie, und durch sie hat das Individuum persönliche Freiheiten erlangt, von denen der Leibeigene und der Untertan des absoluten Königs nicht zu träumen gewagt hatten, und sie haben zugleich zur Entwicklung der Bourgeoisie und des Kapitalismus geführt.

Sie stellen das Hauptwerk des neunzehnten Jahrhunderts vor, das im Jahre 1789 in Frankreich begonnen und sich im Laufe des Jahrhunderts, das wir hinter uns haben, langsam über Europa verbreitet hat.

Das Werk der Befreiung, das 1789 von den französischen Bauern begonnen wurde, wurde in Spanien, in Italien und der Schweiz, in Deutschland und Österreich von den Armeen der Sansculotten fortgesetzt. Leider drang es kaum nach Polen und gar nicht nach Rußland.

Es wäre schon in der ersten Hälfte des neunzehnten Jahrhunderts um die Leibeigenschaft geschehen gewesen, wenn das französische Bürgertum, das im Jahre 1794 über die Leichen der Anarchisten, der Cordeliers und der Jakobiner weg zur Herrschaft gelangte, den revolutionären Aufschwung nicht zum Stillstand gebracht, die Monarchie wiederhergestellt und Frankreich dem kaiserlichen Gaukler, dem ersten Napoleon ausgeliefert hätte. Der frühere Sansculottengeneral beeilte sich, die Aristokratie wieder Wurzeln fassen zu lassen. Aber der Anstoß war gegeben, und die Einrichtung der Leibeigenschaft hatte einen tödlichen Stoß erhalten. Man schaffte sie, trotz des zeitweiligen Sieges der Reaktion, in Italien und Spanien ab. In Deutschland war sie schon 1811 stark eingeschränkt und verschwand 1848 endgültig. Rußland sah sich 1861 gezwungen, seine Leibeigenen zu befreien, und der Krieg von 1878 machte der Leibeigenschaft auf der Balkanhalbinsel ein Ende.

Der Kreis ist jetzt geschlossen. Das Recht des Grundherrn über die Person des Bauern existiert in Europa nicht mehr, auch da nicht, wo noch die Ablösung der Feudallasten besteht.

Die Historiker achten auf diese Tatsachen zu wenig. Sie sind ganz in die politischen Fragen versenkt und übersehen darum die Bedeutung der Abschaffung der Leibeigenschaft, und doch ist sie der Wesenszug des neunzehnten Jahrhunderts. Die Rivalitäten zwischen den Nationen und die Kriege, die daraus entsprangen, die Politik der Großmächte, mit denen man sich so viel abgibt, all das entspringt einer großen Tatsache, der Abschaffung der persönlichen Hörigkeit und der Entwicklung des Lohnsystems, das an ihre Stelle getreten ist.

Der französische Bauer, der sich vor hundert Jahren gegen den Herrn empörte, der ihn die Teiche schlagen ließ, damit ihn das Quaken der Frösche nicht im Schlafe störte, hat damit die Bauern Europas befreit. Damit, daß er die Papiere verbrannte, in denen seine Knechtschaft besiegelt war – wobei es im Lauf der vier Jahre oft genug vorkam, daß die Schlösser mitverbrannten und daß die Bauern so weit gingen, die Herren zu richten, die sich weigerten, ihre Menschenrechte anzuerkennen –, damit hat er Europa, das heutzutage überall von dieser entwürdigenden Einrichtung der Leibeigenschaft befreit ist, in Schwung gebracht.

Und ebenso hat auch die Abschaffung der absoluten Fürstengewalt hundert Jahre gebraucht, um in Europa herumzukommen. Das Königtum von Gottes Gnaden, das in England schon 1648 angegriffen und in Frankreich 1789 besiegt wurde, besteht heutzutage nur noch in Rußland; aber auch da liegt es in den letzten Zügen. Selbst die kleinen Balkanstaaten – und endlich auch die Türkei – haben ihre Vertreterversammlungen. Rußland tritt ebenfalls in diesen Kreis ein.

So hat in dieser Hinsicht die Revolution von 1789 bis 1793 ihr Werk getan. Europa hat die Gleichheit vor dem Gesetz und die Repräsentativregierung so ziemlich in all seinen Verfassungsurkunden. In der Theorie wenigstens ist das Gesetz für alle gleich, und alle haben das Recht, mehr oder weniger an der Regierung teilzunehmen.

Der absolute Monarch und der Grundherr – der Herr des Bodens und der Bauern auf Grund seines Geburtsrechts – sind verschwunden. Das Bürgertum herrscht in Europa.

Aber zugleich hat uns die Große Revolution andere Prinzipien hinterlassen, deren Bedeutung außerordentlich viel größer ist: die Prinzipien des Kommunismus. Wir haben gesehen, wie die kommunistische Idee sich während der ganzen Revolution Bahn brechen wollte und wie nach dem Sturz der Kommunisten zahlreiche und manchmal weitgehende Versuche in diesem Sinne gemacht werden. Der Fourierismus stammt in direkter Linie von L'Ange einerseits und von Chalier anderseits ab. Babeuf ist unmittelbar das Kind der Ideen, die 1793 die Volksmassen begeisterten. Er, Buonarroti und Sylvain Maréchal haben weiter nichts getan, als sie etwas in ein System zu bringen, oder auch nur, sie in einer literarischen Form vorzutragen. Aber aus den geheimen Gesellschaften von Babeuf und Buonarroti entspringen die geheimen Gesellschaften der „materialistischen Kommunisten" [„communistes-materialistes"], in denen Blanqui und Barbès unter der Bürgermonarchie Louis-Philippes ihre Verschwörungen spinnen. Später entsteht aus ihnen in direkter Abstammung die Internationale.

Was den „Sozialismus" angeht, so weiß man heutzutage, daß dieses Wort aufgebracht wurde, um zu vermeiden, sich „Kommunist" zu nennen – was in einer bestimmten Zeit gefährlich war, weil die geheimen kommunistischen Gesellschaften, da sie *Aktions*gesellschaften geworden waren, von dem herrschenden Bürgertum aufs äußerste verfolgt wurden.

So besteht eine ununterbrochene Geschlechterfolge von den Enragés von 1793 und dem Babeuf von 1795 bis zur Internationale.

Aber ich erlaube mir zu behaupten, daß der volkstümliche Kommunismus der zwei ersten Jahre der Republik, so unbestimmt er auch war, so wenig er sich auf Argumente von wissenschaftlichem Anstrich stützte und so wenig Gebrauch er von der pseudowissenschaftlichen Sprache der bürgerlichen Nationalökonomen machte, doch klarer sah und seine Untersuchung tiefer hineintrieb als der moderne Sozialismus.

Aber ebenso fest steht die Abstammung der Ideen. Der Sozialismus unserer Zeit hat den Ideen, die von 1789 bis 1794 im französischen Volke umliefen und die das französische Volk im Jahre II der Republik in Wirklichkeit zu verwandeln suchte, nichts, absolut nichts hinzugefügt. Der Sozialismus unserer Zeit hat nur diese Ideen in Systeme gebracht und Gründe zu ihren Gunsten gefunden, entweder, indem er einige ihrer eigenen Definitionen gegen die bürgerlichen Nationalökonomen wandte, oder, indem er die Tatsachen des industriellen

Kapitalismus im Laufe des neunzehnten Jahrhunderts verallgemeinerte. Zuvörderst faßten die stolzen Republikaner von 1793 den Kommunismus des Konsums ins Auge – die Kommunalisierung und Nationalisierung des Konsums. Das war es, was sie betrieben, als sie in jeder Gemeinde ihre Getreide- und Lebensmittelspeicher errichteten, als sie eine Enquête veranstalteten, um den „wahren Wert" der „Lebensbedürfnisse erster und zweiter Ordnung" festzustellen und festzumachen, als sie Robespierre das profunde Wort eingaben, *nur der Überfluß der Lebensmittel dürfe Gegenstand des Handels sein: das Notwendige gehöre allen.*

Der Kommunismus von 1793, der unmittelbar aus den Notwendigkeiten des stürmischen Lebens dieser Jahre emporgestiegen war, mit seiner Betonung des Rechts aller auf die Lebensmittel und auf den Grund und Boden, um sie zu erzeugen, sein Verwerfen der Grundeigentumsrechte jenseits dessen, was eine Familie selber bestellen könnte (das Gut von „120 Morgen, die Meßrute zu 22 Fuß gerechnet") und sein Versuch, den Handel zu kommunalisieren – dieser Kommunismus ging den Dingen gerader auf den Grund als alle Minimalprogramme und selbst die Maximalprinzipien unserer Zeit.

Jedenfalls weiß man jetzt, wenn man die Große Revolution erforscht, daß sie die Quelle aller kommunistischen, anarchistischen und sozialistischen Anschauungen unserer Zeit ist. Wir kannten unser aller Mutter schlecht; aber wir finden sie jetzt unter den Sansculotten wieder, und wir sehen, was wir von ihr zu lernen haben.

Die Menschheit geht von Etappe zu Etappe weiter, und ihre Etappen waren seit mehreren hundert Jahren von großen Revolutionen bezeichnet. Nach England, das seine Revolution von 1648–1657 machte, kam Frankreich daran. Heute ist die Reihe vielleicht an Rußland.

Jede große Revolution hat überdies etwas Originelles, Besonderes an sich gehabt. England und Frankreich haben beide die absolute Monarchie abgeschafft. Aber England hat sich dabei vor allem mit den persönlichen Rechten des Individuums – insbesondere in Sachen der Religion – sowie mit den lokalen Rechten jedes Kirchspiels und jeder Gemeinde beschäftigt. Frankreich hat seine Aufmerksamkeit hauptsächlich auf die Bodenfrage gerichtet und hat damit, daß es das Feudalwesen ins Herz traf, auch zugleich den Großgrundbesitz getroffen und den Gedanken der Nationalisierung des Bodens und der Sozialisierung des Handels und der Hauptindustrien in die Welt geworfen.

Welche Nation wird die Aufgabe auf sich nehmen – eine furchtbare Aufgabe, die aber mehr ist als furchtbar –, die nächste große Revolution zu machen? Man hat einen Augenblick glauben können, daß es Rußland sein wird. Wenn es aber seine Revolution über eine bloße Einschränkung der Gewalt des Kaisers hinaustreibt, wenn es die große Grundeigentumsfrage revolutionär anfaßt – wie weit wird es gehen? Wird es den Fehler der französischen Nationalversammlungen zu vermeiden wissen und den *vergesellschafteten* Boden denen geben, die ihn mit eigenen Händen bestellen wollen? – Wir wissen es nicht. Wer diese Frage beantworten wollte, müßte prophezeien können.

Sicher ist eines. Welche Nation es auch sein mag, die in unsern Zeiten einmal den Weg der Revolutionen betritt, sie wird erben, was unsere Vorfahren in Frankreich geschafft haben. Das Blut, das dabei vergossen wurde, ist für die Menschheit geflossen. Die Leiden, die sie durchgemacht haben, haben sie für die ganze Menschheit erduldet. Ihre Kämpfe, die Ideen, die sie in die Welt brachten, der Zusammenprall dieser Ideen – das alles ist das Erbe der Menschheit. Das alles hat seine Früchte getragen und wird noch andere, noch schönere tragen, wird uns immer weiter und weiter führen in dem Sinne, den wir in den Worten der Großen Revolution

Freiheit, Gleichheit, Brüderlichkeit

finden, die wie ein Flammenzeichen leuchten, dem wir entgegenmarschieren.